U0717747

政府购买公共体育服务研究：
政府责任与实现机制

许文鑫　著

科学出版社

北京

内 容 简 介

本书从善治理论出发，深入探讨了政府在购买公共体育服务过程中的责任与实现机制。书中不仅分析了政府责任的理论背景，还通过不同模式（竞争独立型、竞争依赖型、非竞争独立型、非竞争依赖型、融合协同型）详细阐述了政府在公共体育服务中的具体责任与实施策略。主要内容包括政策背景、模式选择、责任分配及实现机制等，为相关领域的理论创新提供了基础。

本书适合体育管理从业者及对公共服务采购模式感兴趣的研究人员，以促进实践中的公共服务质量提升和责任履行。

图书在版编目(CIP)数据

政府购买公共体育服务研究：政府责任与实现机制 / 许文鑫著. --北京：科学出版社，2024.12. -- ISBN 978-7-03-080841-7

Ⅰ. G812.4

中国国家版本馆 CIP 数据核字第 2024WY0385 号

责任编辑：张佳仪 冯 楠/责任校对：谭宏宇
责任印制：黄晓鸣/封面设计：殷 靓

科 学 出 版 社 出版
北京东黄城根北街 16 号
邮政编码：100717
http://www.sciencep.com

南京文脉图文设计制作有限公司排版
苏州市越洋印刷有限公司印刷
科学出版社发行 各地新华书店经销

*

2024 年 12 月第 一 版 开本：B5(720×1000)
2024 年 12 月第一次印刷 印张：16 1/2
字数：261 000

定价：100.00 元
（如有印装质量问题，我社负责调换）

《政府购买公共体育服务研究：政府责任与实现机制》是许文鑫教授课题组在顺利完成国家社科课题基础上撰写而成的。相关项目的研究成果得到了评审组专家的一致好评，结题评审结果为优秀，专家们都认为该成果具有很高的学术水平，具有一定的理论价值和实际应用价值。

我们国家发展到今天，为了满足广大人民群众日益增长的各种体育需求，深入探讨政府如何购买公共体育服务以促进我国体育事业发展的研究日显重要。该书研究应用新公共管理理论、新公共服务理论、社会治理理论、善治理论、委托代理理论、责任政府理论等相关理论，从善治理论的角度深入进行探讨，通过对不同政府购买公共体育服务案例的问题进行梳理，提取出政府责任题项。同时，采用半开放式问卷调查和专家访谈等方法，获取不同"购买模式"的政府责任题项，进而确定在购买不同模式公共体育服务中政府的责任因子，并运用扎根理论等研究方法，通过质性分析软件 Nvivo 推导出我国政府购买公共体育服务的五种模式。以问责、整合、信任和激励为切入点，提出几种不同"购买模式"的政府责任实现机制，并构建政府责任体系。为了对政府购买公共体育服务的五种模式进行系统评价，该书研究采用了文献资料、访谈和数理统计等方法，从善治的视角出发，分别从制度安排、购买过程、结构特征、效果评价、实施缺陷和案例分析等维度对各个模式进行了阐述与分析。该书的研究成果丰富了我国关于政府购买公共体育服务方面的理论，提出的几种购买模式及不同"购买模式"的政府责任实现机制等，可为各级政府在购买公共体育服务时的决策、实施、监管等具体操作提供参考依据。

这是我第二次为许教授的专著作序，我很乐意，看到许教授的佳作连连，由衷地感到高兴。博士毕业十几年来，许教授耕耘不止，硕果累累，业绩显著，令人瞩目。 他现为中国高等教育学会体育专业委员会常务理事，国家体育总局"优秀中青年专业技术人才百人计划"培养对象。 如今，他又担任着福建师范大学体育科学学院院长职务，肩负着繁重的行政重担，压力可谓不小，但我仍然希望他继续勇攀高峰，在学术上取得更大的收获，期待着他更加耀眼的成果出现。

福建师范大学体育科学学院教授、博导

2024 年 11 月 4 日

　　本书以善治理论为核心视角，聚焦政府购买公共体育服务这一重要公共治理议题，系统探讨其政府责任及实现机制。面对日益增长的全民健身需求与传统公共服务供给模式的局限性，本书旨在探索一套科学而高效的服务供给方式，为优化政府职能、提高公共服务质量提供理论支撑与实践指导。编写本书的初衷在于能从理论到实践构建政府购买公共体育服务的分析框架，明确政府、市场与社会力量的责任分工，并结合国内外研究现状和政策实践，为公共体育服务的可持续发展提供创新路径。同时，本书通过理论梳理和实践研究，力求解决服务公平性不足、资源分配效率低、监管机制不完善等现实问题，探索如何在善治理念下优化服务模式，提高政府治理水平，满足社会多元化的体育健身需求。

　　本书在编写过程中，首先系统回顾了国内外关于公共服务、政府责任和善治理论的研究进展，结合我国公共体育服务发展的历史脉络，梳理了政府购买公共服务模式的理论支撑与现实背景；其次，通过问卷调查、政策分析和案例研究等多种方法，对政府购买公共体育服务的现状、模式及实施效果进行了全面研究；最后，从理论与实践结合的角度，归纳总结出五种服务模式——竞争独立型、竞争依赖型、非竞争独立型、非竞争依赖型和融合协同型，并针对每种模式提出了政府责任的实现机制。全书内容共分为七个章节：第一章对政府购买公共体育服务的理论工具、研究进展与发展脉络进行了系统梳理；第二章以"善治"理论为核心视角，通过质性分析软件 Nvivo 推导出我国政府购买公共体育服务的五种模式，即竞争独立型、竞争依赖型、非竞争独立型、非竞争依赖型及融合协同型，并具体解释各模式特征；第三章至第七章分别围绕竞争独立型、竞争依赖型、非竞争独立型、非竞争依赖型和融合协同型五种模式，详细探讨了其购买过程、结构特征、效果评价、实施缺陷与实现机制等问题，探索服务模式的优化与创新。本书注重理论与实践的结合，力求通过模式构建与机制优化，为政府购买公共体育服务的政策设计与实施提供全方位的指导。

作为一部理论与实践并重的学术专著，本书具有以下特点：其一，基于"善治"理论视角，整合了公共管理、体育管理、经济学等多学科理论，提出了公共体育服务供给的新框架，丰富了政府责任与善治理论的内涵；其二，系统构建了五种政府购买公共体育服务模式，并深入探讨了各模式下政府责任的边界及其实现机制，为后续研究提供了创新性参考；其三，以案例和数据为支撑，结合我国实际情况提出了一系列优化路径与政策建议，如加强契约化治理、完善信息公开机制、构建多方协同治理体系等，这些建议既具有理论价值，也具备较高的实践可操作性。通过这些研究和探索，希望本书能够推动政府购买公共体育服务在公平性、效率和可持续性方面的提升，为全民健身事业的高质量发展提供理论指导和实践支持。本书适合体育管理、公共体育服务领域的学者及学生阅读，亦可为政府决策者及社会组织从业者提供有益参考。

2024 年 10 月 25 日

01 / **第一章**
政府购买公共体育服务的研究进展

02 / **第二章**
善治视角下政府购买公共体育服务模式探索的质性研究

03 / **第三章**
竞争独立型模式下的主体责任及其实现机制

04 / 第四章
竞争依赖型模式下的主体责任及其实现机制

05 / 第五章
非竞争独立型模式下的主体责任及其实现机制

01 第一章

政府购买公共体育服务的研究进展

一、理论工具与分析框架

（一）历史渊源

1. 问题提出

公共服务的概念与实践可追溯至古代文明，其发展历程反映了社会治理模式的演进。古埃及和古希腊时期，统治者和宗教机构开始提供基本的公共服务。罗马帝国时期，公共服务体系得到进一步完善，涵盖基础设施、医疗和教育等领域。中世纪欧洲，教会和封建领主成为公共服务的主要提供者，但服务范围相对有限。工业革命催生了新的公共需求，推动政府扩大公共服务投入。20 世纪，各国建立了全面的公共服务体系，覆盖教育、医疗、社会保障等多个领域。随着全球化和信息技术的发展，公共服务面临新的挑战和机遇，需要政府、市场和公民社会的协同创新。公共体育服务作为公共服务的重要组成部分，其发展轨迹与整体公共服务相似。从古代文明时期的宗教和军事导向，到中世纪的封建特征，再到工业革命后的普及化趋势，公共体育服务不断适应社会需求的变化。20 世纪，各国政府建立了系统的体育管理体制和政策，大力投资体育设施建设，促进了体育事业的全面发展。当前，公共体育服务面临着全球化和信息化带来的新挑战。政府需要创新服务模式，同时鼓励社会力量参与，以提高服务效率和质量。公私合作等新型模式为公共体育服务的发展提供了新的可能性，有助于实现社会效益和经济效益的最大化。

中国公共体育服务概念源自公共服务理论,涵盖体育服务行业和公共服务产品,旨在保障全民健身需求。其发展历程反映了中国社会治理模式的演变。1956 年社会主义改造后,公共体育服务主要由政府提供,但随之暴露出供给能力不足和效率低下等问题①。改革开放后,政府职能从"划桨者"转变为"掌舵者",认识到单一政府供给模式难以满足日益多元化的体育服务需求。为应对这一挑战,政府购买公共体育服务模式应运而生。2013 年 9 月,国务院发布了《国务院办公厅关于政府向社会力量购买服务的指导意见》,为政府实施购买公共体育服务行动提供了更为科学合理的指导方针。这一模式拓展了服务提供主体,促进了资源有效配置和服务多元化,提高了服务质量和效率。然而,该模式也面临诸如服务公平性、监管机制、政府与服务提供者权责平衡等挑战。因此,推进政府购买公共体育服务实践需要持续总结经验、改进机制、完善相关体系和政策,以促进体育事业发展,提高全民健身水平。这一研究领域需要进一步探讨如何优化服务供给模式、确保服务质量、评估政策效果等问题,为实现全民健身目标提供理论支撑和实践指导②。我国学者俞可平对该理论研究后指出,政府作为治理的核心和主体,承担着首要的责任,所以治理更应该体现平等和高效③。在政府购买公共服务的过程中,履行法律、政治、专业和层级责任至关重要。以善治为价值导向,政府逐步建立了购买责任参考机制,以确保相关活动的有效实施。基于这一理念,学者俞可平提出了一系列概念,包括"服务型政府"和"责任型政府",强调以公民为中心,秉持公正、透明和效率原则,提供高质量的公共服务和决策。

2. 现实因素

政府购买公共体育服务是指政府通过向体育服务提供者支付一定费用来提供公共体育服务,以满足社会公众对体育活动的需求。政府购买公共体育服务的发展受到多种现实因素的影响。

首先,政策支持是发展的关键。政府须制定和实施相关政策,规范和引导体育服务市场,明确购买服务的政策导向和目标。同时,通过财政投入和专项

① 杨喜,王平.新农村建设背景下的政府购买公共服务推进研究[J].长春理工大学学报(社会科学版),2016,29(2):23-27,32.

② 李一鸣.政府购买公共服务的基本原则与实践路径[J].辽宁行政学院学报,2016,18(10):31-35.

③ 俞可平.走向善治:国家治理现代化的中国方案[M].北京:中国文史出版社,2016.

资金支持,确保体育服务市场的健康发展。体育已成为国家和社会发展的重要组成部分,政策支持为公共体育服务的提升提供了必要保障。

其次,市场需求是发展的核心驱动力。随着生活水平和健康意识的提高,体育健身需求不断增加。政府应根据市场需求变化,调整和优化公共体育服务供给,满足公众多样化的需求。市场需求的变化直接影响服务的发展方向,政府须灵活应对,提供更为个性化和专业化的服务。

再次,体育产业的发展显著推动了公共体育服务的质量。体育产业涵盖多个领域,为政府购买公共体育服务提供了丰富的选择和资源支持。政府通过与体育产业合作,引入专业运营模式,提高服务质量和水平。此外,政府需加强对体育产业的监管,防范潜在风险,确保服务的可持续发展。

最后,社会文化对公共体育服务的发展产生了深远影响。近年来,各地政府通过购买公共体育服务,提升了资源利用率和服务水平,推动了政府职能转型和社会组织的发展。尽管取得了一定成效,但仍面临供给不足、政策不完善等问题。为满足日益增长的需求,政府需加大投入,优化服务结构,提高服务质量,推动公共体育服务的持续发展。

3. 理论需求

随着经济发展和生活水平提高,我国公众对体育健身的需求日益增长。然而,体育服务市场存在不完善、质量参差不齐等问题,制约了全民健康事业的发展。政府购买公共体育服务作为一种新的管理模式,旨在提高服务质量,促进全民健康事业发展。基于此,本研究聚焦于"政府购买公共体育服务研究:政府责任与实现机制"这一主题,有助于深化对政府购买公共体育服务的理解,为实践提供更加坚实的理论基础,同时也将推动相关学科理论的创新和发展。通过多维度、多层次的理论探索,可以为构建更加完善的政府购买公共体育服务体系提供有力支撑。

在理论意义层面,该研究首先通过明确界定核心概念并构建理论框架,整合了公共管理、体育管理和经济学等多学科理论,为深化公共服务理论提供了新视角。其次通过厘清政府责任边界、探讨善治理论在体育领域的应用、分析实现机制的理论基础,以及引入公共价值理论、新制度经济学、治理网络理论等,丰富了政府责任理论和善治理论的内涵。此外,该研究还涉及公共服务动机、风险管理、公平正义、创新和可持续发展等理论的应用与整合,推动了跨学科研究的发展。通过探索本土化理论构建，该研究有助于形成具有中国特色的政府购买公共体育服务理论，可为相关领域的理论创新提供新的思路和方法。

在实践意义层面，该研究对优化政府购买公共体育服务的实践具有重要指导作用。通过探讨政府责任与市场机制、社会力量之间的关系，该研究有助于明确政府在公共体育服务提供中的角色定位，优化服务供给模式。对决策机制、合同管理、绩效评估等关键机制的研究，有利于提高政府购买公共体育服务的效率和效果。引入网络治理、风险管理等理论，有助于构建多方参与、协同治理的实现机制，提升政府治理能力。该研究还关注如何通过政府购买促进公共体育服务的创新，以及如何将可持续发展理念融入购买机制，这对推动体育产业发展和全民健身事业具有积极意义。此外，通过探讨评估理论的应用，该研究为构建科学、全面的评估体系提供了理论支撑，有利于持续优化政府购买公共体育服务的实践。总的来说，该研究的成果将为政策制定、资源配置优化、服务质量提升等实践问题提供有力指导，推动公共体育服务的公平性和可持续发展。

（二）概念界定

1. 善治

善治，从词面上看是动宾结构的动名词[①]，其核心词是"治"，即管理，"治"的方式为"善"，是指以一种友好、亲善的方式进行管理，即通过友好的方式使对方亲近和信服。

善治是一个复杂而又重要的概念，在政治学、经济学和社会学等领域都有着深远的影响。美国经济学家莱福特维奇对善治进行了深入的诠释，他认为善治包含以下几个要点：首先，善治需要建立在法治的基础之上。法治是现代社会的基石，它保障了人们的权利和自由，确保了社会的稳定和秩序。在法制健全的社会中，政府和公民都必须遵守法律，法律是公正和公平的，任何人都不能凌驾于法律之上。只有建立在法治基础之上的政府才能实现善治，确保政府的权力受到限制，避免权力滥用和腐败现象的发生。其次，善治需要建立在民主制度之上。民主是一种政治制度，它赋予人民参与政治决策的权利，保障了人

---

① 丁宇. 走向善治的中国政府管理创新研究[D]. 武汉：武汉大学，2011.

民的政治权利和自由。在民主社会中,政府必须受到人民的监督和约束,政府的权力来源于人民,为人民服务。只有建立在民主制度之上的政府才能实现善治,确保政府的合法性和代表性,避免政府的专制和独裁。再次,善治需要建立在市场经济的基础之上。市场经济是一种经济制度,它通过市场机制调节资源的配置和分配,提高经济效益和社会福利。在市场经济中,政府的作用应该是监管和引导,而不是干预和控制。只有建立在市场经济基础之上的政府才能实现善治,确保经济的稳定和可持续发展,避免经济的失衡和波动。最后,善治需要建立在社会公平和正义的基础之上。社会公平和正义是现代社会主义核心价值观,它要求政府保障人民的基本权利和利益,促进社会的公平和包容。在一个公平正义的社会中,政府应该关注弱势群体的利益,推动社会的公平和平等。只有建立在社会公平和正义基础之上的政府才能实现善治,确保社会的和谐和稳定,避免社会的分裂和冲突。

中国学者俞可平提出的"善治"概念,代表了一种通过社会管理实现公共利益最大化的合作管理模式,其深刻内涵和理念在当前社会治理中具有重要意义。在善治模式中,各利益相关方积极参与,通过协作与合作共同推动社会治理,以实现公共利益的最优化。政府与公民社会之间的合作关系成为善治的核心特征,其中政府和公民社会共同参与公共生活的管理,构建了政治国家和公民社会之间紧密联系的新型合作关系。该模式旨在实现政府和公民社会在公共事务中的最佳合作管理,以最大限度地促进公共利益的实现。善治的概念提倡政府与公民社会之间的合作共治,强调政府不再是单方面的管理者,而是与公民社会共同参与公共事务的合作伙伴。这种新型治理模式在当前社会治理实践中愈发重要,特别是在应对复杂多变的社会问题和挑战时。政府与公民社会的合作关系建立在信任、协作与共赢的基础上,促进政府决策的民主化、透明化和公正性,提高治理效能和公共服务的质量。

在实践中,善治模式要求政府必须更加开放、包容和负责,倡导政府与公民社会之间的平等沟通和协商,尊重不同利益主体的权益,谋求最大公约数,推动社会治理体系的创新和完善。政府需要积极引导和支持公民社会组织的发展,激发社会各界的创造力和活力,共同推动社会事务的良性发展。同时,公民社会也应积极参与公共事务,在政府的指导和支持下,发挥各自的优势,共同促进社会治理的民主化和法治化。

善治的实现需要政府和公民社会双方共同努力，在实践中不断探索创新。政府应建立健全的合作机制和政策体系，创造有利于合作的环境和条件，提高治理效能和服务水平。公民社会应增强自身组织和协作能力，积极参与公共事务，提出建设性意见和建议，推动社会治理的民主化和公正化。只有政府和公民社会密切合作，共同推动善治理念的深入落实，才能实现公共利益的最大化，推动社会治理体系不断完善和创新，促进社会的和谐、稳定、发展。

善治的特点主要体现在其作为政府与公民共同管理公共生活的合作方式上，这一合作方式既有利于促进政治稳定和经济发展，也有利于提升治理水平和提高政策效果。此外，善治还能构建一种新颖的政治国家与公民社会关系，既强调政府与公民的平等关系，又注重双方的互动合作，从而实现公共利益的最大化。公共机构和大量的非政府组织在畅通的双向信息交流机制下，通过建立优越的合作机制来共同完成国家和社会事务的管理。多元主体在合作中可以充分发挥彼此的优势，从而最大限度地提高公众的社会福利水平。因此，善治是指政府与公民社会在公共生活方面进行合作管理，这种管理模式是对"治理"概念的扬弃，也是对"统治"概念的否定之否定①。

2. 公共体育服务

公共体育服务的发展离不开对公共服务概念的理解，也需要我们进一步研究。公共服务一词由"公共"和"服务"两个关键词构成。"公共"与"私人"相对应，指代着属于国家或集体的意义②。"公共"这一词汇，如同"社会""国家""集体"等概念，均代表着整体性，意指事物隶属社会并供大众共同使用。在英文中，"public"指涉及"与公众相关的、与公众有关的"或者"为公众、公共利益和政府所服务的"；而"service"则解释为"为集体或他人工作，也可以称为劳务，通过提供劳动满足他人某种需求的活动，而无须以实物形式提供"。公共服务作为政府的一项重要职能，其内涵包括以下几个方面：首先，公共服务是政府为了满足公民基本需求而提供的服务。公民有权享有基本的教育、医疗、社会保障、住房等服务，而政府则应该承担起保障公民基本权利和利益的责任。通过提供公共服务，政府可以帮助弱势群体获得更好的生活条件，提高整个社会的生活水

---

① 杨咏梅. 从管治到善治——基于治理理论的高校学生管理模式创新研究[D]. 上海：华东师范大学，2006.

② 芦倩文. 福建农村社区体育公共服务绩效评估研究[D]. 新乡：河南师范大学，2012.

平和幸福感。其次,公共服务是政府为了促进社会福利而提供的服务。政府通过提供教育、医疗、社会保障等服务,可以提高社会的整体福利水平,促进社会的公平和包容。公共服务的提供可以减少社会的不平等现象,促进社会的和谐和稳定发展。再次,公共服务是政府为了促进社会发展而提供的服务。政府通过提供基础设施建设、科技创新、环境保护等服务,可以推动经济的发展和社会的进步。公共服务的提供可以促进产业升级、提高生产效率,推动社会向着更加繁荣和富裕的方向发展。最后,公共服务还包括政府为了维护社会秩序和公共安全而提供的服务。政府通过提供警察、消防、司法等服务,可以确保社会的安全和稳定,维护公民的合法权益和社会的正常秩序。公共服务的提供可以降低犯罪率、提高社会安全感,为社会的和谐发展提供保障。总的来说,公共服务是政府为了满足公民基本需求、促进社会福利、促进社会发展和维护社会秩序而提供的服务。公共服务的提供是政府的一项重要职能,是政府履行社会责任和义务的重要途径。通过提供公共服务,政府可以促进社会的发展和进步,提高公民的生活质量和幸福感,实现社会的和谐和稳定发展。

我国社会的进步和经济的稳定增长不断推动着体育领域的发展,而这也引发了广大民众对体育的需求发生了显著的转变。这些变化包括动机、形式和内容等方面的重大变革,进一步体现了体育在人民日常生活中不可或缺的地位。公共体育需求的内容、层次、结构、方式等将发生相应变化。结合对公共服务的概念理解,可以对公共体育服务的定义进行界定:公共体育服务是公共组织为满足社会公众对体育方面的需求而提供的产品或服务,这些产品或服务既可以是纯粹的公共物品,也可以是混合物品。这种认识可以避免其他定义可能存在的不足,并能够合理解释公共服务的理论。公共体育服务的供给主要是基于社会大众对体育服务所产生的需要,这也是公共体育服务供给的目的与价值追求所在。公共体育需求不仅对公共体育服务的供给方式、质量和效率等方面产生直接影响,还涉及社会生活中与公众利益和需要有关的体育需求。因此,公共体育需求是公共体育服务供给的源头和落脚点。这种需求的特点具有显著的外部性,既关系到个人的健康和娱乐,同时也与国家和社会的利益息息相关。譬如,公民对于体能锻炼的需求及在体育竞技项目中代表国家或地区争得荣誉的向往等,这些需求在提升国民身体素质、弘扬民族精神、增强国家和民族的向心力、塑造良好的国际形象、提高国家的国际声望、扩大国际影响力等方面,均具有举足轻重的意义和作用。此外，公共体育服务在多个方面发挥着积极的作用。首先，公共体育服务能够促进社会的公平与公正，让更多的公民能够享受到体育带来的健康和快乐。其次，公共体育服务的提供也能够提高公民的生活质量，让人们在忙碌的工作和生活之余，能够有更多的机会参与体育活动，放松身心，缓解压力。最后，公共体育服务的提供还能够增强国家的综合竞争力，提高国家在国际体育赛事中的表现和影响力，为国家树立良好的形象和声誉。因此，公共体育服务在社会发展和进步中具有不可替代的作用和价值。

因此，公共体育服务的提供必须充分考虑公众的切实需求和利益，坚持以公众的需求为导向，充分发挥市场机制的作用，并由政府加强监管和引导，不断提升公共体育服务的质量和水平。同时，还需要积极探索多元化的供给模式，鼓励社会力量的参与和投入，实现公共体育服务的多元化和社会化发展。

3. 政府责任

政府责任是政府在履行其职能和使命过程中所承担的义务与责任，涵盖了政治、经济、社会等各个领域。从宏观、中观、微观三个不同的视角来阐释政府责任的概念内涵，可以更全面地理解政府责任的重要性和多维度。

从宏观视角看政府责任，主要强调政府在整个国家治理体系中的作用和责任。在宏观层面，政府责任包括以下几个方面：第一，维护国家安全和主权。政府应当保障国家的安全和主权，维护国家的利益和尊严，确保国家的长治久安。第二，制定宏观经济政策。政府应当通过制定宏观经济政策，促进经济的平稳增长，保证物价稳定，实现就业增长和社会和谐。第三，推动社会公平和正义。政府应当通过制定公平的政策和法律，促进社会资源的公平分配，减少社会的不平等现象，促进社会的公正与和谐。第四，保障公民的基本权利和利益。政府应当保障公民的基本权利和利益，为公民提供教育、医疗、社会保障、住房等基本公共服务，确保每个公民都能享有基本的生活保障和尊严。

从中观视角看政府责任，主要强调政府在地方和行政单位层面的作用与责任。在中观层面，政府责任包括以下几个方面：第一，促进地方经济发展。政府应当通过扶持地方产业、推动科技创新、优化营商环境等方式，促进地方经济的发展，提升地方居民的生活水平。第二，维护地方社会稳定。政府应当加强社会管理和治理，维护地方社会的稳定，防范和打击各种违法犯罪行为，确保地方的和谐和安宁。第三，保障地方公共服务。政府应当为地方居民提供教育、医疗、交通、环境保护等公共服务,改善地方居民的生活质量,提升地方的发展水平。

从微观视角看政府责任,主要强调政府在个体和群体层面的作用和责任。在微观层面,政府责任包括以下几个方面:第一,保障个体权益和利益。政府应当保障每个个体的基本权利和利益,确保每个人都能享有平等的机会和权利,避免个体受到不公正对待。第二,支持弱势群体。政府应当关注弱势群体的权益,为他们提供特殊的帮助和支持,确保他们能够融入社会,享有平等的权利和机会。第三,促进社会公益事业。政府应当支持和推动社会公益事业的发展,鼓励公民积极参与社会公益活动,促进社会的和谐和进步。

综上所述,政府责任是政府在履行其职能和使命过程中所承担的义务与责任,涵盖了宏观、中观、微观三个不同层面。政府在履行其责任过程中,需要全面考虑国家、地方和个体的利益,促进国家的繁荣稳定和社会的和谐发展。

善治理论与政府责任之间存在着密切的关系,两者相辅相成,共同构建了一个良好的治理体系。善治理论是指在政治、经济、社会等各个领域中,通过有效的制度和机制来实现公共利益,提高政府的管理效率和服务水平,促进社会的发展和进步。政府责任则是政府在履行其职能和使命过程中所承担的义务和责任,涵盖了宏观、中观、微观三个不同层面。在宏观层面上,善治理论和政府责任之间的关系主要体现在政府的角色和职能方面。善治理论强调政府应当以公共利益为导向,通过有效的制度和机制来实现公共目标,提高政府的管理效率和服务水平。政府责任则是要求政府在履行其职能和使命过程中,承担起对国家和民众的责任,促进国家的长远发展和民众的福祉。因此,善治理论和政府责任在宏观层面上是相辅相成的,共同构建了一个良好的治理体系。在中观层面上,善治理论和政府责任之间的关系主要体现在政府在地方和行政单位层面的作用与责任方面。善治理论要求政府应当通过扶持地方产业、推动科技创新、优化营商环境等方式,促进地方经济的发展,提升地方居民的生活水平。政府责任则是要求政府在履行其职能和使命过程中,承担起中观层面的责任,为地方的繁荣发展和居民的幸福生活负责。因此,善治理论和政府责任在中观层面上也是相辅相成的,共同推动地方经济的发展和社会的进步。在微观层面上,善治理论和政府责任之间的关系主要体现在政府在个体和群体层面的作用和责任方面。善治理论要求政府应当保障每个个体的基本权利和利益,支持弱势群体,促进社会公益事业的发展。政府责任则是要求政府在履行其职能和使命过程中，承担起微观层面的责任，保障每个人的权益和利益，促进社会的和谐和进步。因此，善治理论和政府责任在微观层面上也是相辅相成的，共同保障每个个体的幸福和福祉。

综上，善治理论的核心要义指向政府责任，这也是本研究的重点内容，而实现机制是购买公共体育服务中政府责任履行的主要保障路径。由此，基于善治理论得出其理论分析框架（图1-1）。

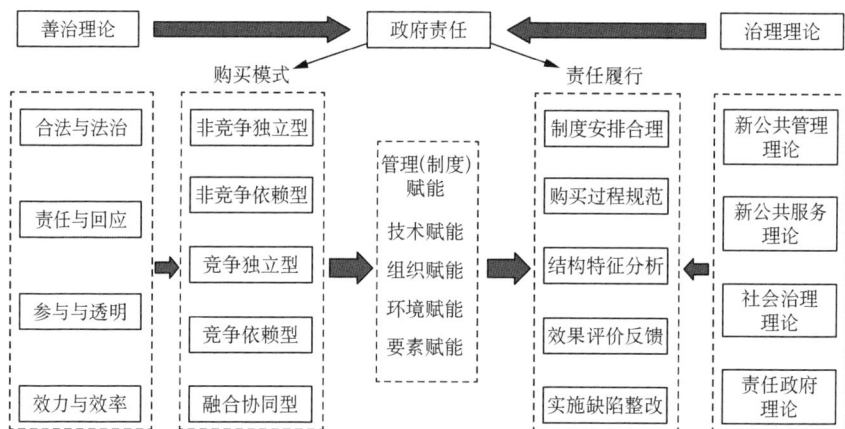

图1-1 "善治理论-政府责任-治理理论"的理论分析框架

（三）相关理论考察

1. 新公共管理理论

20世纪80年代，西方发达国家积极推行"福利国家"政策，导致公共服务供给压力不断加重，供给效率低下，政府财政支出大幅攀升，税收也急剧增加，使西方国家面临前所未有的挑战。自20世纪90年代起，在西方主要发达国家如英国、美国、澳大利亚和新西兰等地，出现了一股行政改革浪潮，并迅速扩展至全球范围。尽管各国的情况存在差异，但此次改革运动的广泛性、深入度和效果均使公共管理模式产生了根本性的改变。这些国家均具有一个共同特点，即对传统的公共行政模式予以否定，积极寻求可替代官僚制组织的政府治理模式。这些改革均以强调市场机制在政府治理中所起到的基本导向作用为基础，追求政府职能的市场化。在推进公共管理模式改革的过程中，各国主要体现出政府职能市场化的取向：一是采取公私合作、授权和委托等方式将公共服务私有化,凸显市场机制在公共服务供给中的重要作用;二是实施政府购买服务、服务外包等市场化的管理方式,这种模式的实施可以促使政府更加注重效率和质量,激发公共服务提供者的活力和创新能力。

在经济学家的提议中,传统的官僚制管理模式应转变为弹性且市场导向的新公共管理模式。通过改革制度供给,引入市场竞争机制,政府工作效率将得到有效提升,同时通过竞争性购买提高公共服务供给质量,缓解政府失灵和市场失灵所带来的问题。随着信息全球化的进展,西方发达国家迅速认可了这一理论,并在此背景下新公共管理理论崭露头角。尽管规模和力度各异,但都具备一些共同的基本特征。这些特征包括:①公共政策领域应注重专业化管理,即公共部门应加强对专业技能和管理经验的积累,以提升管理效率和质量。②明确的绩效标准和测量,这要求公共部门必须建立明确的绩效目标和评估体系,以确保其工作成果能够得到客观、全面的评价。③格外重视产出和控制,这意味着公共部门需要注重工作成果的实际效果,同时加强对其工作过程的监督和控制。④公共部门内部聚合趋向分化,这意味着公共部门需要更加注重分工与协作,以提高工作效率和质量。⑤公共部门正向更具竞争力的方向发展,这要求其不断提升竞争力以适应市场化、竞争激烈的环境。⑥公共部门需要借鉴私营部门的管理经验和方法,重视私营部门的管理方式,以提高其管理水平和效率。⑦为了实现发展的可持续性,相关部门需要加强公共服务资源的合理化调配和节流。

综上所述,新公共管理理论是一个全面、系统的管理理念,它不仅要求公共部门注重专业化、绩效管理、产出控制等方面的工作,还要求公共部门借鉴私营部门的管理经验,注重资源的合理配置和节约使用[①]。

在新公共管理理论的引领下,市场化竞争机制的引入成为政府改革的关键举措,旨在推动政府管理模式从传统的等级制度向更加灵活的参与协作模式转变[②]。这一转变的核心思想在于将监管与评估职能交给市场机制,通过竞争机制来提升公共服务的品质与效率[③]。新公共管理理论的兴起为政府与体育社会

---

① Christopher H. "A public management for all seasons?" Public Administration[M]//欧文·E. 休斯. 公共管理导论. 彭和平,周明德,金竹青,等译. 北京:中国人民大学出版社,2001.

② 戴维·奥斯本,特德·盖布勒. 改革政府:企业家精神如何改革着公共部门[M]. 周敦仁,译. 上海:上海译文出版社,2021.

③ 查尔斯·沃尔夫. 市场或政府[M]. 北京:中国发展出版社,1994:150-152.

组织在提供公共体育服务方面的合作构建了坚实的理论基础，为促进公共体育事业的发展和提升全民健康水平提供了新的思路与路径。在新公共管理理论的框架下，政府购买公共体育服务的实践被赋予了更多的市场化特征。政府作为服务购买者，不再是传统的唯一提供者，而是更多地侧重于引导和监督服务的提供。在购买公共服务前，政府应当积极公开相关信息，以促进更多体育社会组织的了解和参与。透明公开的信息发布能够激发更多社会组织的创新活力，提高服务竞争力，从而为广大公众提供更丰富多样的体育服务选择。购买过程中，政府需以公众需求为导向，建立协同的需求表达和意见反馈机制，确保服务的针对性和实效性。同时，政府与服务提供方之间应建立有效的监管评估机制，制订详细的监督方案，进行全程跟踪评估，确保服务的质量和效率。新公共管理理论的实践引入了市场竞争机制，赋予了政府购买公共体育服务更多的灵活性和效率。通过市场竞争，不仅可以提升服务供给的品质，还可以激发服务提供方的创新动力，推动体育服务业的发展和完善。政府与体育社会组织之间的合作关系得以加强，共同推动公共体育事业的进步。在这一新的合作模式下，政府不再是孤军作战，而是与社会力量共同承担服务提供和管理的责任，实现了资源的优化配置和效能的提升。

然而，新公共管理理论在政府购买公共体育服务方面也面临一些挑战和问题。首先，监管评估机制的建立和完善需要时间与经验的积累，政府在制订监管方案时需谨慎考虑各方利益，确保评估结果客观公正。其次，市场竞争机制的引入需要政府加强对市场行为的监督，防止信息不对称和不当竞争行为的发生，保障公共体育服务的公平性和可持续性。最后，政府在购买公共体育服务时需要平衡好政府与市场的关系，避免市场化竞争过度干预导致服务质量下降或服务断档的问题。因此，政府购买公共体育服务作为新公共管理理论的重要实践领域，需要政府不断探索和完善，加强市场化竞争机制与监管评估机制的整合，促进政府与体育社会组织之间的合作共赢，提升全民健康水平和体育事业的发展。只有在政府引领下，市场和社会各界共同参与，才能推动公共体育服务事业的健康发展，实现社会治理的现代化和民主化目标。

在理论研究与实践之间，新公共管理理论为政府购买公共体育服务提供了有价值的启示。鉴于我国的政治、经济、文化和社会环境，本研究在对政府部门在公共服务购买过程研究中有针对性地借鉴了该新公共管理理论。具体而言，应当利用竞争机制提高公共服务的供给质量和效率,灵活运用激励手段,并强调对公共服务的产出和供给质量的关注。此外,政府部门还需要重视公共服务供应商的竞争意识,以实现高效、优质的公共服务供给。在管理方面,应当采取灵活、高效的管理方式,如录用、任期、工资及各人事行政节点等,以提高行政效率并满足公众需求。

2. 新公共服务理论

新公共管理理论在全球范围内的成功推动了公共部门现代化和专业化,但同时也面临一系列挑战。在此背景下,全球民主政治正在经历着巨大的变革,迎来了民主政治发展的第三波浪潮。在此过程中,新公共服务理论得以孕育而生,民主及民主化的理念和行动逐渐普及,公民权利的概念重新受到重视。然而,随着以效率为主要追求的新公共管理理论的提出,人们开始反思效率是否能够替代公平的价值观,政府的价值是否被忽视。这些实际问题给公共部门带来了困扰,新公共管理理论或治理理论都无法完全解答。因此,亟须构建一种创新且实际的理论来引领新的行动方向。在对新公共管理理论进行深度审视和批判后,登哈特夫妇等学者将若干替代新公共管理理论的观点加以整合,提出了新公共服务理论的概念和框架。新公共服务理论强调公共部门应更加关注公民的需求和权益,通过提供高质量的公共服务来实现社会公正和经济发展。这一理论的提出,为公共管理领域提供了一种全新的思路和方法,对于推动公共部门改革和建设具有重要的意义。

新公共服务理论更加强调政府的服务职能。政府应致力于为公民提供优质公共服务的理念,这相较于单纯追求行政主导地位的思路更为恰当。这一理念的提出为建设服务型政府提供了直接的理论依据,同时也为其提供了全新的视角及思路。有别于传统的新公共管理理论,传统的新公共管理理论侧重于政府的行政职能和效率,主张政府应通过控制和规范来实现社会治理。然而,新公共服务理论则强调,政府应更加关注公民的需求和权益,通过提供高质量的公共服务来推动社会公正和经济发展。在实际操作层面上,服务型政府的核心理念是以公民为中心,以服务为宗旨,以提高公民生活质量和满意度为目标。这与新公共服务理论的核心观点高度契合。因此,新公共服务理论在推动服务型政府建设方面,发挥了不可或缺的理论支撑和实际操作指引作用。

登哈特夫妇于2000年出版了名为《新公共服务:服务,而非掌舵》(*The New*

Public Service:Serving,not Steering)的著作,对新公共服务理论进行了全面阐述,旨在修正新公共管理理论过于强调工具理性的不足之处。主张政府应该重新定位自己的角色,认为政府的职能不是制定政策更不是实施政策,而是应该重视公民的需求,在政策上以人为本,为人民服务[①],构建具备协同整合各社会主体并有效率地反馈社会利益诉求的公共组织。总的来说,政府在关注问题时,并非仅仅专注于满足单一的"顾客"需求,更加重要的是重视公民,并与其建立起良好的信任和合作关系。

新公共服务理论的崛起与美国社会的实际情况紧密相连。在美国,政府长期以来一直将公共服务的提供视为重要使命。然而,在当代社会中,公共服务的需求和形式不断演变。新公共服务理论的兴起正是为了应对这些变化,提出了一种全新的服务理念和实践方式。公共服务理论强调公共服务应该以人民为中心,注重满足人民的实际需求,提高服务质量和效率。这一理论的实践意义在于,它倡导政府应该更加关注人民的实际需要,通过创新服务模式和技术手段来提高公共服务的质量和效果,从而更好地满足人民的需求和提高人民的生活质量。在美国,新公共服务理论的实践已经在多个领域得到广泛的应用,如教育、医疗、社会保障等。通过引入市场机制、优化服务流程、提高服务效率等方式,新公共服务理论已经成为美国公共服务改革的重要理论基础,对于推动美国公共服务的发展和进步具有重要的意义。新公共服务理论的发展是对公共管理理论和实践进行反思与批判,并满足社会变革的需求,在这一理论的指导下,公共服务将以全新的方式被重新构思和实践。夏书章先生指出,新公共服务理论的诞生并非偶然,而是传统公共管理和新公共管理理论发展的必然产物。尽管该理论与传统理论在理论观点和具体内容上存在一些分歧及争议,但其强调或提醒我们公共管理的核心本质是向公众提供服务,这一点不容忽视[②]。

在"新公共服务"概念的引入下,传统的公共行政管理模式受到一定程度的冲击,同时推动了我国政府向服务型政府的转变。在这一背景下,公共体育服务体系作为公共服务的重要组成部分,备受学者们的关注和研究。公共体育服

---

① 珍妮特·V.登哈特,罗伯特·B.登哈特.新公共服务:服务,而不是掌舵[M].丁煌,译.北京:中国人民大学出版社,2010.

② 夏书章.公共服务[J].中国行政管理,2003(3):61.

务具有许多独特的特点,其中最为重要的是公益性、基本性、文化性和普及性。作为公共服务,公共体育服务的目标是维护和实现社会公众的公共体育利益。它不仅可以提供丰富多彩的体育活动,还可以促进人们的身心健康,增强社会凝聚力和文化认同感。因此,公共体育服务在现代社会中具有重要的地位和作用。为了更好地实现公共体育服务的目标,政府和社会应该加强对公共体育服务的投入与支持。在公共体育设施的建设和管理方面,应该注重公众的需求和利益,提高公共体育设施的使用率和服务质量。此外,政府和社会应该加强对公共体育人才的培养和引进,提高公共体育服务的专业水平和质量。

3. 社会治理理论

"治理"是一个富有学术和政策内涵的术语,其源自古典拉丁文或古希腊语,在早期通常与"统治"(government)一词有所交集。然而,随着时代的演进,到了 20 世纪 80 年代末期,对"治理"的理解逐渐与传统的统治、管理等概念产生了一定的区别和延伸。如今,"治理"一词在现代意义上逐渐流行起来,成为众多学科研究的热点之一。

在过去,"治理"常被视作政府在社会中的统治活动,强调政府的权威和管理职能。然而,随着社会结构的复杂性和全球化趋势的加剧,传统的统治模式逐渐显示出其局限性和不足之处,使得人们开始重新审视和探讨"治理"的新内涵。现代意义上的"治理"强调的是一种多元参与、协同合作的管理模式,重在强调各利益相关方之间的互动关系和共同治理责任。这种新型的"治理"理念不再仅仅局限于政府的单一统治,而是更多地强调社会各方的共同参与和合作,以实现社会治理的现代化和民主化。在当今全球化背景下,"治理"不再是单一的政府行为,而是一个包容多元利益主体、协同合作的过程。现代"治理"理念的提出强调了在复杂多变的社会环境下,政府、市场、社会组织等各利益相关方之间的互动与合作至关重要。政府在"治理"中的作用不再是单方面的命令和控制,而是更多地作为一个协调者和促进者,在各利益主体之间搭建桥梁和平台,推动共同参与、共同管理,实现共同发展的目标。

总的来说,随着社会的发展和变革,"治理"这一概念的内涵也在不断演进和丰富。传统的统治和管理模式逐渐被多元化、参与式的"治理"所取代,强调各利益相关方之间的协作与合作,以实现社会治理的现代化、民主化。在未来的发展中,我们需要进一步深化对"治理"概念的理解,不断探索和实践新的治理模式,促进社会治理体系的持续创新和进步。

在我国引入自治理概念后,政治学领域逐渐将该研究置于重要位置。同时社会学等学科也因为自治理在其他学科层面的延展性而相继接纳并将其纳入多学科研究的范畴。自治理概念的引入为我们提供了一种新的视角和方法,帮助我们更好地理解和分析社会治理的现象与问题。通过跨学科的研究,我们可以深入探讨自治理的内涵和特点,揭示其与政治、经济、社会等因素的相互关系,进一步推动社会治理的理论和实践的发展。因此,自治理概念的引入对于促进学科交叉融合和学术研究的创新具有重要意义。在中国语境下,我们可以对"治"和"理"两个词进行分开解读。《说文解字》中对"治"的解释是"水,出东莱曲城阳丘山,南入海"。"劳心者治人,劳力者治千人",这表明"治"字开始具有管理、统领的含义。《说文解字》中对"理"的解释是"治玉也",即雕琢玉石的意思。《荀子·君道》云:"明分职,序事业,材技官能,莫不治理,则公道达而私门塞矣,公义明而私事息矣。"在这里,"治理"的连用暗示了管理和统治的意味。从现代角度来看,治理似乎比管理更为温和,更加注重分散处理。学术上的"governance"被引入中国,译为"治理"后,两者在语义层面的差异性开始出现差别,并引起学界和政界的广泛关注。

总的来说,治理在学术研究领域的相关定义并未完全给出统一的界定。有学者指出"治理"是指统筹各方,使其达成一致意见[1]。在治理的过程中,权力不再是单一中心、自上而下的单向度行使,而是呈现出多中心的特征,强调了扁平化的上下合作互动。这种合作互动强调了各方在决策制定和实施过程中的平等地位与共同参与,有助于促进治理的公正和透明。同时,这种合作互动也强调了权力的分散和下放,使得各级组织和个体都能够参与到治理过程中,发挥自己的作用和价值。这种分散和下放不仅有助于提高治理效率,还能够促进社会各方的参与和合作,推动治理的可持续发展。因此,我们应该积极推动治理过程中的多方参与和合作,充分发挥各方的作用和价值,实现治理的公正和透明,推动社会的可持续发展[2]。

社会治理理论自 20 世纪 90 年代产生以来,标志着一种全新的管理思想的

---

① 王浦劬,莱斯特·M.萨拉蒙,等.政府向社会组织购买公共服务研究:中国与全球经验分析[M].北京:北京大学出版社,2010:4.

② 詹姆斯·N.罗西瑙.没有政府的治理[M].张胜军,刘小林,等译.南昌:江西人民出版社,2001.

兴起^①。这种理论与传统的政府主导管理思想有着显著的区别,强调社会治理主体的多元化及主体之间的互利共赢。传统观念中,治理往往被视作政府的专属领域,强调政府的权威和管理职能^②。然而,现代社会治理理论的提出,突破了这一局限,提倡将治理主体扩展至包括企业和社会组织等多方参与者。在这种新理念下,社会治理不再是单一政府主导的从上而下的管理过程^③,而是强调政府、企业和社会组织之间通过合作与共赢的方式,共同参与公共事务的管理与决策^④。

社会治理的本质是构建一种多元主体参与、共同协商、协同合作的管理模式,旨在实现社会治理的现代化和民主化。这种理论强调了不同治理主体之间的平等合作关系,要求政府、企业和社会组织之间建立起互信互利的合作机制,共同承担社会治理的责任。政府不再是唯一的主导者,而是应该作为一个协调者和促进者,引领各利益相关方共同参与决策和管理,推动社会治理体系的协同发展。在社会治理理论的框架下,政府、企业和社会组织被视为治理的重要参与者,各自发挥着不同的作用和职责。政府作为治理的主体之一,承担着制定政策、法规和监管的责任,同时需要与企业和社会组织合作,共同协商解决公共事务中的问题。企业作为社会的经济组织,参与社会治理旨在推动经济发展与社会责任的平衡,提供就业机会、促进创新发展等,同时也需遵守相关法规、履行社会责任。社会组织则代表着公众利益,发挥着监督、参与和协助的作用,增进社会公平正义和民生福祉。在实践中,社会治理理论为推动政府、企业和社会组织之间的合作提供了新的思路与方法。通过建立多方参与的协商机制、强化信息公开和民意参与,促进各利益相关方之间的沟通与合作,实现资源优化配置和社会治理效能的提升。在社会治理的实践中,各方需坚持相互尊重、平等协商的原则,建立长期稳定的合作伙伴关系,共同推动社会治理体系向着更加开放、创新和包容的方向发展。总的来说,社会治理理论的兴起标志着管理思想的转变和社会治理方式的创新。在多元参与、共同协商、互利共赢的理

①　魏中龙,巩丽伟,王小艺.政府购买服务运行机制研究[J].北京工商大学学报(社会科学版),2011,26(3):32-38.
②　向德平,苏海."社会治理"的理论内涵和实践路径[J].新疆师范大学学报(哲学社会科学版),2014,35(6):19-25,2.
③　魏中龙.政府购买服务的动作与效率评估研究[D].武汉:武汉理工大学,2011.
④　俞可平.治理和善治:一种新的政治分析框架[J].南京社会科学,2001(9):40-44.

念指引下,政府、企业和社会组织之间的合作关系将更加紧密,共同推动社会治理体系的现代化和民主化。这一理论的不断完善和实践将为构建和谐、稳定的社会秩序提供有力支撑,促进社会的可持续发展和进步。

党的十八届三中全会召开后,党中央将社会治理上升到战略话语体系层面,学界也相应对其展开研究并逐渐成为热点。作为我国治理体系的重要组成部分,社会治理体系由组织体系、制度体系、运行体系、评价体系和保障体系构成。这五大组成要素相对独立却又相互交融,共同构建了一个全面、协调、有效的治理结构,成为支撑国家治理现代化的重要支柱。在社会治理体系中,各个要素相互作用,相互促进,形成了一种错综复杂的治理网络,推动着国家治理体系不断完善和发展。

第一,组织体系是社会治理体系的基础,包括政府机构、企业和社会组织等不同类型的组织。政府作为主导治理的组织,承担着政策制定、资源调配和社会管理等职责;企业则通过经济活动参与社会治理,推动经济社会发展;社会组织代表着公众利益,发挥着监督、服务和协调的作用。这些组织相互联系、相互依存,共同构建起一个多元参与、协同合作的治理体系①。

第二,制度体系是社会治理的规范基础,涵盖了法律法规、政策文件、规章制度等各种制度安排。制度体系的健全与完善对于社会治理体系的稳定和有效起着至关重要的作用。具有科学性、合理性和可操作性的制度安排,能够规范各方行为,维护社会秩序,保障公共利益,推动社会治理体系向着更加规范化和法治化方向发展②。

第三,运行体系是社会治理体系的实践执行机制,包括政策实施、资源配置、服务提供等具体运行环节。一个高效的运行体系能够保障政策的顺利实施,资源的有效利用,服务的质量提升,从而确保社会治理的有效性和可持续性。政府、企业和社会组织需要密切协作,充分发挥各自优势,共同推动社会治理体系的运行和落实。评价体系是社会治理体系的监督和评估机制,通过对各方参与和工作成效进行评价,及时发现问题、优化机制,提高社会治理的效率和质量。建立科学、客观、公正的评价体系,有利于推动治理体系的不断优化和提

---

① 王浦劬.国家治理、政府治理和社会治理的含义及其相互关系[J].国家行政学院学报,2014(3):13.

② 刘作翔.关于社会治理法治化的几点思考:"新法治十六字方针"对社会治理法治化的意义[J].河北法学,2016,34(5):2-8.

升,为决策提供科学依据和改进方向①。

第四,保障体系是社会治理体系的安全保障和风险防范机制,包括信息安全、风险管理、应急响应等方面。建立健全的保障体系,可以有效应对各种挑战和风险,确保社会治理体系的平稳运行和长期稳定。政府、企业和社会组织需要共同努力,加强合作,建立多层次、全方位的保障机制,确保社会治理体系的可持续性和稳定性。

综合而言,社会治理体系的构建是一个复杂而系统的过程,需要各方共同努力,密切配合。只有各要素相互协同、相互支持,才能构建起一个稳定、和谐、高效的社会治理体系,推动国家治理体系的现代化和民主化。不同学科领域的学者对治理的理解各不相同,但社会治理体系的构建需要综合运用多学科的知识和方法,以期实现国家治理体系的现代化和提升。只有不断完善社会治理体系,才能适应国家发展的需要,促进社会的稳定与繁荣。

据此,笔者认为在社会治理和公共服务提供方面,政府应当充分考虑社会力量的参与,实现多方合作、优势互补,打造规范、合理的治理格局,建立明晰的责权关系、资源共享机制,实现合作共治的目标。政府在购买公共服务时,应该发挥监督、指导和评价的作用,避免过度干预,赋予承接组织更多的自主权。与此同时,体育社会组织应当积极参与社会治理,与政府建立有序合作关系,共同提供高质量的公共体育服务。作为公益性和非营利性机构,体育社会组织具备成为优质公共体育服务提供者的潜力。随着其承接能力的不断提升,将为我国治理能力的现代化进程带来积极推动作用。

社会治理和公共服务的提供已经逐渐从政府垄断向多元化、多方参与的方向演变。政府作为治理体系的主导者和协调者,应该借助社会力量的参与,整合各方资源,提高治理效率和服务质量。政府在购买公共服务时,应当根据实际需求和市场供给情况,科学、合理地选择服务提供者,建立长效机制,确保公共服务的可持续性和稳定性。政府的监督和评价职能则是保障公共服务提供质量和效果的重要手段,避免资源浪费和低效率。体育社会组织作为体育公共服务的重要提供者,应当积极响应国家政策,加强自身能力建设,提高服务水平和影响力。通过与政府合作,体育社会组织能够充分发挥自身优势,为社会提

---

① 姜晓萍.国家治理现代化进程中的社会治理体制创巧[J].中国行政管理,2014(1):24.

供更多元、更专业的体育服务。政府在这一合作关系中应当给予体育社会组织更多的自主权和支持，鼓励其创新，提高服务质量，更好地满足社会需求。体育社会组织的积极参与和合作，对于我国体育事业和社会治理的现代化具有重要意义。通过体育活动的开展和推广，可以增强人民体质，促进社会和谐稳定。体育社会组织的发展也将为体育产业的繁荣和创新提供更多空间与可能性，推动整个社会向着健康、文明的方向发展。在未来，政府应当进一步强化社会治理体系的建设，促进社会力量的广泛参与，推动治理模式的转变和创新。体育社会组织也应当加强自身建设，不断提升服务能力和水平，与政府密切合作，共同推动公共体育服务的发展和提升。通过政府和社会力量的共同努力和合作，我国的治理能力和社会服务水平将迎来更加美好的未来。

4. 善治理论

"善治"是 21 世纪行政学、政治学、社会学等多个学科研究的热点议题之一。这一理念源自西方治理理论，旨在应对市场与政府的双重失效挑战。作为一种理想的公共事务管理模式，善治强调政府与公民社会在协同管理中合作，以实现公共利益最大化。在这种模式下，政府和公民社会达到最佳状态，相互合作和制约，共同推动社会的和谐发展。善治凝聚了公平正义、民主参与、透明度和责任等人类共同追求的价值与原则。这些理念在全球范围内得到广泛认同和应用，因此越来越多的非西方国家开始借鉴和效仿善治模式，将此内容作为管理理论和实践的基准。自 20 世纪 90 年代起，我国对善治理论展开研究，并基于国内外学者的研究成果进行善治可行性分析和制度设计。这些研究和实践为我国政府改革、创新及社会管理提供了有益的启示和借鉴。它们为我国政府在提升治理效能、提升公共服务水平、促进社会公平正义方面提供了宝贵经验和教训。通过引入善治理念，我国政府正在努力提高治理效能，提升公共服务水平，促进社会公平正义，以实现国家的长治久安和人民的幸福安康。

20 世纪 90 年代，西方兴起了善治理论，对政治、行政和社会等领域产生了深远的影响。其核心理念是多元主体共同参与公共事务管理，促进政府与公民社会之间的合作与互助，推动社会和谐发展。西方善治理论以自由、法治、责任等基本价值观为核心，旨在实现公共利益的最大化。它认为，政府与公民社会之间的互信、互助和共赢理想关系，应是实现治理目标的关键。善治理论反映了人们对理想管理模式的构建,也为各国提供了可借鉴的实践模式。由于善治理论包含许多普适性原理,如民主参与、透明度、问责制等,这些原理在不同国家和地区都具有广泛的适用性。因此,善治理论在各国得到了不同程度的关注和应用,成为推动全球治理创新的重要力量。

学者俞可平强调应当结合中国的特定语境,将善治理论进行本土化应用。他指出,在治理过程中,政府应当发挥元治理的功能,确保治理行为温和公正,这将对善治起到至关重要的作用。在治理目标方面,政府应以实现公众对公共物品更全面的享有和对公共管理更高满意度为出发点,以最大化公众福利。善治理论的核心在于以契约为基础的互动与合作,这种治理方式的特点在于其重视参与性,鼓励利益相关者共同参与到治理过程中来。在治理效果方面,善治理论追求的是一种多元和谐的社会状态,以容纳和解决各种矛盾与冲突。因此,社会应该建立有效的机制来化解这些矛盾和冲突,并保证参与者的合法权益得到保护。这些思想是将善治理论运用到中国社会的重要改进,它能够为中国的治理和社会发展提供有益的启示与指导。政府应本着"多元、协商、沟通、平等"的原则,基于一定的集体行为准则,在与市场、社会相互博弈、相互调和的互动中,共同面对和处理社会发展难题,实现多个主体之间的合作,最终走向善治①。

基于善治理论的基础,本研究从不同政府购买公共体育服务案例中归纳出政府的责任要点,同时通过半开放式问卷调查、专家访谈等方法获取不同"购买模式"下政府的责任要素,确定购买不同模式公共体育服务中政府的责任因素。在此基础上,以问责、整合、信任和激励为关键要素,提出了几种不同"购买模式"的政府责任实现机制,并构建了政府责任体系。通过对不同案例的分析和专家访谈,可以深入了解政府在购买公共体育服务中面临的挑战和责任。将不同"购买模式"下政府的责任要素提炼出来,有助于明确政府在不同情境下的职责和使命,为搭建健全的政府责任体系提供了重要参考。在建立政府责任体系的过程中,问责、整合、信任和激励是关键的切入点。通过建立有效的问责机制,政府能够对自身行为进行监督和评估,确保责任的落实和执行。整合不同部门和利益相关方的资源与力量,可以提高公共体育服务的综合效益和质量。

---

① 俞可平.治理与善治[M].北京:社会科学文献出版社,2000.

同时，建立政府与社会、市场之间的信任关系，有助于形成良好的合作氛围，推动公共体育服务的提升和发展。此外，通过激励机制的建立，能够激发各方的积极性和创造力，促进公共体育服务的创新和改进。通过构建政府责任体系，不仅可以规范政府行为，提升政府履职能力，还可以促进公共体育服务的优化和提升。政府在购买公共体育服务中的责任体系不仅关乎政府自身形象和效能，更关乎公众对政府的信任和认可，具有重要的意义和价值。

5. 委托代理理论

在 1932 年，美国经济学家伯利和米恩斯提出了委托代理理论，认为公共服务提供应该注重各项目的优化供给。委托代理理论是建立在委托人和代理人之间的一种合同关系，其中委托人授权代理人代表其执行某些任务，并从代理人的行动中获得利益。然而，由于信息不对称和利益不一致，委托代理理论的核心问题在于如何确保代理人能够按照委托人的意愿行动。为了解决这一问题，委托代理理论提出了一系列激励机制和监督机制的设计方案。这些方案旨在使代理人的行为与委托人的利益相一致，从而增加代理人为实现委托人利益最大化而努力的可能性。此外，委托代理理论还对各种合同类型进行了分析，并研究了如何平衡代理人和委托人之间的权利与责任。这包括对风险分担、收益分配和确保代理人遵循道德规范等方面的考量。通过合理设计合同条款和条件，可以更好地协调委托人和代理人之间的利益关系，从而实现项目利益的优化。该理论的目标是解决企业内部由于利益分配而产生的冲突，并建议通过委托经营权来解决这一问题。随着学者们对委托代理关系的研究，该理论在19 世纪 60 年代末 70 年代初得到了发展。1976 年，简森和梅克林进一步提出委托代理是契约关系的具体表现，通过在委托人和代理人之间处理分歧来形成最优方案与契约[①]。

在政府购买公共体育服务项目实施过程当中也存在这样的委托代理关系，政府在理论上属于委托方，体育社会组织属于代理方，政府和社会组织通过购买服务的方式签订契约合同，明确各自的职能定位，并按照合同要求，双方如期完成各自所要履行的义务，形成政府与体育社会组织委托代理的双向关系。从运行机制来看，政府把原本由政府生产的公共体育服务义务，以合同委托的形

---

① Myerson K R. Appraisal and revalidation need sensitive handling [J]. Anaesthesia, 2001, 56(3)：199-201.

式委托给服务承接组织生产,政府只是转移出公共体育服务生产的义务并未转移出公共体育服务供给义务,也就是说政府在委托代理关系中仍然是供给主体,负有公共体育服务供给义务,而承接公共体育服务生产的组织作为公共体育服务代理生产一方既负有生产义务又负有完成公共体育服务供给的义务。就其购买行为来说,是多元主体围绕公共体育服务的供给,以合同的形式明确各参与供给主体权利义务的责任划分。

尽管委托代理关系在政府购买公共体育服务中发挥重要作用,但研究和实践表明,这一过程并非总是伴随着利润的上升。信息不对称性和不确定性的存在可能导致代理人行为的偏离目标函数,从而引发一系列问题。在政府购买公共体育服务的委托代理关系中出现的相关问题,主要缘于信息不对称性带来的风险。在政府与社会组织之间的委托代理关系中,信息不对称性是一大隐患。服务承接商可能为了争取代理权而故意隐瞒信息,而政府也可能出于自身利益考虑而隐瞒信息,导致信息不对称,进而可能引发逆向选择风险,如道德风险、垄断风险等问题。这些风险增加了监督成本,可能导致服务质量下降,客观上影响了公共体育服务的效益和质量。信息不对称性带来的问题在政府购买公共体育服务中尤为突出。政府在委托代理关系中拥有更多信息和资源,而服务承接商则相对信息和资源不足,这种不对称性可能导致代理人的行为偏离预期目标。服务承接商可能会通过隐瞒信息或采取不当行为来获取更多利益,而政府也可能出于自身利益考虑而掩盖实际情况,造成信息的不对称性。这种情况下,政府在监督和管理过程中面临更大的挑战,需要投入更多资源和精力来确保委托代理关系的有效运作。逆向选择风险在政府购买公共体育服务中可能表现为道德风险和垄断风险。道德风险指的是代理人出于个人利益而采取不道德或不合规范的行为,如虚报服务成本、降低服务质量等,从而损害了公共利益。垄断风险则是指代理人获取了过多的市场权力,导致市场失去竞争性,服务质量和效率下降。这些风险使得政府需要加强监督和管理,以防止代理人利用信息不对称性牟取私利,从而损害公共利益和实现政府购买公共体育服务的目标。因此,针对政府购买公共体育服务中的委托代理关系问题,建立激励和监督机制是必不可少的[①]。只有通过有效的激励措施和监督手段,政府才能更

---

① 罗伯特·S. 平狄克,丹尼尔·L. 鲁宾费尔德. 微观经济学[M]. 高远,朱海洋,范子英,等译. 北京:中国人民大学出版社,2003.

好地管理和监督委托代理关系，确保服务提供商遵循规范行为，提供高质量的公共体育服务，实现政府购买公共体育服务的有效运作。

6. 责任政府理论

20世纪末，英国召开了一次名为"责任政府"的国际会议，引发了广泛关注和研究。在会议召开后，各国政府开始对责任政府予以重视。同时，在学术界各个研究者也开启了对责任政府理论的相关探索。至今，国外已有许多学者深入研究责任政府的问题。《布莱克维尔政治学百科全书》对责任政府进行了定义：由立法机关产生并履行一定职责，其工作在于向选民解读其所作决策的依据，同时需具备责任政府的基本要求的行政机构。在此，责任是指行政人员在其职位上必须承担的职责或职能，并要求行政人员对其行为作出合理解释[①]。亨廷顿指出，国家与国家之间最大的政治对抗并非取决于政府的组织结构形式，而主要取决于政府的责任程度。这意味着一个负责任的政府能够更有效地维护国家利益，处理国际事务，以及与其他国家进行政治互动。政府的责任程度影响着其领导能力、决策效率和国家形象，进而影响国家在国际舞台上的地位和议程。因此，建立一个负责任的政府体系是维护国家利益和实现国际政治平衡的关键[②]。Saunders认为，负责任的政府是一种内在的进化系统，作为澳大利亚宪法的一部分，旨在保持政府的灵活性和非指令性，允许在必要时调整政府安排。这种机制使政府能够适应不断变化的国内外环境，保持政策的灵活性和适应性，以更好地履行其职责和服务于国家利益。因此，负责任的政府不仅是一种制度安排，更是一种适应性和演化性的政治机制，通过不断调整和改进来确保政府与时俱进，为实现国家长期利益和政治平衡发挥关键作用[③]。Linde等指出，代议制民主要求政府不仅要负责任，还要具有灵活的反应能力。随着国际承诺和相互依赖的增加，各国政府在决策时不能仅仅追随本国公民的意愿，而是需要在维护国家利益和国际关系之间找到平衡。负责任的政府需要考虑到国际环境的变化和影响，以确保国家在国际舞台上的地位和声誉。因此，

---

① 戴维·米勒，韦农·波格丹诺. 布莱克维尔政治学百科全书(修订版)[M]. 邓正来，等译. 北京：中国政法大学出版社，2002.

② 塞缪尔·P. 亨廷顿. 变化社会中的政治秩序[M]. 王冠华，刘为，等译. 上海：上海人民出版社，2008.

③ Saunders B B. Responsible government, statutory authorities and the *Australian constitution* [J]. Federal Law Review, 2020, 48(1)：4-29.

政府除了要对本国公民负责外,还需要在国际事务中承担起责任,以实现国家长远利益和国际政治平衡[1]。

在我国,有关责任政府的研究已经有较多的文献支撑和实践参与。我国学者张成福比较早地提出"责任政府"的概念,他认为责任政府既是现代民主政治发展过程中的一种根本理念,又是政府在民主调控过程中行使行政权力的制度设计[2]。李景鹏认为责任政府的核心在于政府能否将责任感深化为行政理念,牢固树立政府与公民之间平等交互和平等制约的理念,并基于此理念来履行公共服务职能,并且政府在服务民众时要明确责任,树立责任意识[3]。常大伟和王坤认为,政府作为公共服务的主体必须满足公民的基本要求,积极地发挥政府的职能和履行相应的义务[4]。具体来看,李作鹏认为,责任政府是法治政府、服务政府和高效政府,政府必须依法行政,即在法律规定的范围内行政,解民之所需、便民之所求,提高为民服务的行政质量和效率[5]。就责任政府的实践层面,娄红认为,政府在提供公共服务的时候需要对服务的全过程进行管理并监督,政府在行使职权时必须遵守法律,如果违法或者不当行使职权,应当承担相应的法律责任。实现权力和责任的统一,是政府必须遵守的原则,也是确保政府行为合法、公正、透明的重要保障。责任政府是一种新的行政法理念,履行责任是建设服务型政府的前提条件[6]。总的来说,责任政府是将责任理念与制度机制相结合的一种模式。为了不断改进和完善责任政府,我们需要在培养理念、进行顶层设计及促进社会监督等方面提供支持,这些措施将有助于推动责任政府实践的进一步发展。

在政府社会管理职责的学说中,责任政府理论探讨了政府如何履行其职责的问题。该理论认为,政府在履行社会管理职能时,必须承担起对人民的责任,并积极主动地向人民解释和报告其行为与决策的原因及动机。责任政府理论的核心是强调政府应该对人民负责。这意味着政府不仅需要履行其基本职能,如维护公共安全、提供基本服务和保障公民权利,还需要与人民保持沟通,并接

①　Linde J, Peters Y. Responsiveness, support, and responsibility: how democratic responsiveness facilitates responsible government[J]. Party Politics, 2020, 26(3): 291-304.

②　张成福. 责任政府论[J]. 中国人民大学学报, 2000, 14(2): 75-82.

③　李景鹏. 政府的责任和责任政府[J]. 国家行政学院学报, 2003(5): 16-19.

④　常大伟, 王坤. 档案在责任政府建设中的功能与实现路径[J]. 档案与建设, 2020(5): 28-31, 36.

⑤　李作鹏. 责任政府视域下社会问责研究[D]. 长春: 吉林大学, 2013: 19-24.

⑥　娄红. 村级档案管理的关键在于双元结构[J]. 北京档案, 2019(10): 29-30.

受人民的监督和批评。只有这样，政府才能建立起一种互信的关系，增强其合法性和稳定性。在责任政府理论的视角下，政府的决策应该基于公正、透明和可预见的原则。政府应该尽可能地向公众提供详细的信息，以便公众能够理解政府的行为和决策，并参与到政治过程中来。政府应该积极倾听公众的声音，并根据公众的反馈和意见来调整其政策和行为。现代民主的发展催生了责任政府理论，该理论强调政府需要实现权力与责任的统一。

一些英国学者主张，责任政府理论应包含以下核心观念：政府应通过集体责任制和部长个人责任制这两种方式对议会承担责任。随着西方民主政治的不断演进，现代责任政府理论着重强调责任政治在实现责任政府中的重要性。从狭义角度来看，责任政治特指内阁制政府应承担的责任。广义而言，则包括对公权力行使者行为的控制，确保该理论符合人民意志和利益，并对人民负责。责任可体现为法律责任和政治责任两种形式。政府各部门是政治责任的承担主体，当其领导违反道德或政治约定时，将构成政治责任。法律责任指违法行为所带来的法律后果。责任政府必须迅速回应社会和民众的诉求，并采取有效措施满足民众需求。这项理论成为现代民主政治中不可或缺的一部分，它强调政府必须对人民负责，政府领导人必须承担相应的责任。

二、 政府购买公共体育服务研究态势分析

政府购买公共服务是推动政府转变职能和社会治理创新的重要措施。本研究以中国知网为数据来源，以政府购买公共体育服务领域的 460 篇中文文献及 32 篇英文文献作为分析样本，采用文献计量学的分析方法，从机构发文量、关键词共现分析、关键词聚类分析及时间线分析对国内外政府购买公共体育服务的研究现状、研究主题、热点趋势及发展脉络等进行挖掘。研究表明，政府购买公共体育服务领域主要有两个方面的研究：一方面是关于政府购买公共体育服务管理的理论与实践研究；另一方面则是关于政府购买公共体育服务多元主体协同治理策略的研究。这些研究主题涵盖了不同的领域：购买过程中的风险规避、防范对策、监督评估，以及政府与各社会力量多方参与引发的协同治理问题的研究分析；热点趋势为体育社会组织承接政府职能转移和服务供给的能

力、政府购买公共体育服务现状与发展研究,以及如何完善购买方式等。发展脉络可分为三个阶段:探索阶段(2008～2014 年),处于该领域研究的起步阶段;发展阶段(2015～2019 年),处于该领域研究的繁荣时期;转型阶段(2020～2021 年),处于该领域研究沿着系统、全面、深度的方向发展阶段。各个阶段表现出不同的阶段特征。

2016 年 6 月《全民健身计划(2016—2020 年)》正式下发,明确要求把全民健身锻造成健康中国发展的强力支撑和全面建成小康社会的国家名片。在新的发展背景下,公共体育服务发展在迎来新机遇的同时也面临着新的挑战。当前阶段,我国正处于经济转型、社会变革、文化转型和政治改革的关键时期。在当前阶段,政府的服务职能正在发生转型。其中,政府向社会力量购买服务是这一转型的重要方面,并且其规模逐渐扩大。因此,有必要对我国学者在政府购买公共体育服务方面的研究成果进行梳理、归纳和分析。通过总结已取得的成就和不足,我们可以更全面地了解和掌握当前领域的研究进展情况。这将有助于推动这一领域的发展,并为政府服务职能转型提供参考和指导。同时,为了更好地提高公共体育服务的质量和效率,以满足广大人民群众的需求,我们需要进行一系列的改进。在这个关键时期,我国政府正努力推动经济转型,以实现可持续发展和社会公平。同时,社会和文化的转型也在逐步展开,以适应新时代的发展需求。我国政府坚定致力于深化政治体制改革,以推动国家治理体系和治理能力现代化进程。在政治改革领域,我们正逐步完善政治制度,以更好地适应国家发展的需要。在这个过程中,政府服务职能的转型显得尤为重要。政府需要转变传统的管理模式,向更加市场化、专业化的服务模式转变。政府向社会力量购买服务,正是这种转型的一个重要体现。通过向社会力量购买服务,政府可以借助市场的力量,提高公共服务的效率和质量。为了更全面地了解政府购买公共体育服务方面的研究成果,我们需要对相关研究进行梳理和分析。这包括对研究方法、研究对象、研究成果等方面的总结和归纳。通过这种方式,我们可以发现研究中的优点和不足,从而为今后的研究提供借鉴和启示。

本研究文献数据来自中国知网数据库,为保证数据收集的完整性,以“政府购买公共体育服务”“政府购买体育公共服务”“体育公共服务外包”“公共体育服务外包”“体育社会组织”“政府责任”“政府购买”进行主题和篇名的组合检索,检索条件为精确,检索时间为 2021 年 7 月 1 日。对检索结果进行筛选和除重,最终选取 492 篇有效文献作为本次研究的基础研究数据,其中中文文献 460 篇,英文文献 32 篇,时间跨度为 2008~2021 年。为了进行可视化处理,本研究采用了 CiteSpace 5.7.R5 版本作为主要的文献计量工具。将得到的数据导入 CiteSpace 中,通过对文献数据科学计量,生成科学知识图谱,将政府购买公共体育服务学术领域的演进历程展现在网络图谱中。

(一) 研究机构发文量及分布

通过以研究机构为节点绘制发文机构共现图谱,可以分析出在特定研究领域内具有较强科研实力和发文数量较多的机构。通过对发文量排名前十的机构进行综合分析,我们可以揭示这些机构的地区分布情况,并深入了解其在该领域的影响力和贡献。可以得出在本研究领域内科研实力较强和发文数量较多的机构,以及它们的地区分布情况①。从表 1-1 中可以明显看出,国内该领域的研究机构类型主要为高校,高校在国内该领域的研究中扮演着主力军的角色,这也意味着高校在该领域的研究实力和影响力较为突出。通过对这些机构的研究成果和合作关系进行深入分析,我们可以更好地把握该领域的发展动向,为未来的研究和合作提供重要参考依据。

结合发文量机构数据显示,排名前十的机构主要集中在沿海地区、长江流域和经济较为发达的地区,呈现出南多北少的分布趋势。进一步深入挖掘可以发现,这些机构所在的省市经济相对较为发达,人民的生活水平较高,对公共体育服务的需求也相对较多。因此,这些机构在政府购买公共体育服务方面的研究起步较早,积累了丰富的实践经验,并且在相关研究数量上也名列前茅。其中一些地方性案:上海市政府购买公共体育服务的评估机制的研究,为政府购买公共体育服务提供了科学的评估指标和方法,有助于提高政府购买体育服务的效率和效果②;苏州市承接政府购买公共体育服务项目的运行流程研究,则从实践层面深入探讨了政府购买体育服务的具体运作方式和机制,为其他地区在政府购买体育服务方面提供了借鉴和参考③;广州市体育社会组织承接政府购

① 段嵌嵌.身体活动对老年人健康促进研究:基于科学知识图谱的可视化分析[D].上海:上海师范大学,2021.

② 李婧.政府购买体育公共服务评估机制研究:以上海市体育局为例[D].上海:上海交通大学,2019.

③ 赵扬楠.承接政府购买公共体育服务项目的运行流程研究:以苏州市政府购买公共体育服务项目为例[D].苏州:苏州大学,2018.

买公共体育服务的研究,则探讨了政府与社会组织合作的模式和路径,为促进政府与社会组织之间的合作关系提供了理论支持①;江苏省、浙江省及上海市政府购买群众性体育赛事服务现状及成效的研究等,着重分析了政府购买群众性体育赛事服务的实际情况和效果,为政府购买体育赛事服务提供了数据支持和理论依据,也为其他地区在政府购买体育服务方面提供了借鉴和参考②。

在未来的发展中,政府购买公共体育服务将继续发挥重要作用,为促进全民健身事业的发展和人民群众的体育健身提供更好的服务与支持。各地政府和相关机构应该加强合作,深入研究政府购买体育服务的机制和模式,不断完善政府购买体育服务的政策和措施,推动公共体育服务事业的进一步发展。只有通过不懈努力和持续创新,才能让政府购买公共体育服务更好地服务于人民群众,实现全民健身的目标和愿望。

表1-1　发文量排名前十的机构

序号	发文机构	发文量	所在省市
1	苏州大学	29	江苏省
2	上海体育大学	24	上海市
3	湖南工业大学	9	湖南省
4	华中师范大学	8	湖北省
5	华东师范大学	7	上海市
6	南京体育学院	7	江苏省
7	山东大学	7	山东省
8	北京体育大学	6	北京市
9	南京师范大学	6	江苏省
10	吉林体育学院	6	吉林省

(二) 基于关键词聚类的研究领域与主题分析

政府购买公共体育服务作为一种新型的体育管理模式,正在引起越来越多学者和机构的关注与研究。通过对图1-2所展示的数据进行分析,我们可以看到政府购买公共体育服务研究领域被细分为12个主要的集群。这些集群包含

---

① 张茜.体育社会组织承接政府购买公共体育服务的研究:以广州市为例[D].广州:广州体育学院,2017.

② 谢雯.我国政府购买群众性体育赛事服务现状及成效研究:以江苏、浙江、上海三省市为例[D].开封:河南大学,2020.

了广泛的研究主题,凸显了该领域的多样性和复杂性。这种细分有助于更好地理解政府购买公共体育服务模式的不同方面,从而为相关研究提供更清晰的方向和视角。政府购买公共体育服务作为一种公私合作的模式,旨在提高体育服务的效率和质量,满足公众对体育服务多样化的需求。通过研究这一模式在不同国家和地区的实践与成效,可以为其他地方提供借鉴和经验,促进体育服务的可持续发展。此外,政府购买公共体育服务也涉及公共资源的配置和利用,以及政府与社会组织、企业之间的合作关系。研究这些方面有助于深入探讨政府在体育领域中的角色和责任,寻求更有效的管理和运作方式。因此,对政府购买公共体育服务模式的研究不仅可以推动学术界的发展,还能够为体育管理实践提供有益的借鉴,促进体育事业的健康发展。

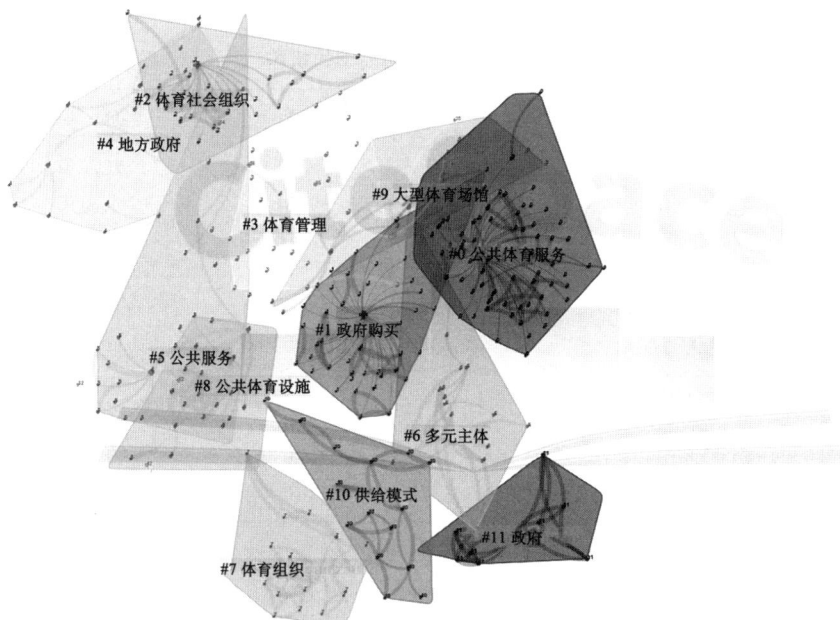

图 1-2　关键词聚类图谱

1. 知识群 G1,即政府购买公共体育服务管理的理论与实践研究

聚类#0、#5 主要为政府购买公共体育服务发展的现状及推动策略方面的研究,公共服务作为公共体育服务的上位概念也受到了广大学者的关注,主要从政府购买公共体育服务相关概念、理论基础及典型案例进行了研究。朱江对政府购买公共体育服务的成就和经验进行了深入研究,揭示了该模式面临的

问题和挑战,并提出了相应的对策。该研究发现,政府购买公共体育服务在提升体育服务效率和质量方面取得了显著成就,但也存在着资源配置不均衡、服务内容单一、监管机制不完善等挑战。针对这些问题,提出了加强资源整合、拓展服务内容、健全监管机制等对策,以进一步推动政府购买公共体育服务模式的发展和完善[①]。邹吟寒聚焦于政府购买公共体育服务模式的理论研究,系统总结了常州市政府在这一领域的运作经验和优化方案,并展望了其未来的发展方向。研究发现,政府购买公共体育服务模式在常州市取得了显著成效,为当地体育事业的发展注入了新活力。然而,也暴露出运作中存在的一些问题,如服务覆盖范围有限、资源配置不合理等。针对这些问题,邹吟寒提出了优化购买模式、拓展服务领域、强化监管机制等建议,以进一步提升政府购买公共体育服务的效率和效果。同时,通过对未来发展方向的展望,强调了政府购买公共体育服务模式在常州市的可持续发展路径,包括加强与社会力量合作、推动体育服务多元化发展等方面的探索和实践,为该模式在地方体育管理中的应用提供了有益的借鉴和指导[②]。

聚类#1、#3、#10 主要包含了政府购买公共体育服务中的购买模式、风险规避、发展路径、监督评估等方面的研究。

通过对文献进行梳理可知,政府购买公共体育服务的模式主要可以分为以下 3 种:竞争-独立型、竞争-依赖型、非竞争-独立型。朱毅然经过深入探讨,我们发现政府购买公共体育服务的主要方式包括直接资助制度和项目申请制。在当前的购买模式下,主要存在独立关系非竞争购买和依赖关系非竞争购买两种形式,这些观点和模式为我们深入探究政府采购公共体育服务提供了重要的参考依据[③]。Xiao 指出非竞争型购买方式容易导致政府与体育社会组织之间的依赖和控制关系,因此在后续的开展层面政府要考虑转变购买方式,逐渐向独立关系竞争购买方向发展,其主要表现形式为服务外包[④]。研究发现,体育合

①　朱江. 开远市政府购买城市公共体育服务研究[D]. 昆明:云南师范大学,2020.
②　邹吟寒. 政府购买体育公共服务研究:以常州市为例[D]. 上海:上海交通大学,2017.
③　朱毅然. 政府购买体育公共服务研究[J]. 西安体育学院学报,2015,32(6):641-646,674.
④　Xiao X M. Research on the mode of social sports organizations providing sports public service [C]//Institute of Management Science and Industrial Engineering. Proceedings of 2019 2nd International Workshop on Advances in Social Sciences (IWASS 2019). Dalian:Computer Science and Electronic Technology,2019:5.

同外包作为提高政府供给能力和效率的一种购买方式更容易被广泛接受和认可[①]。

各学者分别从道德层面、法律法规层面、责任缺失层面、信息失灵层面进行了关于政府购买公共体育服务风险因素的分析[②]。多种角度和方向的研究为构建政府购买公共体育服务风险识别与规避机制打下了坚实的理论基础。在道德层面，研究者指出政府购买公共体育服务存在着道德风险，如金钱利益驱动下的腐败问题、利益输送等，可能导致资源浪费和不公平竞争。在法律法规层面，学者们强调了政府购买公共体育服务的合规性和监管缺失可能带来的法律风险，如合同履行问题、财务管理漏洞等，需要加强法律法规建设和实施。责任缺失层面的研究表明，政府购买公共体育服务中可能存在责任不明确、追责困难等问题，容易导致服务质量下降和资源浪费。信息失灵层面的分析则强调了信息不对称、信息不透明等问题可能带来的风险，影响政府对服务提供方的选择和监督。综合来看，研究者在不同维度的研究为政府购买公共体育服务风险管理提供了全面而深入的思考，为构建有效的风险识别与规避机制提供了丰富的理论支持和实践借鉴。

如何完善政府购买公共体育服务发展路径，学者们主要就社会组织承接购买服务、政策执行、质量保障等方面展开了诸多讨论。王春顺等认为在实施承接活动时，应以需求整合和需求导向为出发点，以"点、线、面"三层次融合推进共生网络形成体育组织承接政府购买公共体育服务的新思路[③]。李乐虎等从我国政策执行现状出发，对政策执行的提升路径提出了具有针对性的建议[④]。李乐虎等经过深入的研究，发现政府购买公共体育服务的质量受到购买内容、购买对象及购买方式等主要因素的影响[⑤]。基于这些因素，提出了相应的质量保障路径。

政府购买公共服务后不能对承接组织的实施情况置之不理，反而要加强对

① 郑美艳,王正伦.我国公共体育场馆服务外包项目多元监管模式发展研究[J].中国体育科技,2016,52(2):25-30.
② 张富.厦门市公共体育服务合同外包的规制研究[D].厦门:厦门大学,2017.
③ 王春顺,向祖兵,李国泰.社会组织承接政府购买公共体育服务的路径与策略[J].体育科学,2019,39(8):87-97.
④ 李乐虎,高奎亭,廖磊.基于史密斯模型的我国政府购买公共体育服务政策执行路径研究[J].山东体育学院学报,2021,37(2):23-30.
⑤ 李乐虎,高奎亭,黄晓丽.我国政府购买公共体育服务质量制约与保障路径[J].体育文化导刊,2019(7):30-36.

购买对象所提供服务的效率和质量的监督,定期进行检查和测评,关注服务使用者的满意程度。我国学者关于这一方面的研究主要体现在对监督机制、第三方评估机制、评估指标及质疑处理机制等的研究[①][②]。

2. 知识群 G2,即政府购买公共体育服务多元主体协同治理的策略研究

随着公共体育服务供给模式的不断变化,政府购买服务的实践已从传统的政府单独承办方式逐渐转变为政府与社会力量互相配合的模式,从而延伸出了购买主体与承接主体,该领域的研究主要集中在利用社会力量承接购买主体的职能转移与服务提供上面。朱毅然[③]和汪波[④]发现国际上的成功经验主要是以竞争性的购买方式向独立的承接主体购买公共体育服务,以保证购买过程的制度化和建立起科学的评估手段,自此开启了各学者对公共体育服务承接主体的研究。Wang 根据博弈分析和演化博弈分析得出了最优的供给方式是政府与企业合作提供公共服务[⑤]。

受益主体参与公共体育服务的建设具有十分重要的意义,可以通过参与体育公共服务体系的建设来实现公民的体育权利。Li 指出公民享有的体育权利可以为政府制定公共体育服务政策提供有效的建议,从而保证公共体育服务政策的科学性和可行性[⑥]。

近年来,协同治理理论已成为一个新兴的研究领域。在公共体育服务领域,多元化协同供给是现代大众体育发展的现实需求和必然趋势。Li 等学者认为,为了完善农村公共体育服务体系和政策,需要建立一个以政府、社会、企业和慈善组织为主导的合作机制,同时辅之以多元化的供给方式。政府在这一合作中扮演着重要的引导和支持角色,通过制定政策、提供资金等方式推动农村

① 李雨桐. 政府购买公共服务评估机制研究[D]. 徐州:中国矿业大学,2020.

② Bao D D, Ren D Y, Ge Z Z. Status quo, problems and counter measures for the sports public service system of suzhou[J]. American Journal of Industrial and Business Management, 2014, 4(10): 595-600.

③ 朱毅然. 发达国家政府购买公共体育服务的经验及启示[J]. 天津体育学院学报,2014,29(4): 290-295.

④ 汪波. 政府购买公共体育服务:国际经验与我国推进路径[J]. 上海体育学院学报,2014,38(6): 25-30.

⑤ Wang H. Game theory-based sports public service supply system research[J]. International Journal of Computational and Engineering, 2017, 2(2): 3.

⑥ Li Y L. The importance and path analysis of citizen participation in the construction of sports public service system[C]//Information Technology & Industrial Engineering Research Center. Results of 2016 international conference on management science and innovation (management science and innovation volume Ⅰ). [S. l. :s. n.],2016:5.

公共体育服务的发展。社会、企业和慈善组织则可以提供更多元化的服务内容与资源投入，满足不同层次、不同需求的农村居民的体育需求。这种多方合作的模式有助于整合各方资源，提高服务质量和覆盖范围，推动农村公共体育事业的全面发展。通过政府主导、社会参与和企业支持，农村公共体育服务体系将更加完善，政策也将更加适应基层需求和实际情况，为农村居民提供更优质、多样化的体育服务，促进农村体育事业的繁荣和健康发展①。

沈克印指出，为了推动农村公共体育服务体系的发展，应当充分发挥体育社会组织的力量。这些组织可以在资源和权利的共享基础上与政府、企业、慈善机构等多方建立平等协作的互助关系，共同推动农村公共体育服务的提升。体育社会组织在这一合作中扮演着重要角色，其具有丰富的实践经验和资源优势，能够更贴近基层、更了解当地需求，为农村公共体育服务的开展和推广提供有力支持。通过与政府、企业和慈善机构合作，体育社会组织可以发挥各自优势，实现资源共享，优势互补，共同推动农村公共体育服务事业的健康发展。建立平等协作的互助关系有助于促进合作各方之间的互信和合作，减少利益冲突，提高工作效率和成果。通过体育社会组织的参与和引领，农村公共体育服务体系将更加多元化，灵活性更强，为农村居民提供更丰富、更优质的体育服务，以推动农村体育事业的可持续发展②。

宋浩指出，在当今经济快速发展的背景下，单一的政府供给模式已经不能完全满足公众对体育公共服务的需求。因此，建立多元主体的供给模式是社会发展的必然选择。这意味着政府、社会组织、企业和慈善机构等多方参与，共同为农村公共体育服务体系的完善和发展贡献力量。在这种多元主体的供给模式下，政府仍然扮演着重要角色，负责制定政策、规划资源、提供支持等。同时，社会组织、企业和慈善机构也将发挥各自优势，通过资源整合、创新服务方式等途径，共同推动农村公共体育服务的提升。它们的参与不仅能够丰富体育服务内容，还能够提高服务的质量和覆盖范围，满足不同层次、不同需求的农村居民

① Li X，Qin J Y. Development situation and countermeasures of rural sports public service in Hubei[C]//Singapore Management and Sports Science Institute. Proceedings of 2016 3rd international conference on economic，business management and education innovation（EBMEI 2016 V54）.［S. l.：s. n.］，2016：8.

② 沈克印. 政府与体育社会组织协同治理的地方实践与推进策略——以常州市政府购买公共体育服务为例[J]. 武汉体育学院学报，2017，51(1)：12-19.

的体育需求。多元主体的供给模式有助于促进资源的充分利用和互补,激发各方的创新活力,推动农村公共体育服务事业朝着更加健康、可持续的方向发展。通过政府、社会、企业和慈善机构的联手合作,农村公共体育服务体系将更加完善,政策也将更加贴近基层实际情况,为农村居民提供更全面、优质的体育服务,促进农村体育事业的繁荣和健康发展[①]。

(三) 基于政府责任关键词聚类的研究领域与主题分析

政府购买公共体育服务的实施在一定程度上提升了政府服务的质量和效率,然而也带来了一些新问题。市场参与者为追求利润,可能存在服务质量不达标的情况,这给公共体育服务的提供带来了挑战。为了应对这些问题,政府在外包服务后需要继续承担监管责任,以最大限度地减少风险,并确保服务质量和公众利益的实现[②]。监管责任的履行是确保政府购买公共体育服务有效实施的关键。政府需要对承接组织提供服务的过程进行严格监督和有效管理,以保障公众合法权益。监管应包括对服务质量、安全标准、诚信经营等方面的监督,确保服务达到政府制定的标准和要求。此外,政府还应加强对服务供应商的评估和考核机制,激励其提供优质的公共体育服务,同时惩罚违规行为,维护市场秩序和公共利益。除了政府的责任和监管外,聚焦于养老服务、政府绩效、法律责任和合同外包等领域也是十分重要的(图1-3)。在养老服务领域,政府需加强对养老机构的监管,提高服务质量,保障老年人权益。在政府绩效方面,建立科学的评估体系,激励政府部门提供高效务实的服务。对于法律责任和合同外包,则

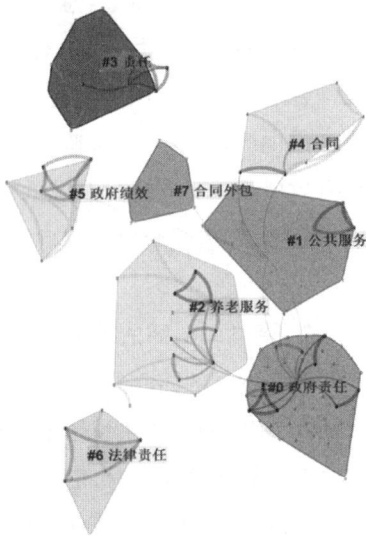

图1-3 政府责任关键词聚类图谱

---

① 宋浩.我国体育公共服务多元主体合作供给的困境与出路[J].广州体育学院学报,2018,38(6):30-32.

② 蒋宏宇,李理.公共体育服务多元供给中的政府责任及其实现路径[J].湖南科技大学学报(社会科学版),2018,21(4):165-171.

需要建立合理的法律体系和监管机制,确保合同履行和风险防范。

1. 聚类#5,即政府绩效

在公共体育服务外包过程中,政府绩效是一个至关重要的方面。缺乏监管和法律约束可能导致许多问题的出现,如公共体育服务外包带来的经济损失、服务不均衡现象、公共责任危机等。如果这些问题得不到有效解决,将对政府公共体育服务的质量和效率带来严重影响,增加政府的负担,损害政府的权威性。政府在外包公共体育服务时,应当注重绩效管理,确保外包服务的质量和效果。首先,政府应建立科学的绩效评估机制,对外包服务进行全面评估和监测,及时发现和解决存在的问题。其次,政府与服务供应商签订明确的合同和协议,明确双方的责任和义务,规范服务提供过程,以保障服务质量和公众利益。此外,政府应加大监管力度,提高对外包服务的监督和控制能力,确保服务的合规性和规范性。在解决公共体育服务外包中的问题时,政府还需注重公共责任的履行。政府作为公共服务的主要提供者和管理者,应当承担起保障公众利益和社会稳定的责任,避免因外包导致公共责任危机的发生。政府需要建立健全的公共责任体系,强化对外包服务的监管和风险防范,确保公共体育服务在外包过程中不会因为失控而出现问题。总之,政府在外包公共体育服务时,应当重视绩效管理、监管监督和公共责任履行,以确保服务质量和公众利益得到有效保障。只有通过有效的管理和监督机制,政府才能提高公共体育服务的质量和效率,增强政府的权威性和公信力,为社会的健康发展和稳定提供有力支持。

2. 聚类#6,即法律责任

政府责任的核心在于推动相关法律体系的构建和完善,这一举措至关重要,因为相应的法律法规体系是政府购买公共体育服务的重要保障。在完善已有法律法规体系的同时,更应致力于建立新的更适应市场发展需求的公共体育服务法律体系;重视法治理念和治理观念的创新,维护市场平等权利,更好地履行政府责任。首先,政府应加强对公共体育服务领域的法律法规建设。通过不断完善和修订现有法律法规,使之更加贴近市场实际需求和服务供给,确保政府购买公共体育服务的合法性和规范性。同时,政府还需积极开展立法工作,制定新的法律法规,以适应不断变化的市场环境和需求,为公共体育服务的发展提供更有力的法律支持。其次,政府应注重法治观念和治理理念的创新。强调依法治国的理念,倡导尊重法律、遵纪守法的文明行为,促进市场秩序的健康发展。在公共体育服务领域,政府应推动法治观念的普及,引导市场主体遵守法律法规,强化法治意识,确保公共体育服务的规范运作。同时,政府还应加强治理理念的创新,强调政府责任和服务导向,以更高效、更便捷的方式履行政府职能,推动公共体育服务的持续改进和发展。最后,政府还应重视维护市场平等权利,促进公共体育服务市场的公平竞争。通过建立健全的法律体系和监管机制,防止市场垄断和不正当竞争行为的发生,保障各类市场主体的合法权益,促进公共体育服务市场的健康发展。政府应加强对市场行为的监督和规范,加大执法力度,确保市场秩序的良性运转,为公共体育服务的提供和发展创造良好的法治环境。

3. 聚类#7,即合同外包

政府购买公共体育服务通常指政府作为买方,通过合同外包等方式,向具备资质和能力提供公共体育服务的社会组织、私人企业等专业机构购买服务的行为。合同外包作为购买服务过程中的竞争性特征,有助于提高服务质量、促进效率提升。然而,在服务外包中,政府的监督责任始终没有转移,并且也不应转移。政府在外包过程中承担的监督职能包括对市场主体进入外包领域的监督、外包价格和服务质量的监督,以及承包商退出过程的监督。首先,政府在外包公共体育服务中应加强对市场主体进入的监督。政府应设定准入标准,确保只有那些具备资质和信誉的服务提供商才能参与服务外包。通过评估机制和资质审核,政府可以筛选出优质的服务提供商,保障公共体育服务的可靠性和持续性。其次,政府有责任监督外包价格和服务质量,确保公共体育服务的合理定价和高质量提供。政府可以设立价格监管机制,制订指导价或参考价,防止价格垄断和恶性竞争。同时,政府还应建立服务质量评估标准,定期对外包服务进行评估,及时发现问题并采取措施加以解决,提升服务水平。最后,政府需要监督承包商的退出过程,确保服务的平稳过渡和持续提供。政府应规定退出程序和标准,要求承包商提前通知、合理安排退出,避免因提前终止合同或无故退出导致公共体育服务中断或陷入混乱。政府还应建立应急机制,以应对突发情况下的服务变更或替代,保障公共体育服务的连续性和稳定性。

（四）基于关键词共现的热点趋势分析

以关键词为节点进行共现可视化分析可以看出某一研究领域的研究热点[①]。在共现可视化分析中，关键词知识图谱扮演着重要的角色。通过对关键词进行规范合并和汇总，我们可以更清晰地把握研究领域的核心概念和热点问题。例如，将"公共体育服务"和"体育公共服务"合并成"公共体育服务"，有助于减少重复节点，简化网络结构。在检索文献时，以"政府购买""公共体育服务""体育公共服务"作为关键词进行检索，有助于聚焦研究范围，提高检索效率。通过共现关系的分析，我们可以发现在政府购买公共体育服务领域中，存在着一些关键的研究主题和热点。例如，政府购买公共体育服务是其中一个重要节点，与其他节点都有密切的关联。然而，由于该节点过大，可能会导致网络结构复杂，不利于深入研究。因此，对该节点进行隐藏处理是一种有效的方法，可以简化网络结构，使得研究重点更为清晰。经过重新运行 CiteSpace，得到了一个由 402 个节点和 650 条连线组成的关键词共现图谱(图 1-4)。这个图谱的节点清晰，布局合理，有助于我们更好地理解政府购买公共体育服务领域的研究状况和发展趋势。通过对关键词共现图谱的分析，我们可以发现不同研究主题之间的关联性，挖掘出隐藏在数据背后的规律和趋势，为未来的研究提供重要的参考和启示。总的来说，共现可视化分析是一种强大的研究工具，可以帮助我们系统地理解和探索政府购买公共体育服务领域的研究内容和热点问题。通过对关键词共现图谱的建立和分析，我们可以深入挖掘研究领域的内在规律，为学术界和政策制定者提供更为全面和深入的参考，推动政府购买公共体育服务领域的研究和实践取得更大的进展。

根据 CiteSpace 的分析结果，我们对关键词进行了整合和归纳，部分关键词如表 1-2 和表 1-3 所示。这些关键词在研究中具有重要的意义，可以为我们深入探讨相关主题提供有力支持。体育社会组织是频次最高的关键词，其中心性在第 5 位。与其相关的关键词公共体育场馆频次和中心性分别位于第 2、3 位。体育社会组织是社会力量的集中代表和政府购买公共体育服务职能转移的承接主体。研究发现，有关体育社会组织的研究主要集中在其是否具有承接政府

---

① 徐素华,宋忠良.政府购买体育场馆公共服务的理论依据与实践支撑[J].体育科技,2019,40(2):110-111.

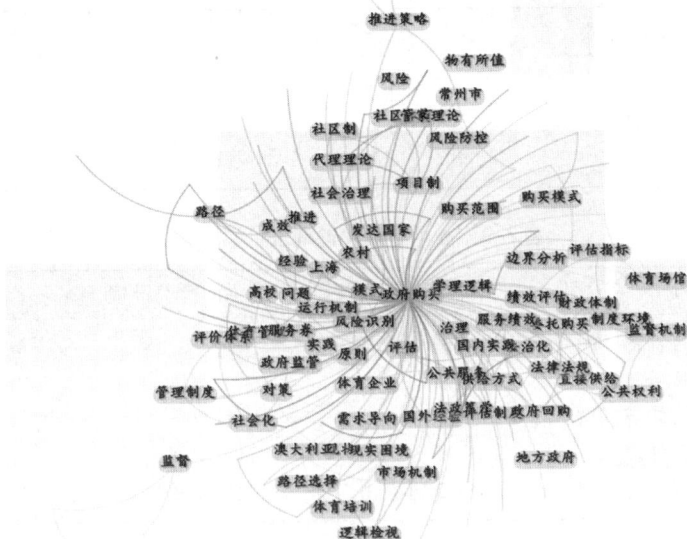

图 1-4 政府购买公共体育服务关键词共现知识图谱

职能转移的能力。许多等制定出体育社会组织承接政府购买公共体育服务胜任力评价指标体系,该体系包括三级指标体系,其中一级指标有 3 个,二级指标有 12 个,三级指标有 29 个[①]。韦玮玲以上海城市业余联赛为案例,对通过公开化招标的方式实现体育社会组织承接政府购买服务的任务、承办现状和绩效评估等多个方面进行了深入研究[②]。通过分析招标过程中的竞争情况、承办机构的能力和经验、服务质量的评估等关键指标,可以更好地了解政府购买服务的运作机制和效果。这些研究结果对于政府购买服务的管理和实施具有重要的参考价值,可以为提升服务质量和公众满意度提供有力支持。

表 1-2 高频关键词

序号	高频关键词	频次	序号	高频关键词	频次
1	体育社会组织	67	3	体育管理	16
2	公共体育场馆	19	4	服务外包	11

① 许多,刘景裕,李霖.体育社会组织承接政府购买公共体育服务胜任力评价指标体系的构建[J].吉林体育学院学报,2020,36(6):56-63.
② 韦玮玲.体育社会组织承接政府购买服务现状的研究:以上海城市业余联赛为例[D].上海:上海体育学院,2019.

（续表）

序号	高频关键词	频次	序号	高频关键词	频次
5	模式	9	8	对策	8
6	协同治理	8	9	供给	7
7	路径	8	10	风险	6

表 1-3　高中心性关键词表

序号	高中心性关键词	中心性	序号	高中心性关键词	中心性
1	体育管理	0.39	6	治理	0.15
2	风险	0.35	7	多元主体	0.13
3	公共体育场馆	0.34	8	市场化	0.13
4	服务外包	0.24	9	路径选择	0.10
5	体育社会组织	0.22	10	供给模式	0.09

　　公共体育场馆作为公共体育服务的物质基础，扮演着不可或缺的角色。它们不仅是体育活动的场所，更是促进社会健康、增进民众福祉的关键设施。在完善多元化体育公共服务体系的过程中，公共体育场馆的建设和管理至关重要，需要作为支撑和保证。对公共体育场馆的研究主要集中在其意义与必要性方面，学者们通过论述其理论依据、实践支撑与现状分析来验证公共体育场馆参与政府购买服务的可行性。公共体育场馆的存在意义不仅仅在于提供体育活动的场所，更重要的是它们承担着促进全民健康、增进社会和谐的使命。在当今社会，人们的生活节奏加快，工作压力增大，身体健康问题成为人们关注的焦点。而公共体育场馆的建设和运营为民众提供了一个锻炼身体、释放压力、增进社交的重要场所。通过体育锻炼，人们可以增强体质、提高免疫力，减少慢性病的发生，从而提高生活质量。此外，公共体育场馆也是社会交流和互动的重要平台，促进了社会团结和文化交流，有助于构建和谐社会。在研究公共体育场馆的意义与必要性时，学者们主要从理论依据、实践支撑和现状分析等方面展开探讨。首先，理论依据是研究的基础，学者们通过运用相关理论，如公共管理理论、社会学理论等，探讨公共体育场馆在促进社会发展、增进民众福祉方面的重要性。其次，实践支撑是验证理论的关键，学者们通过实地调研、案例分析等方法，考察公共体育场馆在实际运营中的作用和效果，以验证其对社会的积极影响。最后，现状分析是为了了解公共体育场馆的发展现状和存在问题，

为未来的政策制定和实践提供参考依据。通过对公共体育场馆的研究,学者们得出结论认为,公共体育场馆参与政府购买服务具有重要的可行性。政府购买服务是一种有效的管理模式,通过政府与社会资源的合作,可以更好地发挥公共体育场馆的功能,提高资源利用效率,促进体育事业的发展。同时,政府购买服务也有助于解决公共体育场馆建设和管理中存在的问题,提升服务质量,满足民众多样化的体育需求。总的来说,公共体育场馆是多元化体育公共服务体系中不可或缺的重要组成部分,其建设和管理对于促进全民健康、增进社会福祉具有重要意义。通过对公共体育场馆的研究,我们可以更深入地了解其意义与必要性,为政府购买公共体育服务提供理论支持和实践指导,推动体育事业的发展,促进社会和谐稳定。

政府购买公共体育服务是体育管理领域的重要议题,涉及政府政策的制定与执行、资源配置、社会福祉等多方面内容。对政府购买公共体育服务现状及发展的研究主要集中在经验借鉴与路径选择、供给主体与制度安排、面临的风险与发展对策等方面。

第一,经验借鉴与路径选择方面。朱毅然对美国政府购买公共体育服务的行为进行了深入研究,并从中提出了一些宝贵的借鉴意见。这些意见为我国在该领域的路径推进提供了有益的参考。通过借鉴国外的经验和做法,我国可以更好地规范和完善政府购买公共体育服务的机制,提升服务质量和效率,从而更好地满足人民群众对体育服务的需求,促进全民健康和体育事业的发展[1]。刘春华分析了我国政策扩散的路径与行动策略,为政府购买公共体育服务提供了理论支持。通过研究我国政策扩散的路径和行动策略,可以为政府购买公共体育服务提供重要的理论支持和借鉴经验。在政策扩散方面,我国可以通过学习国外成功案例,吸纳先进理念和做法,为我国公共体育服务政策制定提供参考和启示。同时,我国政府在购买公共体育服务时可以借鉴其他国家的监督机制和管理经验,提高服务质量和效率,促进体育事业的健康发展[2]。蔡瑞宝等通过探讨提高公共体育服务的社会经济效益、促进体育产业发展和增强国民健康意识等途径,来优化政府购买体育服务的政策和机制。借鉴国外成功经验,我

---

[1]　朱毅然.美国政府购买公共体育服务的经验与我国路径推进[J].西安体育学院学报,2019,36(5):513-519.

[2]　刘春华.我国地方政府购买公共体育服务政策扩散路径与行动策略[J].沈阳体育学院学报,2019,38(3):63-68,93.

国政府可以采取更有效的管理模式和监督机制，以提升公共体育服务的质量和效率，实现更广泛的社会效益。通过分析效益提升路径，可以为政府购买公共体育服务的实施提供更加系统和全面的指导，推动体育事业在我国的全面发展[①]。

第二，供给主体与制度安排方面。谢叶寿深入研究政府与非营利组织之间的购买关系，为政府购买公共体育服务提供了重要的理论支持。政府与非营利组织之间的购买关系是公共服务领域中一种重要的合作模式，通过分析这种关系，可以为政府购买公共体育服务的决策和实施提供有益的启示。在这一合作模式下，政府可以通过委托非营利组织提供体育服务来实现资源优化配置和服务效益最大化的目标。此外，政府与非营利组织之间的购买关系还可以促进社会资源的共享和互补，推动公共体育服务的全面发展和提升。在构建良好的政府与非营利组织购买关系的过程中，需要明确双方的权责义务，建立有效的监督机制，确保资源使用的透明和效率。通过充分理解和运用政府与非营利组织之间的购买关系，可以实现公共体育服务的有效管理和运营，为广大民众提供更加优质和多样化的体育活动。因此，对政府与非营利组织之间的购买关系进行深入研究对于促进体育事业的发展和提升社会福祉具有积极的意义与影响[②]。王琦等对效益提升路径进行了深入分析，为政府购买公共体育服务的实践提供了重要指导。深入挖掘效益提升路径，揭示了政府购买公共体育服务的关键因素和影响机制，为政府与非营利组织的合作提供了理论支持和实践指导。通过细致研究效益提升路径，提出了一系列有效策略，包括建立科学的评估机制、加强伙伴关系、优化资源配置等。这些策略为政府购买公共体育服务提供了具体操作方向，有助于提升公共体育服务的效益和社会影响。此外，其研究成果还为政府购买公共体育服务的政策制定提供了新思路和建议，以优化公共体育服务体系，推动体育事业的发展。透过其对效益提升路径的深入分析，政府可更有效地管理资源投入、提升服务质量，增进公共体育服务的普及和品质[③]。朱毅然等对效益提升路径进行了深入研究，为政府购买公共体育服务

① 蔡瑞宝，林宏牛.政府购买体育公共服务效益提升路径研究[J].南京体育学院学报，2019，2(2)：35-40.

② 谢叶寿.政府向非营利组织购买公共体育服务研究[D].南京：南京师范大学，2016.

③ 王琦，卢思雯.政府购买体育公共服务供应商选择研究[J].沈阳体育学院学报，2017，36(1)：32-37，48.

的实践提供了重要指导。对购买过程中的保障机制进行分析,提出了一系列关键观点。他们认为建立严格的合规审计机制是确保政府购买公共体育服务合理有效的关键,同时强调了制定明确的服务标准和绩效评估体系的重要性。此外,还强调了信息透明和公开的重要性,以确保购买过程的公正性和透明度。通过对保障机制的深入分析,他们为政府购买公共体育服务提供了全面的指导方针,强调了保障机制在整个购买过程中的关键作用。这些观点不仅可以帮助政府有效管理资源和提升服务质量,还可以增强社会对公共体育服务购买的信任和支持。其研究成果为政府购买公共体育服务提供了重要的理论支持和实践指导,有助于推动公共体育服务体系的规范化和专业化发展[1]。

第三,面临的风险与发展对策方面。彭英对政府购买体育公共服务的风险进行了深入识别和分析,同时构建了综合的风险评价指标体系。在研究中,彭英提出了对政府购买体育公共服务可能面临的各种风险进行全面排查和评估的重要性。通过细致的调研和分析,他确定了包括合同风险、财务风险、履约风险等在内的多个关键风险类别,并针对每种风险提出了相应的评价指标。这一指标体系不仅有助于评估政府购买体育公共服务中存在的风险程度,还为政府决策者提供了科学的参考依据,以帮助其更好地规避风险、提高决策质量[2]。

综合以上研究成果可以看出,政府购买公共体育服务的研究已经形成了一个系统的理论框架,涵盖了经验借鉴与路径选择、供给主体与制度安排、面临的风险与发展对策等多个方面。这些研究为政府购买公共体育服务提供了理论支持和实践指导,有助于提高服务质量、促进体育事业的发展,推动社会和谐稳定。未来,需要进一步深化研究,探讨政府购买公共体育服务的机制创新、政策完善等问题,为我国体育事业的可持续发展提供更多有益建议。

政府购买公共体育服务作为一种重要的公共政策工具,其购买方式体现了政府与市场、社会组织之间的合作关系。在实践中,服务外包、市场化和不同的供给模式成为政府购买公共体育服务的主要方式。服务外包是指政府将公共体育服务的提供责任委托给专业的服务机构或企业,通过市场化的竞争和选择来提高服务效率和质量。市场化则是指政府以市场机制来进行公共体育服务

---

① 朱毅然,刘安国,孙晋海.政府购买公共体育服务保障机制研究[J].西安体育学院学报,2020,37(5):568-574.
② 彭英.政府购买公共体育服务风险管理研究[D].北京:北京体育大学,2018.

的购买和供给,通过竞争和市场调节来提高服务的效益与满足市场需求。不同的供给模式包括政府购买服务、委托管理、公私合作等形式,以适应不同地区和服务对象的需求。随着社会和人民对公共体育服务质量要求的不断提高,政府购买公共体育服务的方式也面临着挑战和改进的压力。如何完善购买方式、建立公平公正的购买环境,成为政府购买公共体育服务研究领域的重要议题。首先,政府需要加强对服务外包和市场化的监管,确保服务机构或企业提供的服务符合政府的要求和标准,避免出现质量不达标或服务不公正的情况。其次,政府应该加强对市场竞争的引导和监督,防止市场垄断和不正当竞争,保障市场的公平和透明。同时,政府还应该建立健全的评价机制和监督体系,对购买的公共体育服务进行评估和监测,及时发现问题并加以解决,确保服务质量和效果。此外,政府购买公共体育服务的方式还需要更加注重社会参与和民主决策。政府应该积极听取社会各界的意见和建议,建立多元化的决策机制,让公众参与到政府购买公共体育服务的过程中,增强服务的公共性和民意性。同时,政府还应该加强对服务机构和企业的培训与监督,提高其服务水平和专业素养,确保公共体育服务的提供符合社会需求和政府要求。总之,随着社会发展和人民生活水平的提高,政府购买公共体育服务的方式和机制也需要不断完善与创新。政府应该加强对服务质量和效果的监管与评估,建立公平公正的购买环境,促进服务的提高和社会的和谐。未来,政府购买公共体育服务的研究将更加关注服务质量、社会参与和制度创新等方面,为我国体育事业的发展和社会进步提供更多有益的借鉴与建议。

(五) 基于政府责任关键词共现的热点趋势分析

在我国公共体育服务研究领域内,关于政府责任的研究热点主要集中在"政府责任""公共服务""政府购买""责任""均等化""法律责任""公共责任"等关键词上(图 1-5)。这些关键词的频次反映了学术界和社会对政府在公共体育服务领域承担责任的关注与重视程度。首先,关于"政府责任"这一关键词,其频次高居榜首,显示了研究者对政府在公共体育服务中的角色和责任的关注。政府在公共体育服务中扮演着重要的监管和引导作用,其责任包括制定政策、规划资源、监督执行等方面。研究者们对政府责任的探讨,旨在探讨政府如何更好地履行其职责,提高公共体育服务的质量和效益。其次,关于"公共服务"

和"政府购买"这两个关键词,它们的频次也较高,表明了学术界对政府购买公共体育服务的方式和机制的关注。公共服务的提供涉及多方面的利益关系和社会责任,政府购买公共体育服务是一种重要的政策工具,对于提高服务效率、满足市场需求具有重要意义。研究者们致力于探讨政府购买公共体育服务的模式和路径,以促进公共体育服务的均等化和法律责任的落实。此外,关于"责任""均等化""法律责任""公共责任"等关键词,它们的出现频次也较为显著。研究者们关注公共体育服务领域中责任的界定和承担,探讨如何实现服务的均等化,强调政府在公共体育服务中的法律责任和公共责任。这些研究热点反映了学术界对政府在公共体育服务中的角色和责任的深刻思考,为政府购买公共体育服务提供了理论支撑和政策建议。

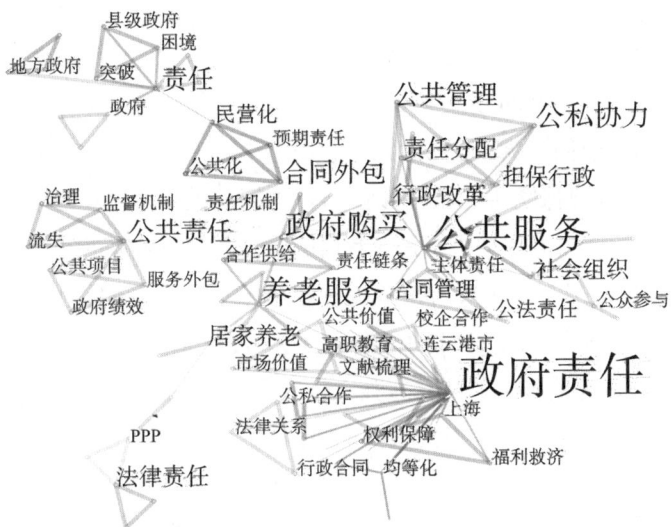

图 1-5　政府责任关键词共现图谱

PPP, 政府和社会资本合作

综上所述,"公共体育服务均等化""公共体育服务中政府的法律责任""公共体育服务中政府的公共责任"等议题成为政府责任领域的研究热点。通过对这些关键词的整合和分析,研究者们可以深入探讨政府在公共体育服务中的责任和作用,促进公共体育服务的发展和提升,为我国体育事业的健康发展和社会进步提供有益的借鉴与指导。在未来的研究中,研究者们可以进一步深化对政府责任领域的探讨,为政府购买公共体育服务提供更多的理论支持和政策建议,推动我国公共体育服务体系的完善和发展。公共体育服务均等化主要体现在要建立以政府、社会、企业和慈善组织为主导,辅之以多元化的供给方式,以完善农村公共体育服务体系和政策。应发挥体育社会组织的力量,通过资源与权利共享建立平等协作的互助关系。单一的政府供给模式在经济快速发展的今天已经不能满足公众对体育公共服务的需求,建立多元主体的供给模式是社会发展的必然选择。

政府购买公共服务是一种重要的政策工具,可以有效提高服务效率、满足市场需求,促进社会公共事业的发展。然而,政府购买公共服务后,对承接组织的实施情况不能置之不理,而是需要加强对购买对象所提供服务的效率和质量的监督,定期进行检查和测评,关注服务使用者的满意程度。这一观点在我国学者的研究中得到了广泛关注和探讨。首先是关于监督机制的研究。政府购买公共服务后,监督承接组织的实施情况是确保服务效率和质量的重要手段。学者们研究了监督机制的建立和完善,探讨了监督的方式和方法,提出了监督的标准和指标。他们认为,监督机制应该具有权威性和有效性,能够及时发现问题并及时解决,确保购买的服务能够达到预期的效果。其次是关于第三方评估机制的研究。第三方评估机制是对政府购买公共服务效果的客观评价,可以提供独立、客观的评估结果,为政府决策提供参考依据。学者们研究了第三方评估机制的建立和运行,探讨了评估的方法和指标,提出了评估结果的应用和推广。他们认为,第三方评估机制应该具有独立性和客观性,能够为政府购买公共服务提供科学、准确的评价结果。再次是关于评估指标的研究。评估指标是对政府购买公共服务效果的具体度量标准,可以客观地反映服务的效率和质量。学者们研究了评估指标的选择和设计,探讨了指标的权重和关联性,提出了指标的优化和调整。他们认为,评估指标应该具有科学性和实用性,能够全面、准确地评价购买的服务效果。最后是关于质疑处理机制的研究。政府购买公共服务后,可能会出现服务效果不佳或存在质量问题的情况,需要建立健全的质疑处理机制,及时解决相关问题,保障服务使用者的权益。学者们研究了质疑处理机制的建立和运行,探讨了质疑的渠道和程序,提出了质疑的解决方案和效果评估,并指出质疑处理机制应该具有公开性和透明性,应有效解决纠纷,维护社会稳定。

综上所述,政府购买公共服务后不能对承接组织的实施情况置之不理,而是需要加强对购买对象所提供服务的效率和质量的监督,定期进行检查和测评,关注服务使用者的满意程度。我国学者在这一方面的研究主要体现在对监督机制、第三方评估机制、评估指标及质疑处理机制等方面。通过对这些议题的深入探讨和研究,可以为政府购买公共服务提供更加科学、有效的监督和评估机制,促进公共服务的提升和改进,推动我国社会事业的健康发展和进步。

(六) 基于关键词时间线的研究阶段分析

政府购买公共体育服务的研究领域在不断发展中,时间线图谱可以有效地展示其主题演进脉络和研究前沿(图 1-6)。随着理论和实践的推进,研究内容呈现出系统化、多元化和创新化的趋势。通过对相关文献的梳理研究,我们将政府购买公共体育服务的研究划分为以下 3 个阶段。

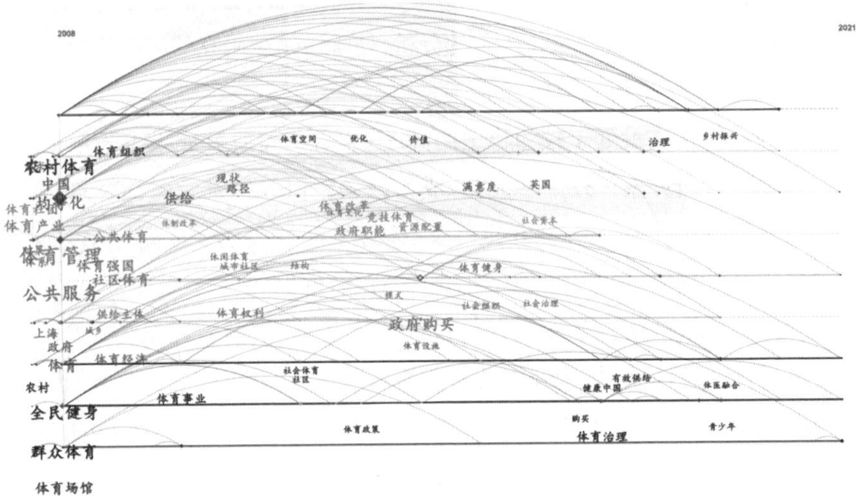

图 1-6　关键词时间线图谱

1. 探索阶段(2008～2014 年)

该领域发文量呈整体上升趋势,相关研究逐渐得到重视和发展。2006 年国家体育总局制定的《"十一五"群众体育事业发展规划》提出政府要通过公共财政满足人民群众的体育公共服务需求,社会和市场也要参与其中。"十一五"规划之后,随着我国经济水平的不断发展和居民生活水平的不断提高,对公共体育服务的需求也日益增多,供需矛盾得不到解决,关于政府购买公共体育服务的政策逐渐出现。这一阶段学者们主要从供给现状及存在的问题出发,探讨政府购买服务这种供给方式的起源与理论基础，从而分析我国推行政府购买公共体育服务的必要性和可行性[①]。随后，2013 年，党的十八届三中全会要求，政府应积极推动社会组织担任起相应的公共服务供给任务。同年，国务院办公厅正式发布了《国务院办公厅关于政府向社会力量购买服务的指导意见》，这一举措吸引了一批专家学者对该领域展开深入研究。此外，2014 年《国家体育总局关于加强和改进群众体育工作的意见》及《国务院关于加快发展体育产业促进体育消费的若干意见》的发布已经充分强调了全民健身的重要地位，并将其正式确立为国家战略。为了支持广大群众积极参与健身活动，政府积极增加购买服务的数量，在一定程度上使相关的学术研究取得了阶段性的提升。可见，政策的发布有利于提高专家学者对某一领域的研究热情。该阶段的研究主要以理论研究为主，对政府购买公共体育服务的制度与模式、可行性与实施构想等宏观层面进行了探讨，鲜少对存在的某一问题进行细致的分析，处于该领域研究的起步阶段。

2. 发展阶段(2015～2019 年)

在此阶段，发文量处于较为稳定的高产状态，相关研究成果不断增长，研究方法不断增多，研究主体逐渐多元化，成为该领域研究的繁荣时期。自 2016 年起，《全民健身计划(2016—2020 年)》及《体育发展"十三五"规划》和 2019 年的《体育强国建设纲要》等多项政策文件均针对"政府购买体育公共服务的实施办法"明确提出各项细则。学者们开始系统地梳理、归纳政府购买公共体育服务的概念、理论与实施路径，并分析其内在的发展模式与购买过程，对政府购买公共体育服务主体的研究更加多元化、多维度，对政府与社会组织之间的关系、社会组织承接政府职能转移与服务供给能力，以及社会组织在服务供给过程中面临的各种风险进行了深度、细致的研究，提出了诸多有建设性的问题与解决对策。但其研究多以理论与经验分析为基础，研究结果缺乏指导实践的现实意义。另外，研究内容逐渐丰富，包括对政府购买公共体育服务的购买过程、结构特征、案例分析、监督评价、风险规避及制度安排等方面的研究，但大多从宏观角度展开分析，没有对具体的实施问题展开全面深入的研究与探讨，从而不能对政府和市场的购买行为起到一定的指导意义。研究过程多从公共管理学理论、政治学理论展开研究，极少从经济学、社会学及伦理学等视角展开分析，研

---

① 胡科，虞重干. 政府购买体育服务的个案考察与思考：以长沙市政府购买游泳服务为个案[J]. 武汉体育学院学报，2012，46(1)：43-51.

究视角存在局限性,不能全面深入地对某一问题进行具体地分析与探索,难以解决政府购买公共体育服务存在的根本问题。

3. 转型阶段(2020~2021年)

在这一阶段,该领域的研究成果数量和热度均有一定程度的下降,但这并不代表研究热点的消失。在大量理论研究的基础上,学者们对政府购买公共体育服务的研究内容做了进一步的梳理,同时加强了对该领域微观层面的研究,采用构建模型、软件分析及案例解析等方式,细化了各研究层面,加强了实践研究,对政府在购买过程中遇到的具体问题进行具体分析并给出切实可行的解决措施,提出了新的研究方向,积极探索政府购买服务过程中的多元主体如何通过委托代理、合同外包与合作信任实现协同治理目标。总体来看,政府购买公共体育服务的研究沿着系统、全面、深度的方向发展,研究主体、研究内容、研究方向更加多元化,研究视角、研究方法更加创新化。但是,研究内容还应得到进一步的深化和体系化,增加实践研究对所得理论进行论证,增强研究成果对具体问题解决的可操作性;增加定量研究,使研究成果更具客观性和准确性,为政府购买公共体育服务的实践行为起到良好的指导作用。

(七) 基于政府责任关键词时间线的研究阶段分析

随着政府购买公共体育服务中政府责任研究领域理论和实践的不断推进,时间线图谱成为反映该领域主题演进脉络和研究前沿的重要工具。研究内容在整体上呈现出多元化和创新化的趋势,为政府购买公共体育服务的管理和实施提供了更加丰富的理论支持和实践经验。在过去的几年里,政府购买公共体育服务中政府责任研究经历了显著的演进。2009~2013年为该研究领域的初始阶段。在这一阶段,研究文献数量相对较少,研究内容也相对单一。研究者们刚刚开始探讨政府在购买公共体育服务中的责任问题,尚未形成系统的理论框架和方法论。然而,随着时间的推移,特别是在2013~2019年这一时期,政府购买公共体育服务中政府责任研究进入了发展阶段。研究文献数量逐渐增多,研究成果也不断涌现。研究方法得到改进和完善,研究主体逐渐多元化,这一时期被视为该领域研究较为丰富和多样化的阶段。然而,尽管研究取得了显著进展,仍然存在一些问题亟待解决。目前的研究大多集中在理论分析和经验总结上,缺乏对实践的具体指导意义。研究视角相对局限,难以对政府购买公共体育服务中涉及的各种问题进行全面深入的分析和探讨。这导致研究结果难以解决政府在购买公共体育服务中承担的责任存在的根本问题(图1-7)。

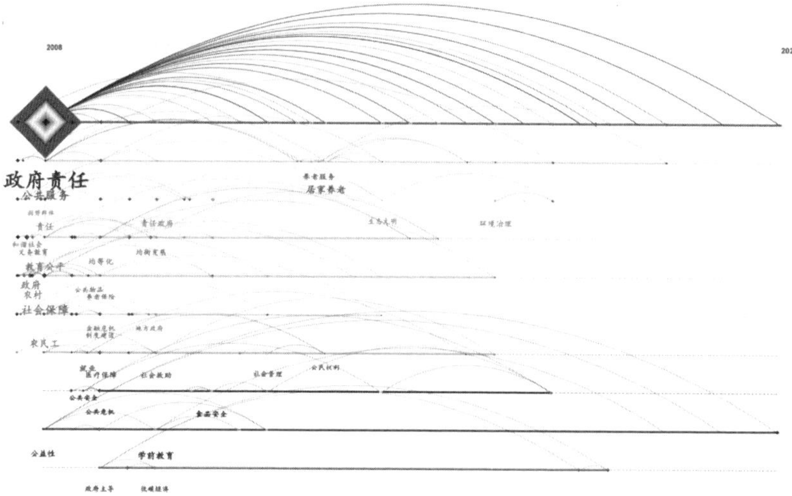

图1-7 政府责任关键词时间线图谱

本章小结

　　本章围绕公共体育服务的历史渊源、现实因素、理论需求与研究态势进行了全面分析，提供了对其未来发展方向的深入理解。首先，公共体育服务的历史演变反映了从古代社会的集体体育活动到现代国家治理中不可或缺的部分，尤其是在后福利国家时代，其作为国家保障公民健康与提高生活质量的手段愈发凸显。在中国，公共体育服务经历了从政府主导到市场机制与社会力量共同参与的发展历程，国家的政策支持为这一转变提供了有力的保障。

　　其次，现实因素的分析揭示了政策支持、市场需求、体育产业发展与社会文化等多个维度的互动关系。政策的引导确保了公共体育服务的合法性与系统性，而日益增长的市场需求则驱动了服务内容的多样化与创新。此外，体育产业的迅速发展不仅为公共服务提供了资源，还提升了专业化水平，从而使服务质量得以保障。同时，社会文化的演变增强了公众对体育活动的认同感，形成了多元化的参与体系。

在理论需求部分,善治理论为公共体育服务的优化提供了重要的框架。政府的责任在于确保公共利益与公平性,通过创新机制实现与社会组织和企业的有效合作,提升服务的效率与质量。公众参与的理念也强调了服务供给中的透明性与反馈机制,使得服务更加贴合实际需求。

最后,结合对政府购买公共体育服务的文献分析,本章揭示了该领域研究的演变脉络,反映出政策背景下的实践探索与理论探讨。通过文献计量学的方法,梳理了当前研究的热点与发展趋势,指出了政府在服务职能转型中面临的新机遇与挑战。整体而言,本章不仅为理解公共体育服务的复杂性提供了理论支持,还为政府在服务模式转型中提出了具体建议,期待在实现社会公平与可持续发展的目标中发挥更大作用。

02 | 第二章

善治视角下政府购买公共体育服务模式探索的质性研究

随着我国经济的蓬勃发展和政府职能的转变,公共体育服务的供给模式也经历了一系列变革。在此背景下,政府购买模式逐渐成为一种新兴且备受关注的发展模式。尽管这种模式为公共体育服务的提供带来了新的机遇,但仍然存在一些问题,如公共服务供给不充分等。这些问题在一定程度上影响了公共体育服务的有效供给,需要我们进一步关注和解决。基于此,通过分析资料,运用扎根理论研究方法,结合善治视角,探索出政府购买公共体育服务模式分别为非竞争独立型、非竞争依赖型、竞争独立型、竞争依赖型及融合协同型。根据主轴编码结果,分别从购买过程、结构特征、实施缺陷、效果评价及制度安排五个方面具体解释各模式特征。

一、 政策背景与政策概况

党的十八届三中全会以"社会治理"这一新概念替换了以往所使用的"社会管理创新"的表述,这一变化反映了我们党在治理理念上的重要更新,也是对中国特色社会主义治理理论的重要发展和完善。这一新概念强调社会治理不是单纯的政府管理,而是多元主体参与、互动共治的过程,倡导公众参与、平等对话、协商合作的理念,注重发挥社会各方面的作用,激发社会的活力和创造力,更加注重解决社会问题,对公众的诉求予以反映,致力于提升社会治理的水平。这一新概念的提出,标志着我国社会治理进入了一个新的阶段,也是推进国家治理体系和治理能力现代化的一次创举①。当前,为改善传统公共管理的不足,世界各国都在探索新的治理模式。要加强和创新社会治理,而追求社会治理的创新,可将善治作为理想模式并制定相应的制度②,将善治运用于公共体育服务领域也是一种新的尝试。善治,也称良好的治理,即通过建立政府与社会之间的合作治理,以最终达到公共利益的最大化③。随着我国社会主义市场经济的不断发展和软硬实力的持续提升,社会结构也随之发生转变。这一变化为政府改革带来了新的要求和挑战,建设服务型政府、提升国家治理现代化水平成为重点。政府购买公共服务成为现阶段政府职能转变、构建新的政府与社会关系的方式。我国在政府购买服务方面缺乏经验,面临着诸多问题。如何在政府与社会之间建立一种合作共赢的模式,打破不平等、不透明、低效的关系成为重点问题。例如,根据善治理论,效率不能作为政府的单一目标,如某些市政服务的成本高于合同外包,为追求效率将服务外包给承包商,但承包商的趋利动机会促使其不断提高效率降低成本,因此最终导致服务质量降低④。

运用善治理论进行购买公共体育服务模式的探索是一种全新的尝试。在以往关于模式探索的研究中,国内外学者因不同的文化背景和国情持有不同的看法,丛湖平等通过对部分地区的调研,将政府购买公共体育服务的模式归纳为依赖关系非竞争型购买、独立关系非竞争型购买和独立关系竞争型购买,对政府购买服务过程中出现的改革动力及制度两方面问题提出优化建议⑤。同时,在针对上海市政府购买公共体育服务模式的探索中,江龙对以上购买服务过程中出现的两方面问题也提出了具体对策。基于前人已有的研究结果,将上海市以往购买模式分为"形式性、委托性和契约化模式",通过分析对比,实现契约化的对策包括完善法律、拓宽评估渠道、引入竞争机制和促

①　江必新.以党的十九大精神为指导加强和创新社会治理[J].国家行政学院学报,2018(1):23-29,148.

②　杨春福.善治:国家治理现代化的理想模式[J].法制与社会发展,2014,20(5):25-27.

③　俞可平.治理与善治[M].北京:社会科学文献出版社,2000.

④　董杨.政府购买公共服务中的公共利益及其实现机制[J].行政论坛,2020,26(6):59-64.

⑤　丛湖平,卢伟.政府购买公共体育服务的模式、问题及建议——基于苏、浙、沪、粤等省市的调研[J].体育科学,2016,36(12):11-17.

进社会体育组织发展等①。从购买过程中的角度分析,冯欣欣认为政府购买服务过程中具有三点要素,分别为服务提供者、服务种类和购买方式,并将几种要素构成的不同组合称为政府购买公共服务的模式②。王名等从政府与社会组织的关系角度,将购买过程中划分为依赖关系非竞争型购买、独立关系非竞争型购买和独立关系竞争型购买模式③。王浦劬、韩俊魁、苏明等④⁻⑥人也提出了这些购买模式。美国学者 E. S. 萨瓦斯总结出委托代理、政府撤销投资、政府退出三种模式,倡导公共服务"民营化",通过引入竞争机制构建多元化公共服务供给打破垄断⑦。以上学者的划分方式都着重于购买过程,而将服务看成一个整体。

本研究运用扎根理论方法探索政府购买公共体育服务模式。扎根理论广泛应用于各个学科中,是一种从数据中生成理论的方法。这些数据是经过系统的过程收集和分析的,需要基于经验和事实,打破现实经验的禁锢,经受逻辑的推敲,使得体育研究在发展过程中具有"外在的证实性"和"内在的合理性"。扎根理论寻求的是发展一个理论,而不是验证一个理论,通过收集或归纳数据的方法来发展理论。在此理论上,研究将从公共体育服务购买过程、结构特征、实施缺陷、效果评价和制度安排等五个方面对我国政府购买公共体育服务的购买模式进行详细阐述。此外,还将从善治视角出发,运用多学科知识,并注重定性与定量相结合的研究方法,对不同购买模式下的政府责任及其实现机制进行深入研究。通过这些研究,旨在为完善我国政府购买公共体育服务提供有益的理论支持和实践经验。

① 江龙.上海市政府购买体育公共服务模式研究[J].体育科研,2015,36(2):76-81.

② 冯欣欣.政府购买公共体育服务的模式研究[J].体育与科学,2014,35(5):44-48,71.

③ 王名,乐园.中国民间组织参与公共服务购买的模式分析[J].中共浙江省委党校学报,2008,24(4):5-13.

④ 王浦劬,莱斯特·M.萨拉蒙.政府向社会组织购买公共服务研究:中国与全球经验分析[M].北京:北京大学出版社,2010.

⑤ 韩俊魁.当前我国非政府组织参与政府购买服务的模式比较[J].经济社会体制比较,2009(6):128-134.

⑥ 苏明,贾西津,孙洁,等.中国政府购买公共服务研究[J].财政研究,2010(1):9-17.

⑦ E. S.萨瓦斯.民营化与公私部门的伙伴关系[M].周志忍,等译.北京:中国人民大学出版社,2002.

二、 政府购买公共体育服务的目的

公共服务这一术语最初由法国学者莱昂·狄骥（Léon Duguit）提出，然而时至今日，学术界尚未就"公共服务"的确切定义达成统一的认识。有学者试图将公共服务定义为政府利用其公共权力，有效地动员和整合社会资源，以向社会公众提供满足其多元化需求的各种服务。我们可以将体育公共服务界定为政府、市场、社会（主要是社会组织）等多元供给主体保障和维护社会体育公共利益，满足公民和社会多样性，提供体育产品和服务的总称。竞争独立型的政府购买公共体育服务模式可以解释为市场、社会机构等主体可以在竞争机制和相应制度之下向社会提供公共体育产品和服务，政府采取多种方式提供服务，包括直接拨款、委托授权及合作开发等，在契约关系和法治环境的背景下完成和履行对各个主体的监督、管理与考核①。

由此，可以归纳政府购买公共体育服务具有以下几点目的。

（1）在维护和保障体育公共服务方面，重点在于确保公民能够获取体育公共服务的资格、机会、数量和质量。这意味着不仅要保证每个公民都有平等的权利和机会参与体育活动，还要确保他们能够获得丰富多样的体育服务资源，以满足不同群体的需求和偏好。通过建立健全的体育公共服务供给体系，包括设施建设、项目开展、人才培养等等方面的支持，可以促进社会各界参与体育活动的积极性和融入感。同时，提升体育公共服务的质量和水平，通过持续的评估和监督机制，确保服务项目的有效实施和成效达到预期目标。这种维护和保障体育公共服务的做法，不仅有助于提升全民健康水平和生活质量，也有利于建设和谐稳定的社会环境，推动社会全面进步和可持续发展。通过不懈努力，可以实现体育公共服务的普惠性、公平性和可持续性，为构建富有活力、和谐的体育社会做出积极贡献。

（2）在更好管理公民、社会组织和体育社团等参与体育活动、娱乐、健身和体育文化发展过程中，关键在于有效管理和维护基础性公共体育设施、体育场馆和体育经费等资源。这包括确保公共体育设施的建设和维护符合安全标准

---

① 孔德银.我国政府购买体育公共服务模式研究——基于理论与经验的分析[J].云南行政学院学报，2017,19(1):167-171.

与服务需求，促进体育场馆的合理利用和管理，以及保障体育经费的合理分配和利用。通过建立健全的管理体系和监督机制，可以有效地协调各方资源，提高资源利用效率和服务水平。同时，加强对体育设施和场馆的规划与管理，使其更加符合社会需求和发展趋势，推动体育文化事业的繁荣和发展。此外，积极支持和鼓励社会组织与体育社团参与体育活动的组织及开展，为广大公民提供更多元化、专业化的体育服务和活动选择。通过科学合理地管理和配置体育资源，可以更好地激发社会参与的热情和活力，促进全民健康和幸福感的提升。这种注重管理和维护体育资源的做法，有助于促进体育事业的可持续发展，为建设健康、和谐的体育社会营造良好环境和条件。

（3）为特定个体或群体提供更好的服务是管理体育资源的重要方面。这包括为运动员、教练员等专业人士提供专门的培训和支持，以提升他们的技能水平和竞技实力。通过定制化的培训计划和个性化的指导，可以更好地满足他们的专业发展和成长需求。此外，针对私营体育场所客户的体育运动需求，进行详细的偏好分析也至关重要。通过了解客户的喜好和需求，可以有针对性地改进服务项目和设施，提升客户体验和满意度。这种精细化管理和服务定制的做法，有助于建立更紧密的服务关系，增强客户对体育场所的忠诚度和满意度。同时，针对特定个体或群体提供更好的服务，也体现了体育资源管理的差异化和个性化发展趋势。通过持续改进和创新，可以不断提升服务质量和水平，满足不同层次、不同需求的个体和群体，实现体育资源的更有效、更广泛利用。这种注重个性化服务的管理理念，有助于促进体育事业的多元化发展，推动体育文化的繁荣和普及。

（4）引入竞争机制是提升管理体育资源效率的关键举措，同时也可以促进政府职能更好地转型和优化。竞争机制的引入可以激发各方的活力和创新意识，推动资源配置更加灵活高效。通过引入市场竞争，政府在管理体育资源时将更加注重效率和服务质量，以满足不同群体的需求和期待。竞争机制的引入还有助于推动政府职能的转型，使其更加注重市场需求和效益导向。政府将更多地关注如何提供更优质、更便捷的体育服务，以吸引更多市民参与体育活动。此外，竞争机制还可以激发政府部门内部的创新和改进意识，促使其不断优化服务模式和管理方式，提升工作效率和公共满意度。通过引入竞争机制，政府机构可以更灵活地应对市场变化和需求变化，更好地满足社会的体育需求，实现政府职能向更加务实、创新和高效的方向转型。这种竞争机制下的管理模式,有助于推动政府体育资源管理向更加市场化、专业化的方向发展,为体育事业的健康发展提供更好的保障和支持。

三、 政府购买公共体育服务的五种模式

本研究主要借助 QSR 公司开发件 Nvivo11 软件,作为当前国际主流的电脑辅助质性研究分析软件,软件运行的理论根据是由 Glaser 和 Strauss 提出的扎根理论,在文献的管理和分析层面具有较大作用[①]。

本研究的主要内容是关于政府购买公共体育服务的研究,涉及善治视角和质性研究等关键词。在收集相关资料的过程中,我们主要利用了中国知网(CNKI)、维普、万方硕博论文等学术数据库,以及互联网上的各种资源进行检索和分析。这些数据库和网络资源为我们提供了广泛且深入的学术研究成果和资料,为我们的研究工作提供了重要的参考和支持。通过对这些资料和信息资源的阅读和整理,我们最终选取了 356 篇资料进行编码和分析,采用了扎根分析的方法。

扎根理论的核心在于从经验资料的基础上建立理论,要求研究者在研究开始之前不作假设,直接从获得的资料中归纳出概念,通过概念间的逻辑关系建立联系,最终上升到理论,是一种自下而上建立理论的方法[②]。扎根理论被之后的学者发展成更多的范式,这些不同版本的扎根理论有一些共同之处,包括对数据收集和分析的灵活指导,与所研究的内容保持联系的意愿,以及建立基于数据的统一理论概念,表明了程序、关系和社会的连通性[③]。本研究采用 Pandit[④] 的研究范式,使用开放式、主轴、选择性编码的逐级编码方式,构建政府购买公共体育服务的模式。

首先在软件中阅读所有资料,同时进行数据收集和分析,数据分析从初始数据收集开始,然后通过迭代分析,指导进一步数据的构建[⑤],细化和检查发展

---

① Glaser B G, Strauss A L, Strutzel E. Discovery of grounded theory[J]. Nursing Research, 1968,17(4):377-380.

② 陈向明. 质的研究方法与社会科学研究[M]. 北京:教育科学出版社,2000.

③ Zamani B, Babaei E. A critical review of grounded theory research in urban planning and design [J]. Planning Practice & Research, 2021,36(1):77-90.

④ Pandit N R. The creation of theory:a recent application of the grounded theory method[J]. Qualitative Report, 1996(2):1-15.

⑤ 凯西斯·卡尔奇斯. 建构扩根理论[M]. 卢国庆,译. 重庆:重庆大学出版社,2022.

中的理论①,并进行开放性编码。因为是试探性研究,不具有树状节点,所以编码时均标记为自由节点,并将相同的内容标记到同一自由节点下②。

在研究过程中,编码是给资料附加概念标签的必要步骤。然而,编码不仅仅是简单地给资料打上标签,因为每一层编码都具有概念性和分析性。在进行编码过程中,需关注以下两个要点。首先,在进行文本分析时,需要将涉及多个节点的段落分别标记在相应的节点下方,以便更好地进行数据整理和分析。其次,对于那些无法确定归属于哪个自由节点的段落,我们需要新建一个自由节点,以确保所有的内容都得到了充分的考虑和处理。同时,需要比较不同节点之间的相似性和差异性,将意思相同的节点合并。通过这些方法,可以更好地理解数据,发现数据中的规律和趋势,从而为研究提供更加准确和深入的信息③。

为了进行编码,我们需要将资料划分为比较恰当的范围和方式,并将自由节点归到某一树状节点下。对所有资料编码结束后,概念被标记、比较和分组,这一过程有助于避免偏见,研究人员可以不断检查建立的概念与新概念并对部分子节点的位置进行必要的调整,以保证精度和一致性④。通过以上3个步骤对资料的分析,将数据收集与能够解释它们的理论联系起来,分析出政府购买公共体育服务的几种模式,进而建立相对完整的购买公共体育服务中的政府责任及其实现机制体系架构(表2-1)。

表 2-1　主轴编码信息列举一览表

原始编码	主轴编码
委托(66)购买服务(101)社会组织(81)绩效(34)政府(53)承接者(16)签订合同(42)财政拨款(4)购买主体(7)定向购买(31)外包(8)协商(11)不公开招标(8)	购买过程
购买(126)社会组织(26)资金(19)审核(34)委托(33)责任(28)合同(18)程序(9)决策(3)直接资助(8)非竞争性(40)承接主体(32)购买主体(21)财政拨款(20)不公开招标(3)协商(2)	

①　Charmaz K. Special invited paper: continuities, contradictions, and critical inquiry in grounded theory[J]. International Journal of Qualitative Methods, 2017, 16(1): 1-10.

②　Goulding C. Grounded theory: the missing methodology on the interpretivist agenda[J]. Qualitative Market Researc, 2013, 1(1): 50-57.

③　Charmaz K. The legacy of Anselm Strauss in constructivist grounded theory[J]. Studies in symbolic interaction, 2008, 32(32): 127-141.

④　Corbin J, Strauss A. Basics of qualitative research: techniques andprocedures for developing grounded theory[M]. 3rd ed. London: SAGE Publications, 2008.

（续表）

原始编码	主轴编码
承接(19)服务提供者(35)公开招标(79)购买方式(248)购买服务(181)合同(96)竞争性(237)决策(8)流程(4)社会组织(194)市场(46)外包(6)委托(20)信息公开(15)择优(15)资金(10)	购买过程
独立性(59)非竞争性(51)合作(27)监督管理(95)良好社会声誉(4)垄断(33)契约关系(23)政府主导(6)专业性(15)自主管理(3)购买程序(7)购买行为(4)项目制形式(4)政府职能转变(6)	
不平等关系(9)单一来源购买(10)定向购买(12)非独立(5)公众需求(4)合作(3)控制(10)利益(2)体制内组织(11)行政管理(4)形式化(25)依赖关系(43)政府主导(9)专业性(11)自上而下(5)决策(14)干预(6)模式(22)	结构特征
独立性(72)发包方(2)分权(3)服务外包(21)公共(145)公益性(11)合作(39)降低成本(46)接包方(8)平等(8)契约化(46)社会参与(10)透明性(4)委托代理(4)营利性(5)专业性(41)自愿性(6)保障(3)指标(6)形式(14)	
暗箱操作(4)不对等合作(3)道德风险(2)非公开程序(22)合同年限长(4)内部化倾向(9)缺乏评估(10)甩包袱(2)合同不规范(10)追求利润最大化(6)滋生腐败(5)习惯性购买(4)	
垄断(23)风险(33)偏离(10)滞后(3)随意性(11)不公平(28)不明确(7)缺乏监管(115)合理性(11)缺失(40)忽视(6)腐败(8)薄弱(5)限制(20)积极性(2)依赖(49)不规范(41)	实施缺陷
不完善(32)差异(10)外包(4)非均衡(18)风险(15)复杂化(2)忽略(3)垄断(8)阻碍(6)缺失(24)模糊性(7)	
多样化(5)风险(26)服务质量(27)不公正(9)共赢(2)规范(8)绩效(14)节省行政成本(2)公众满意度低(4)弱自主性(2)违背(5)效率(11)协同治理(6)有效性(7)整合资源(3)评价指标(8)	
评估(51)不协调性(3)不科学(9)权威性(1)形式分离(1)稳定性(15)质量(27)保障(11)被动(7)满意度(8)效率(24)公信力(4)效果(6)公开性(21)	效果评价
多元化(25)防止腐败(2)公开(14)公平(36)规范性(27)规模(6)合理(5)积极性(4)可操作性(4)困境(7)满意度(5)评价(133)效果(6)提高效率(25)有效性(9)约束(17)质量(31)	
保障(4)财政预算(7)场地设施(3)风险评估(15)管理(48)规范购买流程(8)机制(30)绩效评估体系(4)决策制定(5)拓宽融资渠道(7)完善治理体制(8)制度(14)资金(9)问责机制(9)评估(73)	
划定价值边界(2)政府职能(2)公众需求导向(1)管理能力(1)评审监督(3)绩效评估(1)制度(6)法规(6)规范流程(5)服务目录(3)责任追究(3)标准(19)机制(38)创新(11)	制度安排
第三方(9)标准(8)财政(45)程序(15)创新(20)措施(5)法律法规(29)改革(49)供给(96)规范(16)机制(31)监管(236)竞争(28)考核(6)模式(44)权利(6)社会力量(28)体制(15)完善(9)形式(13)原则(7)责任(40)招投标(34)政策(48)职能(27)制度(53)主体(67)资金(34)绩效(30)	

注：(　　)内数字代表频率或被关注程度。

(一) 竞争独立型模式

竞争独立型模式,是指政府通过公开招标、签订合同等流程择优确定服务提供者购买服务,政府公布信息,市场上的社会组织竞标承接。主要特点:①政府将公共服务外包给具有独立性的营利性社会组织,通过自愿竞争参与,与政府平等合作,签订契约合同,确保购买流程的透明度。这种模式下,中标的组织通常具备高度的专业性,能够有效降低成本、提高效率,同时促进社会参与。外包公共服务能够激发组织的创新能力,提升服务质量,让政府更专注于监管和制定政策,实现公共资源的最优配置和利用。此外,外包还能促进竞争,激发市场活力,推动经济发展。然而,政府需加强对外包服务的监管和评估,确保合作方履行责任,提供高质量的服务,以保障公众利益和满意度。②竞争独立型模式的实施效果可通过多个方面评价。首先,竞争关系有利于确保购买服务过程的公平公开,有效防止腐败现象的发生,进而促进社会组织积极参与,推动服务供给的多元化。其次,独立型模式能够保证服务质量,规范合同签订流程,有效约束供给方的服务水平,提高服务的满意度。此外,通过竞争机制,政府能够选取最具专业性和效率的服务提供者,提升服务质量和效率,最大限度地实现公共资源的优化配置。总体而言,竞争独立型模式的有效实施有助于建立健康的服务市场生态,促进公共服务的提升,为社会带来更大的福祉。③在竞争独立型模式下,购买流程的复杂化可能会带来挑战。同时,由于地域发展的非均衡和配套设施的不完善,导致各地可参与竞标的供给方存在差异,难以形成有效的竞争环境。这种情况下,一些地区可能面临供给方匮乏的问题,影响服务质量和公共利益的保障。此外,供给方之间的实力悬殊也可能导致竞争的不公平性,影响竞标结果的公正性和透明度。因此,政府在推行竞争独立型模式时,需要加强对地方发展和供给方实力的考量,制定相应政策和措施,确保竞争环境的公平性和竞标结果的合理性,最大限度地实现公共服务的效益和社会价值。④在面对竞争独立型模式下的挑战时,需要制定更为详细的程序标准,以规范竞争机制的运行。同时,提供财政支持,完善监管考核模式,有效监督竞标过程,确保公平公正。在这一过程中,招投标工作的规范执行尤为重要,应加强社会力量的参与,建立第三方的绩效评估制度,以客观评价供给方的表现。此外,政府应履行主体责任,促进各方合作,协调资源配置,确保公共服务的高效提供。通过以上措施的综合实施,可以有效弥补竞争环境不完善带来的问题,提升购买模式的效率和公益性,最终实现公共服务的优质提供和社会福祉的增进。

(二) 竞争依赖型模式

竞争依赖型模式是一种新型的公共服务供给模式,它允许政府通过竞争机制,从私营部门或非营利组织中购买所需的公共服务。这种模式的实施需要建立市场竞争机制,使政府能够比较不同服务提供者的服务质量、成本和效率,从而选择最合适的服务提供者。该模式的运作流程如下。

(1) 制订购买计划:为应对竞争依赖型模式下的挑战,政府应制订详细的购买计划,明确需要购买的公共服务种类、数量和质量标准。通过制订购买计划,政府能够更好地规划资源配置,确保公共服务的有效提供。购买计划应考虑社会需求、地区特点和供给方实力,合理分配资源,提高购买效率和公共服务的质量。同时,购买计划还可以帮助规范竞争机制,促进市场竞争,提升服务供给方的竞争意识和服务水平。政府在制订购买计划时,应充分征求各方意见,建立透明的决策机制,确保购买计划的科学性和公正性。通过制订有效的购买计划,政府能够更好地引导和管理竞争型模式,推动公共服务体系的健康发展,促进社会福祉的提升。

(2) 发布采购信息:为应对竞争依赖型模式的挑战,政府应当通过公开渠道发布采购信息,以吸引更多潜在的服务提供者参与竞争。公开发布采购信息可以增加市场透明度,促进公平竞争,确保各方获得平等机会。政府发布的采购信息应包括需求明细、标准要求、竞标流程等内容,让所有潜在提供者了解项目需求和规则。这不仅有助于拓宽服务提供者的选择范围,还能够激发市场创新和竞争活力,提高公共服务的质量和效率。通过公开透明的采购信息发布,政府可以建立起一个公正、高效的采购平台,促进资源优化配置,同时为社会各界提供更多参与和监督的机会,推动购买模式的不断完善,实现公共服务的可持续发展。

(3) 评估服务提供者:为了确保竞争依赖型模式的有效运行,政府应当对参与竞争的服务提供者进行全面评估,评估内容包括服务质量、成本和效率等多个方面。通过评估,政府可以客观评判服务提供者的综合实力和能力水平,为购买决策提供重要参考。评估服务提供者的服务质量可以保障公共服务的优质提供,提升用户满意度;评估成本和效率可以有效控制采购支出,实现资源的有效利用。政府对服务提供者的评估应当坚持公平、公正原则,建立科学的评估标准和程序,确保评价结果客观准确。同时,政府应当及时公开评估结果,向社会公众透明披露,增强评估的公信力和约束力,推动服务提供者不断提升自身水平,促进公共服务的持续改进和发展。通过全面评估服务提供者,政府可以更好地引导和管理竞争依赖型模式,推动公共服务体系的健康发展,实现长远的社会效益和价值。

(4)签订合同:为了有效管理竞争依赖型模式,政府应当经过评估后选择最符合需求的服务提供者,与其签订合同并明确服务内容、价格、质量标准、服务期限等关键内容。签订合同是确保双方权益的重要方式,明晰双方责任和权利,有助于规范双方行为,保障服务的顺利进行。合同中详细列出的服务内容可以避免双方在执行过程中发生误解或纠纷,确保服务达到预期效果;明确的价格和质量标准则有利于控制成本、提高服务水平。同时,明确的服务期限可以促使服务提供者按时交付服务,确保服务的及时性和连续性。政府在签订合同过程中应注重合同的公平性和透明性,遵守合同法律法规,建立监督机制,确保合同执行的公正和有效性。通过与合适的服务提供者签订明确的合同,政府可以有效管理采购过程,提升服务质量,实现公共资源的最优利用,从而推动竞争依赖型模式的良性发展。

(5)监督和评估:为了保障公共服务的高质量和有效供给,政府应当对服务提供者进行持续监督和评估,以确保其严格遵守合同要求,提供符合标准的公共服务。监督评估是政府履行购买者责任的重要手段,通过检查服务提供者的执行情况,及时发现问题并采取措施加以解决。政府监督应当覆盖服务过程的各个环节,包括服务质量、服务内容、服务效果等方面,确保服务达到预期效果。评估包括定期评估和不定期评估,旨在全面了解服务提供者的表现,发现问题并提出改进建议。政府通过监督评估可以促使服务提供者履行承诺,提高服务标准,提高服务质量,提升用户满意度。同时,监督评估也可以促进服务提供者自身改进和提升,推动公共服务体系的不断完善和发展。政府对服务提供者的持续监督和评估是维护公共利益、保障公共服务质量的重要举措,有助于提升政府采购效率和效果,实现资源的最优配置和利用。

该模式的优点如下。第一,提高效率:竞争机制在政府采购中发挥着提高效率的作用。竞争的压力激励服务提供者不断提高效率,降低成本,提升服务质量。通过竞争,服务提供者在不断优化经营方式和管理流程的同时,也能够更好地适应市场需求,提供更具竞争力的服务。这种竞争机制可以有效推动服务提供者提升绩效,提高效率,为政府采购带来更多选择和更优质的服务。第二,增加透明度:此是政府采购中的重要举措。通过公开采购信息和服务评估结果,可以提高整个采购过程的透明度,降低不正当行为和腐败风险。透明的采购机制可以让公众监督政府行为,促使服务提供者遵守规范,提供诚信服务。透明度的增加不仅有助于建立信任,还能够提升采购效率,实现资源的公平配置和最优利用。第三,促进创新:竞争机制激发了服务提供者的创新潜力,在政府采购中尤为重要。竞争的压力鞭策服务提供者不断探索创新,推出更具竞争力和价值的服务产品。通过竞争,服务提供者积极引入先进技术、管理经验和创新理念,推动行业发展和服务升级。创新驱动的竞争机制不仅带来更多选择,也激发了服务提供者的活力,促使其不断改进、优化服务,满足社会需求,推动政府采购实现更高效、更创新的发展。第四,满足多样性需求:竞争机制可以促使不同的服务提供者满足不同人群的需求,提供更加多样化的服务。然而,该模式也存在一些缺点,如政府需要投入更多的时间和资源进行评估和监督,而且私营部门可能会利用其优势地位获取不正当利益。因此,在实施该模式时,需要加强监管和规范管理,确保公平竞争和公共服务的质量。

(三) 非竞争独立型模式

非竞争独立型模式,是指政府作为购买主体采用不公开招标的方式与社会组织签订合同购买服务,政府通过财政拨款将公共服务定向委托给承接者,通过绩效评估验收。具体来说,非竞争独立型模式具有以下特征:①在政府购买服务的过程中,政府职能发生了转变,由原来的直接提供服务变为与具有良好社会声誉和专业能力的独立社会组织合作形成契约关系。购买程序通常是非竞争性的,承接方在自主管理下进行服务提供,而政府则扮演监督管理的角色。这种模式下,政府更加注重监督和评估服务质量,同时促进了社会组织的专业化发展。这种合作模式不仅能够更高效地利用资源,提升服务质量,还能够为社会组织提供更多展示专业能力的机会,实现政府与社会组织间的互利共赢。②政府与社会组织协同治理的模式为双方带来共赢局面,降低了行政成本,提高了服务效率。通过规范合同中的评价指标,可以有效提升服务质量,降低服务供给中潜在的风险。然而,非竞争独立型模式也存在不公正现象,可能减少了服务供给的多样性;且政府主导下的模式也可能导致承接方缺乏自主性,进而影响服务质量和公众满意度。因此,在政府购买服务过程中,需要平衡监管与激励机制,确保各方利益均衡,促进服务提供者的竞争力和创新性,从而更好地满足公众需求,实现持续的共赢局面。③在实施缺陷方面,由于政府的定向购买,购买过程容易出现内部化倾向,非公开程序也容易导致暗箱操作,滋生腐败行为。购买合同的不规范性也是一个问题,如合同年限过长、习惯性购买和缺乏评估等情况屡见不鲜。此外,承接方与政府之间存在不对等的合作关系,承接方作为营利组织往往会追求利润最大化,从而可能降低服务质量,增加道德风险。为了解决这些问题,政府应加强对购买过程的监督和透明度,规范购买合同,确保评估机制的有效运作,同时建立平等互利的合作关系,以提升服务质量并有效应对道德风险。④在制度安排方面,应当规范政府购买服务的流程,完善相关治理体制,为整个体系提供制度保障。具体而言,需要对每个项目进行全面的风险评估,以便及时应对潜在的问题;同时,还应拓宽融资渠道,确保项目的可持续发展。另外,建立健全的绩效评估体系非常关键,通过明确的绩效指标来评估服务提供者的表现,并加强管理监督,以确保服务质量和效率。同时,还需完善问责机制,对各方履行责任进行有效监督和评估,确保责任落实到位。这些制度安排的完善将有助于提升政府购买服务的效率和透明度,进一步促进公共服务的优化和提升。

(四)非竞争依赖型模式

非竞争依赖型模式,是指政府直接委托购买服务,与承接主体采用非竞争型购买签订合同,但承接方受政府财政拨款直接资助,政府审核、干预、决策和承担责任。具体包括以下特征:①政府对承接主体进行定向、单一来源购买,通常选择非独立的体制内组织作为服务提供者。这种关系中,承接主体依赖政府,政府拥有决策控制权,形成一种自上而下的行政管理模式。这种购买制度形式带来的是一种不平等的关系,政府在这种关系中处于主导地位,而承接主体则相对被动,缺乏议价能力。这样的不平等关系可能导致信息不对称、资源分配不公等问题,影响公共服务的效率和质量。为了提升公共服务购买的公正性和效率,需要优化购买制度,加强对承接主体的监督和评估,建立更加平等和透明的合作机制,以实现公共资源的有效配置和服务的优化提供。②针对这种定向、单一来源购买的模式,效果评估显示,由政府有计划设立的组织作为服务提供方,通常具有较好的稳定性和权威性,能够保障服务的顺利提供。然而,对服务效率、质量及公众满意度的评估仍有待讨论。虽然这种模式在服务的可靠性和可控性方面表现出色,但也存在可能导致效率不高、服务质量参差不齐及公众满意度不足的问题。为了提升这种购买模式的绩效,需要进一步优化管理机制,加强对服务提供方的监督和评估,注重服务效率和质量的提升,并积极倾听公众意见,以确保公共服务购买模式能够更好地满足社会需求,提升公众对服务的认可度和满意度。③依赖于政府的社会组织在服务供给时,由于缺乏监管造成服务供给的随意性,非竞争的购买程序产生垄断行为,使市场上潜在的体育组织供给方遭受不公平对待,积极性降低而影响发展。政府设立的服务供给组织,出现自己管自己的形式化情况,以至于合同签订不规范、不明确,没有合理的评价体系,也就缺乏提高服务质量的动力,限制其自身的发展及增加腐败行为的风险等。④为实现政府职能的转变,必须以公众需求为导向,明确划定服务的价值边界,建立规范的服务目录。此外,政府还需加强自身管理能力和评估制度,不断创新绩效评估机制,确保公共服务的高效提供。同时,完善责任追究等法律法规也是至关重要的一环,以规范政府与服务提供方之间的关系,确保服务质量和效率。政府应当积极倾听公众声音,及时调整服务方向和策略,提升服务水平和满足公众需求。通过以上措施的综合实施,政府可以更好地适应社会变革和需求变化,实现政府职能的转型升级,为公众提供更加高效、优质的公共服务。

（五）融合协同型模式

融合协同型模式,是指政府在购买服务过程中兼顾稳定与竞争的不完全竞争模式,将政府、服务提供者和社会大众等多元治理主体协同参与到政府购买公共体育服务过程当中,以大众需求为导向,各环节互联协同。该模式具有以下几种特征。

（1）在善治理论的引导下,政府与服务提供者之间的关系不再仅限于单向依赖或简单的契约关系。通过评审制度,政府主导各方参与的协同治理关系得以建立,各种社会组织都有机会参与其中。这种关系强调合作、共创和共享,激发各方的积极性和创造力，推动服务提供者不仅关注成本效益，更注重服务质量、社会责任和创新能力。政府作为治理的引导者和监管者，促进各方利益的平衡和整合，实现有效的资源配置和公共服务提供。这种协同治理关系不仅提升了服务质量和效率，还促进了社会的和谐发展和共赢局面的形成。

（2）在购买服务项目的流程中，首先需要设立项目阶段，确定大众需求，进行可行性研究并制定项目预算。接着进入项目评审阶段，制定评审方案和确定评审人员，然后确定采购方式，执行采购并签订合同，最后公布评审结果。对购买服务项目的执行进行监管，包括预测、监督和调控，及时解决项目中出现的问题。在项目效果评估阶段，对项目进行验收，从多个角度进行评价，包括自评和第三方评价结果，公布评估结果，并收集公众反馈意见，最终完成对项目的归档工作。这一完整的流程确保了购买服务项目的透明、公正和高效执行，促进了政府采购的规范化和效能提升，同时也增强了公众对服务项目执行过程的信任和参与度。

（3）在政府主导下的公共服务供给模式下，项目的稳定性和权威性得以保障，公众更易理解项目情况，促进了公众参与和社会监督的加强。通过项目的评审、执行和效果评价，公共体育服务购买流程变得更具科学性和程序化，同时也充分满足了善治理论中的回应性要求。政府主导的购买流程不仅确保了资源的有效配置和公共服务的质量，也提高了决策的透明度和公正性，增强了社会对政府行为的信任和认可。公众参与的加强不仅促进了政府与公民之间的互动和沟通，还增强了公共服务的针对性和适应性，确保了服务项目能够更好地满足社会需求。这种基于善治理念的公共服务供给模式，有效促进了政府与公众之间的互信和合作，为社会的和谐发展和共赢局面的形成提供了坚实基础。

● 本章小结 ●

　　本章从善治视角出发，提出了五种政府购买公共体育服务的模式，为促进全民健身、提高国民体质作出了理论探讨。首先，政府购买公共体育服务是善治的基础之一。通过政府购买公共体育服务，可以有效地调动社会各界的积极性，促进全民健身事业的发展。政府作为公共资源的调配者和管理者，应该积极履行职责，推动体育事业的发展，提高人民群众的身体素质,增强国家的综合国力。其次,本章提出了五种政府购买公共体育服务的模式:非竞争独立型、非竞争依赖型、竞争独立型、竞争依赖型、融合协同型。这些模式在理论上具有一定的可操作性和可行性,但尚未进行实证研究。为了增强研究结果的说服力和提高其推广价值,未来可以结合编码主范畴设计相关问卷,对所提出的模式进行客观性和科学性的实证检验。通过问卷调查,可以了解公众对政府购买公共体育服务的态度和需求,为政府制定相关政策提供参考依据。实证研究的开展将有助于进一步验证模式的有效性,探讨政府购买公共体育服务的最佳实践路径。同时,实证研究还可以为政府提供更具体、更实用的政策建议,推动全民健身事业的深入发展。在实证研究中,可以选择一些代表性的城市或地区作为研究对象,通过问卷调查和实地观察,深入了解政府购买公共体育服务的实际情况和效果。同时,可以比较不同模式下的实施效果,找出最适合当地情况的政府购买公共体育服务模式。此外,实证研究还可以探讨政府购买公共体育服务对经济社会的影响。通过对数据的分析和比较,可以发现政府购买公共体育服务对促进经济增长、改善民生福祉等方面的积极作用,为政府购买公共体育服务的可持续发展提供理论支持。总之,政府购买公共体育服务是一项重要的政策举措,对促进全民健身、提高国民体质具有重要意义。通过实证研究,可以验证所提出的模式的有效性,为政府购买公共体育服务的实践提供科学依据,推动全民健身事业的健康发展。希望未来能够有更多的学者和政策制定者参与到这一领域的研究中,共同推动政府购买公共体育服务事业的蓬勃发展。

03 | 第三章

竞争独立型模式下的主体责任及其实现机制

　　本研究的目标是对政府购买公共体育服务的竞争独立型模式进行全面的系统评价。在研究过程中,我们采用文献资料调研、访谈及数理统计等多种方法,以获取翔实的资料和数据,并运用科学的方法对竞争独立型模式进行客观、准确的评估。从善治视角出发,对竞争独立型模式的制度安排、购买过程、结构特征、效果评价、实施缺陷及案例解析、实现机制进行详细阐述和分析。通过这些研究,我们旨在为政府购买公共体育服务提供理论基础,推动全民健康运动的发展。

一、 善治视角下政府购买公共体育服务的逻辑关联

　　公共体育服务是政府、社会等主体以满足公众基本体育需求为目标,多方协同提供的各种体育产品和行为的统称①。从政府购买公共体育服务的供给方面来看,可以以"政府购买具体的操作方式与过程"为规范,以"购买方、承接方、公众"的相互关系为分类基础,将政府购买公共体育服务划分为五种模式。这些模式分别为竞争独立型、竞争依赖型、非竞争独立型、非竞争依赖型、融合协同型。在这五种模式中,竞争独立型模式(图 3-1)属于市场化程度最高的一种

---

① 吴惠.泰兴市城乡体育公共服务均等化研究[D].扬州:扬州大学,2017.

模式。其主要的性质是独立性(购买主体与客体之间相互独立)、公开性(购买方公开招标、提供方公开投标)、契约性(购买主体和客体通过合同契约作为法律保障)、非排他性(服务客体可同时向多个群体提供服务),该模式在购买过程中引入竞争机制,以充分发挥市场作用,促进政府职能转型等方面相比其他模式有一定的优势,有必要对该模式进行深入探讨。

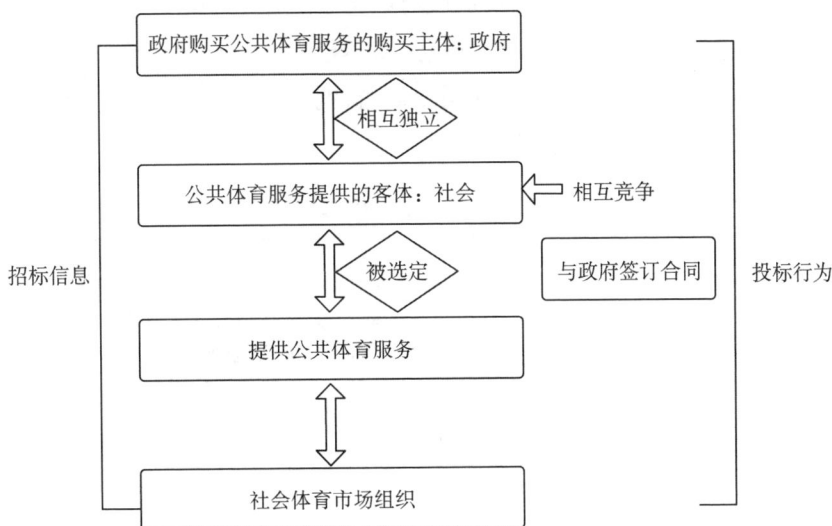

图3-1　竞争独立型模式关系图

政府与公民社会之间的合作管理理论"善治"是一种新颖关系的基础,它在竞争独立型模式下政府购买公共体育服务中的应用是一种全新的尝试。善治理论强调政府和公民社会之间的合作与互动,通过建立有效的制度安排、规范的购买过程、明确的结构特征、科学的效果评价及改进实施缺陷等措施,推动政府购买公共体育服务的发展。由于购买体育服务的过程中涉及政府、社会和市场等主体协同工作,善治理论的合理运用尤为重要。竞争独立型模式要求政府以善治为目的,在保证政府作为公共体育服务的购买主体基础上,建立社会组织作为服务提供的客体,市场相互竞争、主体客体相对独立,从而实现政府与市场有效互动,政府行使主导职能,市场发挥自治功能的多元善治机制。

二、 制度安排

近年来，随着政府职能改革的推进，国务院连续出台多个政府购买公共服务相关文件，一方面表明了加快推进政府购买公共服务的态度，另一方面也全面提升了政府治理能力；竞争独立型模式虽然已在多个地区得到广泛开展，但关于政府购买公共体育服务方面的制度供给、购买内容丰富化、各主体利益分配、公众诉求管理等仍需要不断探索完善（表3-1）。

表 3-1　关于竞争独立型模式的系列政策

时间	政策文件	相关要点
2011 年 10 月 18 日	《中共中央关于深化文化体制改革，推动社会主义文化大发展大繁荣若干重大问题的决定》	引导和鼓励社会力量通过兴办实体、资助项目、提供设施等形式参与公共文化服务
2013 年 11 月 15 日	《中共中央关于全面深化改革若干重大问题的决定》	引入竞争机制，通过合同、委托等方式向社会购买；经济体制改革的核心问题是处理好政府与市场的关系
2015 年 5 月 11 日	《国务院办公厅转发文化部等部门关于做好政府向社会力量购买公共文化服务工作意见的通知》	明确政府可以向社会力量购买公共文化体育设施的运营和管理等服务，购买方式主要以公开招标、竞争性谈判、竞争性协商等，购买流程包括项目选定、信息发布、组织采购、项目监管、绩效评价
2017 年 3 月 1 日	《国务关于印发"十三五"推进基本公共服务均等化规划的通知》	积极引导社会力量参与，推进政府购买服务，推广政府和社会资本合作（PPP）模式
2019 年 11 月 5 日	《中共中央关于坚持和完善中国特色社会主义制度推进国家治理体系和治理能力现代化若干重大问题的决定》	创新公共服务提供方式，满足人民多层次、多样化需求

三、竞争独立型模式的选择

在竞争独立型相关制度规范引导之下,相比较其他购买模式,竞争独立型在绩效与公众满意度、公平度、政府职能转型度和社会体育组织发展程度方面有效度相对较高。下面从竞争和独立两个角度探讨竞争独立型模式选择的优势。

(一) 竞争型购买的合理性

在购买过程中,针对服务承接方的选择方式可以竞争和非竞争的定向购买。当前国内对此研究已有部分学者进行二者的比较。竞争型购买,在公共采购领域,为了确保公平、公正和透明,政府通常会采取公开招标的方式进行。双方在没有任何其他关系的情况下,处于平等竞争地位。在这个过程中,政府会综合考虑服务质量、成本收益等多种因素,以确保公共资源的合理分配和利用。公开招标是一种广泛采用的政府采购方式,该措施能够提升采购流程的效率,降低采购的成本,同时有效避免腐败行为的发生。通过公开招标,政府可以吸引更多有实力的企业参与竞争,从而促使各企业提高自身的服务质量和技术水平,以满足政府的需求。相较于竞争型购买,定向购买没有公开招投标的过程。在这种情况下,政府部门或单位会根据实际需求,直接与供应商进行谈判和协商,以确定购买合同。定向购买的优点是能够更加迅速地满足政府部门的需求,但缺点是可能导致资源分配不公,以及可能出现权力寻租等腐败现象。为了确保公共采购的公平性和透明度,各国政府都在努力完善相关制度和法规。根据《中华人民共和国政府采购法》的规定,政府在进行采购活动时必须恪守公开、公平、公正和诚信的原则。为了落实这一目标,政府采取了多种采购方式,包括公开竞标、邀请投标、竞争性商谈、单一来源采办等,以便科学、合理、规范地完成采购任务。这些制度安排旨在有效约束各方行为,能够更好地推动公共资源在分配方面的合理性。通过这些措施,政府能够确保采购过程的透明度和公正性,从而实现成本效益最大化,并避免资源浪费和不合理的支出①。引入竞争机制就是为了通过价格和服务等方面的市场竞争，按照优胜劣汰的市场规则来选择最具有效率的供应商。它有利于增强各竞标方的竞争意识和创新动力，降低生产成本和提高产品服务质量，使公众和社会受益。各组织只有具备生产优质低价的公共服务的相关能力，才有机会通过激烈的市场竞争获得服务订单，显而易见，竞争机制有利于提高生产绩效和需求匹配度。

（二）独立型购买的必要性

根据承接方与购买方的关系，可以将购买模式分为独立型和依赖型。依赖型购买是指在政府与服务提供者之间的购买关系中，政府对服务提供者的依赖性较强，购买行为的产生主要由政府直接委派。此类购买模式中，服务提供者通常缺乏完整的组织架构和运营机制，主要依赖政府的财政补贴以维持运营。因此，在这种购买模式下，虽然存在购买行为，但实质上并没有实现真正的市场化运作。依赖型购买的一个典型例子是政府采购。政府采购是指政府部门为了满足公共服务需求而进行的商品和服务的购买活动。在这种购买模式下，政府部门对供应商的选择、合同的签订、资金的支付等环节具有较大的控制权，而服务提供者则处于相对弱势的地位。由于政府采购的特殊性，政府往往要求服务提供者具备一定的资质和能力，以确保服务质量和效率。政府在采购公共资源时，需要对采购过程进行严格监管，以确保公共资源的合理使用和分配。依赖型购买模式的采用，一定程度上降低了政府的运营成本，使政府部门能够更好地集中精力处理更高层次的事务。此外，政府必须强化对采购程序的监察和管理，保证采购过程公开、透明，防止出现不当行为和腐败现象。只有这样，政府采购公共资源才能更加高效和合理，为公众利益服务。然而，这种购买模式也存在一定的问题。首先，政府对服务的直接控制可能导致服务质量不高，因为服务提供者缺乏市场竞争的压力，可能无法充分发挥其潜力。其次，依赖型购买可能会引发资源配置的失序，因为政府在作出决策时可能受到各种变量因素的干扰，从而对公共资源的使用产生不利作用。此外，依赖型购买还可能导致腐败现象的出现，因为政府在采购过程中拥有较大的权力，可能滥用职权牟

---

① 刘泽伟. 定向购买下政府与教育社会组织的委托代理关系分析[J]. 中国管理信息化,2019,22(3):171-172.

取私利。为了解决依赖型购买带来的问题,许多国家和地区都在努力推进政府采购制度的改革。这些改革措施包括:简化政府采购程序,提高市场透明度;加强对服务提供者的监管,确保公平竞争;引入绩效评价机制,激励服务提供者提高服务质量;加大对腐败行为的惩治力度,保障公共资源的合理使用。通过这些改革措施,有望逐步实现政府和服务提供者之间的合作与竞争相结合,推动公共采购制度的完善和发展。

政府以独立型购买方式来获取公共服务,此方式的特点在于政府与接受公共服务的对象之间存在明显的不同主体身份,彼此之间并无任何上下级或其他形式的关系。相较于依赖关系模式,这种方式更加注重市场原则和自由竞争。服务购买者与提供者之间的身份和职责更加明确,降低了政府行政管理的难度和复杂程度。在独立型购买模式下,政府可以更好地掌握财政资金的利用效益,同时也能够提高公共服务的质量和效率。这意味着,服务购买者可以自由选择服务提供者,而服务提供者也不会受到政府的干预或控制。在独立型购买模式下,服务购买者可以根据自己的需求和预算选择合适的服务提供者,而不必考虑政府的偏好或限制。这种模式下的服务购买通常是基于竞争性招标或竞争性谈判的方式进行的,这样可以确保服务的质量和价格都是合理的。同时,服务购买者也可以通过监督和评估来确保服务提供者履行合同义务,提供高质量的服务。总之,独立型购买模式是一种灵活、高效的公共服务购买方式,它可以促进市场竞争和资源配置的优化,同时也可以保障服务的质量和公平性。因此,在公共服务领域,政府应该积极推广和应用这种购买模式,以提高公共服务的效率和质量①。

两者相比之下,依赖关系意味着服务承接方无法自愿、平等地参与到购买公共服务中来,而且购买方在选择服务承接方时更倾向于与其有依赖关系的组织,这种定向购买关系通常是建立在熟人信任关系或者感性认知的基础之上,从而不利于其他组织公平竞标。相对于其他购买方式,独立型购买模式中的服务承接方在政府购买需求提出之前就已经被广泛使用,并且经过长期的市场机制整合已经具备较为专业化的管理资源和能力,因此公共体育服务的有效性较高。并且独立型购买因其激励机制在组织绩效、管理能力、造血能力等方面不

---

① 于永达,苑全玺,潘星霖.政府购买公共服务的模式选择——基于上海、武汉、无锡三地的比较研究[J].广东行政学院学报,2016,28(4):17-23.

断提高,自身发展良好[①]。

本部分旨在探讨善治视角下政府购买公共体育服务的竞争型购买模式。随着社会发展和公众对体育服务需求的多样化,政府在采购公共体育服务时,竞争型购买成为一种重要的选择。竞争型购买模式通过充分的市场竞争,能够甄别出最优的体育服务提供者,提高整体服务质量。在这一过程中,各服务提供者之间的竞争激励有助于提升服务效率和效果。此外,竞争型购买在经过充分竞争后,能够实现成本的有效压缩,为政府节省大量资金。在公共体育服务采购中,政府部门可以根据自身需求,通过竞争性招标的方式,吸引多家服务提供者参与。这一过程中,政府不仅能保障服务质量的提高,还能增强资源配置的效率。政府部门在设计招标标准时,可以根据公众的实际需求和服务的特点,灵活制定合同条款,以实现最佳的服务输出。

可以说,竞争型购买在公共体育服务采购中具备显著优势。政府部门应充分利用这一模式,以确保公共体育服务的高效、低成本和优质供给。同时,政府还应加强对采购过程的监管和管理,确保公共资源的合理使用,最终实现社会体育服务的全面优化和提升。

四、 购买过程

根据国家当前发布的关于政府购买公共体育服务相关政策文件,可以将竞争独立型购买流程分为四个步骤(图3-2):在经过详尽的研究与讨论后,已确定了该项目的各项服务内容,明确了相关风险,并核算出项目成本。同时,对该项目的预期效益进行了深入的分析。接下来,将进入公开招投标阶段,届时将公开发布项目概要,同时公布评估标准与相关信息,并接收各方递交的投标书。在成功评选出中标者后,将进行合同签订阶段,该阶段包括建立谈判架构、公证审查、权力授予和资金提供等相关细节。最后,在合同签订完成后,将开展合同信息管理、质量评估及绩效评估等监督与评估工作。在这种购买模式下,购买

---

① 毛明明,罗崇敏. 我国政府购买教育服务的主体关系困境及重构路径[J]. 现代教育管理,2016(6):1-9.

者与服务商之间不存在人力和资金上的关联。政府以公开招标的形式确定公共服务的供给对象。一般情况下,该模式有利于降低政府购买公共服务所耗费的成本,同时提升资金的使用效益。下面我们将对这四个步骤进行具体探讨。

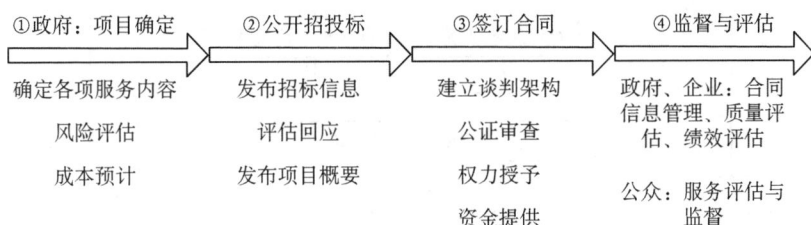

①政府:项目确定　　②公开招投标　　③签订合同　　④监督与评估

確定各项服务内容　　发布招标信息　　建立谈判架构　　政府、企业:合同
　　　　　　　　　　　　　　　　　　　　　　　　　　信息管理、质量评
风险评估　　　　　　评估回应　　　　公证审查　　　　估、绩效评估

成本预计　　　　　　发布项目概要　　权力授予　　　　公众:服务评估与
　　　　　　　　　　　　　　　　　　资金提供　　　　　　　监督

图 3-2　竞争独立型购买流程

1. 项目确定

为了提高公众满意度和公共体育服务质量,政府开始购买公共体育服务。然而,如果政府购买的公共体育服务与社会当前需求不相符合,就会导致供求效率低下和公众满意度不高等问题。因此,在确定项目时,确保供求匹配成为至关重要的环节。

项目确定过程中需要经历三个阶段(图 3-3)。第一阶段,调研和整合社区需求。首先,政府作为购买方委托调查部门对有意向的社区进行需求调查,再结合社区具体情况初步确定服务清单(包括内容、种类、性质),制订初步方案(项目目标、公共价值、潜在提供者、招标评估方式等)。第二阶段,调查部门对初步方案进行可行性分析,对方案中潜在的购买服务项目风险、成本及可获得效益进行估计从而做好预算工作,进一步确定服务项目和资金来源,再将整合的数据信息反馈给政府[①]。第三阶段,政府根据信息制定承接服务的社会市场组织要求及其绩效评价标准,并及时公布[②]。

2. 公开招投标

政府在公布预算和要求后,可以开始进行招标工作。首先,政府需要制作并发布意向邀请函,其中包含项目名称、概要内容、投标商要求及评价标准等相

[①]　王妮丽.欠发达地区城市基层政府购买社区公共服务的困境与突破[J].四川理工学院学报(社会科学版),2019,34(6):74-86.

[②]　吕外.美国政府向非营利组织购买公共服务模式分析及启示[J].江南社会学院学报,2013,15(4):68-71.

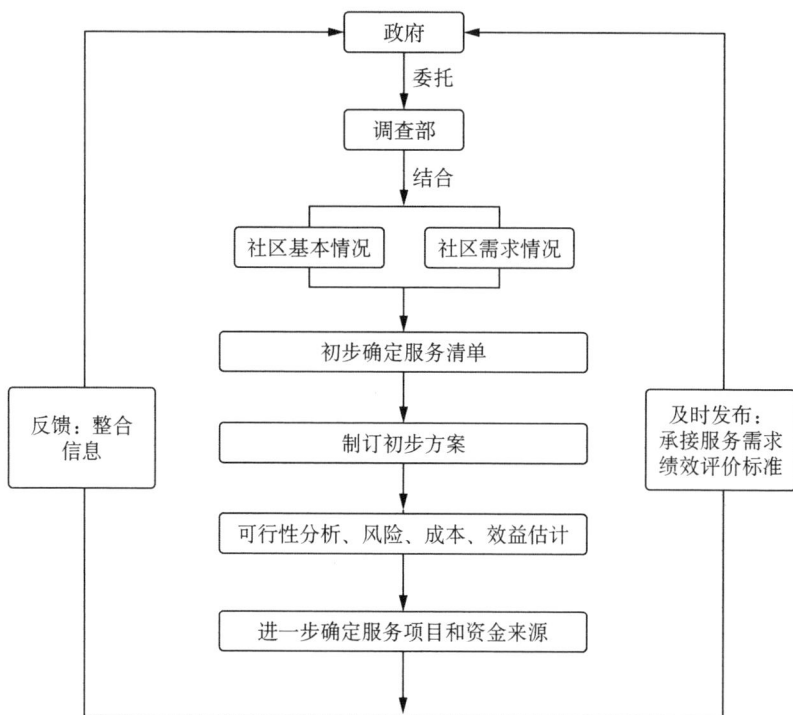

图 3-3 项目确定流程图

关信息。社会组织可以根据这些信息来提交购买公共体育服务项目的申请书，并参与竞争。政府将对申请组织和申请书进行评估，主要考察社会组织的运营能力、服务质量、项目的科学性及效益最大化等方面。最终，政府会选择合适的社会组织，并进行公示。这样的流程可以确保政府采购公共体育服务的公正性和透明度(图 3-4)。

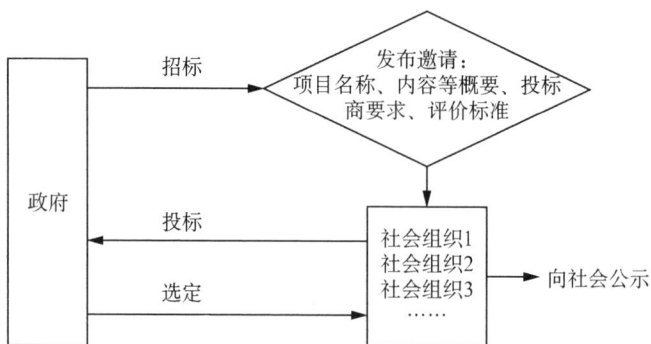

图 3-4 公开招投标流程图

3. 签订合同

政府在公示结束后,将确定和选定社会组织以购买的方式提供公共体育服务,并且双方将会签订合同。在制作合同的过程中,双方需要进行充分的交流和协商,明确购买者和服务承接者各自的职责;同时赋予社会组织一定的权力,在购买服务过程中建立公正审查制度,政府将按照合约提前支付部分资金。服务提供者则可以利用其技术和人力资源优势为公众提供公共服务(图 3-5)[①]。

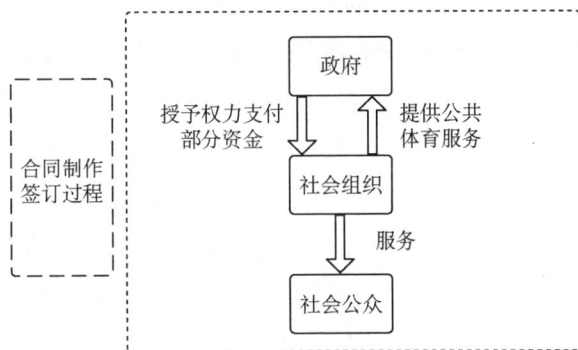

图 3-5　合同签订图

4. 监督与评估

在公共体育服务购买流程中,一旦合同签订完成,政府就会正式向社会市场组织购买服务。此时,三元绩效评估体系将发挥重要作用,由政府、社会组织和公众组成,旨在进行自我和第三方评价与监督。这一体系不仅涵盖政府和社会组织之间的合同信息管理,还包括公众和政府对社会组织提供的公共服务质量评价等内容。政府作为购买方,需要通过绩效评估体系来监督社会组织履行合同的情况,确保其按照约定提供服务,并根据评估结果对社会组织进行奖惩或调整。同时,社会组织也可以通过绩效评估体系对自身的服务质量和绩效进行自我评价,不断改进提升服务水平。而公众作为最终受益者,参与对社会组织提供的公共服务质量进行评价,能够促使社会组织更加关注公众需求,提供更优质的服务。这种三元绩效评估体系的建立,有助于形成全方位的监督机制,保障公共体育服务的质量和效益,同时提升政府与社会组织的合作效率和透明度。通过持续地评估与监督,可以确保购买的公共体育服务能够真正符合

---

① 贺巧知.政府购买公共服务研究[D].北京:财政部财政科学研究所,2014.

社会需求,为公众提供更加满意的体育服务。

在购买公共体育服务的评估过程中,并非一次性操作,而是一个循环交替的历程。一轮评估结束后,该过程将回到上一次评估的起点,再次审视整个流程并做出必要的修改,以确保规范的购买流程得以实施。政府在对购买服务进行验收评估后,将根据社会组织所提供的公共体育服务的数量和服务质量反馈来支付剩余的费用。这种循环的评估和修改过程能够不断完善购买流程,促进服务质量的提升和效率的提高。通过反复地评估和调整,政府和社会组织可以更好地适应市场需求和公众期望,实现公共体育服务的持续改进。同时,这种循环机制也能够及时发现问题和不足之处,及时作出调整和改进,确保购买流程的顺利进行。政府的支付方式也与公共体育服务的实际表现直接相关,这种基于绩效的支付机制有利于激励社会组织提供更优质的服务,同时保障政府资金的有效利用。总体来说,循环的评估与修改过程确保了购买公共体育服务的规范性和高效性,为公众提供了更加优质的体育服务(图 3-6)。

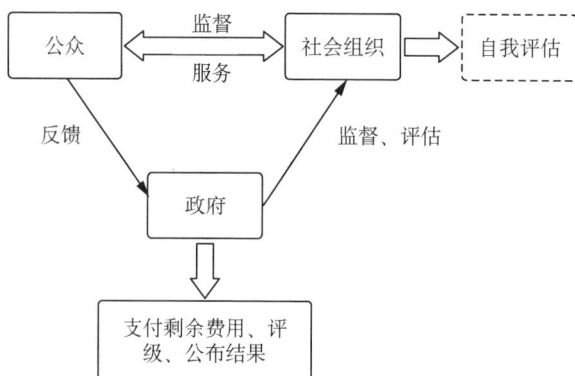

图 3-6 监督评估示意图

五、结构特征

竞争独立型模式中政府、公众和社会组织三方共同目标为公共体育服务。其主要运行机制为竞争-独立运行。运行主体主要包括购买方(政府)、服务方

（社会组织）、被服务方（公众）。该模式的结构特征如图 3-7 所示。

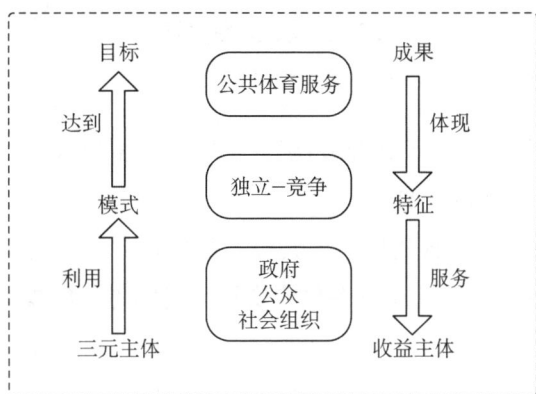

图 3-7 竞争独立型模式

　　竞争独立型模式具有如下特点：首先，购买公共服务的主体和服务的提供者之间存在高度的自主性和独立性。这种独立性表现为双方在地位、功能、目标和决策等方面都相对自主，不受对方的影响和制约。彼此之间的存在并非对方提供服务的必要条件。这种独立性有助于确保市场竞争的公平性，通过加强对服务提供者的监管，营造公平的竞争环境，让其展示各自的优势，可以提高整体的服务质量。其次，公开招投标是竞争独立型购买模式的最显著特点之一。通过公开招标，政府可以公开需求和相关条件，吸引更多的服务提供者参与竞争。这有助于优化资源配置，提高采购效率。再次，通过订立合同契约，为双方权利义务提供了明确的法律保障。在竞争独立型模式中，政府部门或单位与服务提供商之间的合作关系主要是通过签署具有法律约束力的合同来实现的。这种做法有助于确保双方在合作过程中严格遵守法律规定，全面履行各自的责任和义务。最后，公共服务供给的目标是向受益者提供非专有性服务。这意味着，某一组织在履行与政府签订的公共服务合约之外，还允许为其他社会群体提供多元化服务。这种非专有性服务供给模式强调的是，激发服务供给方的创意及积极性，推动其不断升级服务质量，以迎合不同受益群体的需要。同时，非排他性服务也有助于实现组织目标的多样化、提高组织的竞争力和市场份额。

六、 效果评价

在政府购买公共体育服务领域，引入竞争独立型模式，即向社会组织购买公共服务，具有多方面的优势。

第一，这种模式可以有效提高公共服务的质量。通过引入市场机制，价格和服务等方面的市场竞争将促使各供应商按照优胜劣汰的规则竞争，选择最具效率的供应商。这样一来，竞争意识和创新动力将得到增强，供应商将不断努力提高产品和服务质量，从而使公众和社会受益。

第二，培育公共服务市场。在公共管理中，建立公共服务市场被视为一项重要任务。该措施有利于消除政府在公共服务领域的独家垄断现象，促使公共服务实现多元供给。通过这种市场机制，不同的生产者可以通过竞争来获得公共服务的生产权。这种竞争机制可以激励生产者创新，并且使得公共服务的提供者更加高效。因此，政府应积极推动建立公共服务市场，借此提升公共服务品质与效率，为全民提高身体素质和健康水平提供坚实的物质基础。

第三，降低政府的管理成本。降低政府管理成本是公共管理领域的首要任务之一。通过创建公共服务市场，政府可以将其资源集中在具有比较优势的公共服务领域，从而更好地执行政策规划、标准制定、资金预算及绩效管理等相关工作，这不仅增强公共服务的公平性和公正性，还能提高服务质量。同时，通过引入竞争机制，可以有效降低政府的行政成本，使政府运作更为高效，以便为公众提供更优质的服务。这一举措还有助于确保公共资源的最优配置，进一步提高公共服务的公平性和公正性。因此，政府应当积极引导和培育公共服务市场的发展，为了降低政府的管理成本，提高公共服务的质量和效率，我们需要采取一系列措施。这些措施包括加强体育设施建设、普及健身知识、完善体育人才培养体系等。通过这些努力，为居民身体素质的提升和人民群众健康水平的提高奠定坚实的物质基础①。

第四，防止腐败和利益输送。通过培育公共服务市场，由社会力量提供的

---

① 李军鹏.政府购买公共服务的学理因由、典型模式与推进策略[J].改革,2013(12):17-29.

公共服务能够有效降低政府寻租和腐败的风险,对于推动服务型政府的建设具有积极的影响。政府寻租和腐败现象的存在不仅损害政府形象和公信力,也严重阻碍公共事业的发展。通过培育公共服务市场,通过有序的市场竞争机制,可以推动公共服务供给者不断提升服务品质和效率。提升服务水平,降低成本,更好地满足人民群众的需求。因此,政府应主动引导并培育公共服务市场,以防止腐败和利益输送,提高公共服务的质量和效率。这将有助于为提升全民健康水平和提高人民群众身体素质奠定坚实的物质基础。

七、 实施缺陷

(一)"现实市场"与"理想市场"差距明显

支持并倡导政府购买公共服务的理论体系通常都以市场具备充分竞争条件和大量参与方为基础的共同假设。在这种理想市场状态下,政府可以通过购买公共服务的方式引入市场竞争,从而带来多方面的优势,包括提升服务效率、降低公共服务成本,以及优化服务品质。然而,现实中的市场情况往往并非如此,政府常常面临的是参与主体不积极甚至缺乏的"现实市场"。在现实市场中,服务供应商可能存在垄断、信息不对称或者行业集中度高等问题,导致市场竞争不充分。这种情况下,政府购买公共服务的效果可能受到限制。在缺乏竞争的市场中,服务供应商缺乏动力去提高服务质量和效率,因为他们没有面临竞争的压力。政府购买服务的成本也可能会过高,因为缺乏竞争的市场环境使得供应商可以通过垄断或者价格操纵等手段来获取更高的收益。此外,现实市场中还存在信息不对称的问题。政府在购买公共服务时,可能无法准确了解服务供应商的真实情况,包括服务质量、成本结构等信息。这种信息不对称可能导致政府在选择供应商时出现偏差,从而影响服务的质量和效果。另外,现实市场中的服务供应商可能存在道德风险问题。政府购买公共服务时,可能会面临一些供应商为了牟取私利而采取不正当手段,如贿赂、欺诈等行为,从而损害公共利益。这种道德风险可能会影响政府购买公共服务的效果和可持续性。针对现实市场中存在的问题,政府可以采取一系列措施来提升政府购买公共服务的效果。首先,政府可以通过建立完善的监管机制和评估体系,对服务供应商进行监督和评估,确保其提供的服务符合政府的需求和标准。其次,政府可以通过引入竞争性招标和拍卖等方式,促使供应商之间展开竞争,提高服务质量和效率。此外,政府还可以加强信息公开和透明度,提高市场的透明度,减少信息不对称问题的发生。最后,政府还可以建立健全的法律法规和监督机制,对违法违规行为进行惩处,提高市场的诚信度和公平性。综上所述,尽管现实市场存在着种种问题,但政府购买公共服务的模式仍然具有重要的意义和潜力。政府可以通过改革市场机制、加强监管和监督等方式,克服现实市场中存在的问题,提升政府购买公共服务的效果,推动公共服务领域的发展和改进[①]。

(二)政府购买公共服务信息公开不充分,制度仍需完善

政府购买公共服务是一种重要的公共管理方式,可以有效提高公共服务的效率和质量。然而,在当前情况下,政府购买公共服务的信息公开仍然存在诸多制度上的不足,这对于公共服务的规范化和有效性构成了一定的挑战。在公共服务购买的信息发布方面,存在着发布不规范的问题。在很多情况下,招标文件中对于技术标准、评标办法等关键信息的披露并不清晰明了,甚至存在虚假公布和模糊公布等违法行为。这种情况不仅违背了公平竞争的原则,也给社会组织参与竞标带来了困难。缺乏透明度和规范性的信息发布,容易导致潜在的腐败问题,影响政府购买公共服务的公信力和效果。另外,公共服务购买信息的发布还不够充分。目前,信息公开的范围相对较小,还没有建立起一个内容全面、层次分明的政府购买公共服务电子化信息平台。这种局面限制了社会公众对政府购买公共服务相关信息的获取,也阻碍了社会监督作用的发挥。缺乏信息公开的透明度和广泛性,容易滋生腐败和不公正行为,损害公共服务的公信力和社会效益。为了解决上述问题,我们需要进一步完善相关的信息公开制度,增强政府购买公共服务信息的透明度和公平性。首先,政府应该加强对招标文件和评标细则的审核,确保关键信息的准确披露和规范发布,避免虚假和模糊公布的情况发生。其次,政府应该建立一个全面、高效的政府购买公共服务电子化信息平台,将相关信息进行分类整理和层级公开,方便公众查询和监督。同时,政府还应该加强对信息公开制度的宣传和培训,提高相关部门和

人员的信息公开意识与能力,确保信息公开工作的顺利进行。通过以上措施的实施,可以提升政府购买公共服务的信息公开水平,增强公共服务的透明度和公平性,促进社会公众的参与和监督,提高公共服务的质量和效率。只有建立一个规范、透明的信息公开机制,政府购买公共服务才能更好地为公众提供优质、高效的公共服务,实现社会共同利益的最大化。

(三)绩效评估程序不够合理,不符合的服务无法及时得到纠正

政府购买公共体育服务的绩效评估程序是确保公共服务高效运行和质量提升的重要环节。目前,这一程序主要包括组织移交服务项目数据整理、第三方机构调研、评估报告撰写和评估结果应用等几个阶段。然而,在实际调研中,我们发现绩效评估程序存在诸多问题,需要进一步加强和改进。首先,购买方和服务提供者在项目确立阶段未能明确设定服务目标和绩效目标。缺乏明确的绩效目标会导致整个服务购买过程缺乏有效的绩效约束,难以对服务质量和效率进行科学评估。双方应当在合同签订前明确定义服务目标和绩效指标,明确双方的责任和义务,以便在后续的绩效评估中有明确的标准可循。其次,目前缺乏实时的动态监督评估机制,无法及时将消费者的反馈传达给服务组织,也就无法及时纠正不符合要求的服务行为。消费者的满意度和需求是评估服务质量的重要指标,但如果没有及时的监督和反馈机制,服务提供者很难了解消费者的真实需求和意见,也就无法及时改进服务质量。因此,建立起动态监督评估机制,及时收集消费者反馈,对服务质量进行动态调整和改进,是提高公共体育服务绩效的关键。为更好地加强政府购买公共体育服务的绩效评估程序:首先,购买方和服务提供者在项目确立阶段应明确设定服务目标和绩效目标,并将其纳入合同中作为绩效评估的依据。双方应共同商定评估指标和评估方法,确保评估的客观性和科学性。其次,建立动态监督评估机制,通过定期调查、消费者反馈、投诉处理等方式,及时了解服务质量和消费者满意度,对服务进行动态调整和改进。同时,要求服务提供者建立健全的反馈机制,及时处理消费者的投诉和意见,确保服务质量的持续改进。此外,加强评估报告的撰写和应用,确保评估结果客观真实、具有说服力。评估报告应当全面反映服务质量和效果,提出具体的改进建议和措施,为政府决策和服务提供者改进提供有力支持。综上所述,政府购买公共体育服务的绩效评估程序是提高公共服务质

量和效率的关键环节。通过加强目标设定和动态监督，可以有效提高绩效评估的科学性和有效性，促进公共体育服务的持续改进和提升，最终实现社会共同利益的最大化。只有不断完善绩效评估程序，才能确保政府购买公共体育服务的有效实施和社会效益的最大化。

八、案例解析

（一）案例介绍

2013 年 8 月，国家体育总局确定武汉市为"科学健身研究示范城市"，在此契机下，武汉市启动了"江城健身 E 家"项目，通过创新手段改善市民的体育锻炼体验，提升整个城市的健康水平。这一举措代表了政府对城市居民健康的高度重视，也展现了对科技在体育领域发展中的重要作用的认可。为实现这一雄心勃勃的目标，武汉市政府采用了先进的深度集成设备网络和高效完善的管理云平台，将社区居民、体育主管部门和专业化管理公司紧密联系在一起，构建起一个紧密互联的体育健身网络。在市级系统方面，武汉市体育局和武汉市体育科学研究所携手共建了一个全市居民健身示范主控中心，作为市级系统的核心枢纽和指挥中心。这个中心不仅是信息汇聚的重要场所，更是协调各方资源、推动健身活动发展的关键机构。在区级系统方面，各区文体局和居民社区纷纷建立了约 40 个社区体质监测站和群众健身锻炼中心，这些地点遍布城市的各个角落，为社区居民提供便捷的体育锻炼咨询和运动康复治疗等一系列科学健身服务。这些体育设施的建设不仅丰富了社区居民的健身选择，更让他们在家门口就能享受到高质量的体育锻炼服务，促进了全民健康水平的整体提升。这些措施，不仅仅是为了提供更多元化的健身选择，更是为了激发市民对健康生活的热情，推动全民健身运动的蓬勃发展。通过科技手段的运用，政府与社区、专业机构之间的合作更加紧密，资源得到更有效地整合和利用，为城市居民打造了一个更加健康、活力四射的生活环境。在这个科技日新月异的时代，武汉市政府的这一举措也体现了城市管理者对新技术的积极拥抱和应用。通过将科技与健身结合，不仅提升了城市的科技含量和智慧化水平，同时也为城市居民带来了更便利、更高品质的健身体验。这种创新性的举措不仅仅是一次体育设施的建设,更是对城市发展理念的创新和提升,为武汉市的可持续发展注入了新的活力和动力。总的来说,武汉市政府实施的举措,将为城市居民提供更多元、更便捷、更科学的体育健身服务,推动全民健康事业向前迈进,展现了一个现代化城市政府的担当和责任。这一计划的成功实施不仅将让武汉市民享受到更健康、更美好的生活,也将为其他城市提供宝贵的经验和借鉴,推动全国范围内的健康生活方式的普及和推广①。

(二) 案例实施

为了有效促进群众体育事业的发展,武汉市政府采取了一项创新型的"体育服务中心"模式。这一模式旨在为市民提供全方位的体育服务,包括开放优质的体育设施、提供专业的体育培训课程、举办多样化的体育活动及组织城市级体育竞赛。通过这一模式,武汉市政府致力于提升市民的体育认知和健康意识,同时进一步推动城市体育事业的发展。在这一"体育服务中心"模式下,武汉市政府将身体功能检测、健身锻炼和运动康复三者有机结合,形成一套常态化的完整科学健康管理体系。这一体系不仅包含了宣传的功能,还兼具指导、干预和治疗等多个方面的功能。通过科学的体能检测,市民可以了解自己的身体状况,为合理的健身锻炼提供依据。同时,针对不同的健身需求,体育服务中心还提供专业的健身培训课程,帮助市民制订科学的健身计划,提高健身效果。除了提供个性化的健身服务,体育服务中心还举办多样化的体育活动,如健身比赛、运动会等,吸引市民参与,增强市民的体育兴趣和参与度。同时,体育服务中心还组织城市级体育竞赛,为热爱体育运动的市民提供展示自己的舞台,激发市民的体育热情,促进全民健身事业的蓬勃发展。在这一"体育服务中心"模式下,武汉市政府将体育服务与健康管理有机结合,为市民提供全方位的体育服务。通过这一模式,市民不仅可以享受到优质的体育设施和专业的健身培训,还可以参与多样化的体育活动,提升自身体育水平,增强体质健康。同时,这一模式也有助于推动城市体育事业的发展,促进全民健身事业的蓬勃发展。总的来说,武汉市政府推行的"体育服务中心"模式是一种创新举措,旨在提升市民的体育认知和健康意识、推动城市体育事业的发展。通过提供全方位的体

---

① 任彬彬.政府购买公共体育服务的实践与反思:以武汉市购买社区体育服务为例[J].体育科技文献通报,2015,23(8):109-111.

育服务,包括开放优质的体育设施、提供专业的体育培训课程、举办多样化的体育活动及组织城市级体育竞赛,武汉市政府为市民营造了良好的体育健康氛围,促进了全民健身事业的发展。这一模式的成功实施不仅将使市民受益,也将为其他城市提供借鉴和经验,推动全国范围内健康生活方式的普及和推广。

(三) 案例模式

武汉市人民政府一直致力于推动全民健身事业的发展,为此计划启动一项名为"江城健身 E 家"的构建工作。这一项目的核心理念是通过运用市场机制,购买政府服务,并突出公益优先,以普惠市民健身。截至 2014 年,已经成功地完成了 1 个中心店和 1 个社区店的设立,为市民提供了全方位的体育服务。江城健身 E 家项目根据市场需求进行管理,并采用市场管理机制,由独立的第三方创业团队负责运营及管理(图 3-8)。这一模式旨在将政府的资源与市场的灵活性相结合,更好地满足市民的健身需求。项目主要面向居民进行身体状况检查、健康风险评定及健身的指导等服务,帮助市民制订科学的健身计划,提高健身效果。江城健身 E 家项目的目标在于构建一个社区体育服务中心,旨在满足社区居民的健康需求并推动社区体育事业的发展。通过提供优质的体育设施、专业的健身培训课程和多样化的体育活动,该项目将为社区居民提供更多选择,增强他们的体育意识和参与度。同时,江城健身 E 家也将组织各类体育竞赛,为热爱体育运动的市民提供展示自己的舞台,激发市民的体育热情,促进全民健身事业的蓬勃发展。实际上,政府购买公共体育服务亦为江城健身 E 家项目的重点内容之一。政府将通过购买服务的方式,向第三方创业团队支付一定的费用,以提供优质的体育服务给市民。这一购买模式旨在激励市场主体提供更好的服务,同时也可以更好地利用政府资源,推动全民健身事业的发展。通过这种方式,政府可以更好地发挥引导和监督作用,确保市民能够享受到高质量的体育服务。江城健身 E 家项目的推出将为武汉市民提供更多元化的健身选择,促进全民健身事业的发展。通过政府购买公共体育服务的模式,将政府资源与市场机制相结合,为市民提供更优质的体育服务。同时,江城健身 E 家也将成为社区居民健身的新选择,为他们提供更便捷、更专业的健身服务,推动社区体育事业的发展。这一项目的实施将为武汉市民带来更多健康快乐的生活方式,促进城市体育事业的繁荣发展。

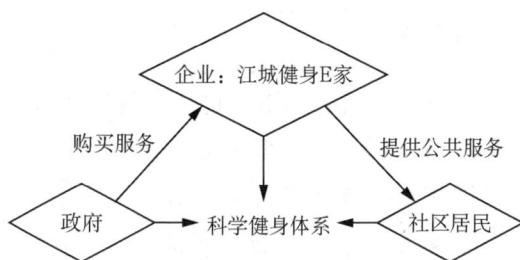

图 3-8 武汉市政府购买公共体育服务模式图

（四）案例小结

武汉市江城健身 E 家项目是一个富有创新精神的公共体育服务模式,体现了政府在推动全民健身事业中的战略性思考与执行。该项目的核心价值在于通过市场机制与政府资源的创新整合,构建面向社区的体育服务生态系统。这一模式的关键特征主要体现在三个方面:首先,项目采用政府购买服务的创新方式,由第三方创业团队负责运营,这一机制既激活了市场活力,又保证了服务的公益性质。其次,项目围绕社区居民的健身需求,提供全方位的体育服务,包括身体状况检测、健康风险评估、科学健身指导等,不仅仅是提供场地和设施,更注重个性化的健康管理。最后,该项目具有多元化的社会价值。通过建立中心店和社区店,组织各类体育竞赛,不仅为市民提供了便捷的健身渠道,还在潜移默化中提升了市民的体育意识和参与度,为城市体育事业的可持续发展奠定了社会基础。这一案例充分展示了政府职能转型的创新路径,即从直接提供服务转向购买服务、引导服务,通过市场机制提高公共服务的效率和质量,为其他公共服务领域提供了有益的借鉴。

九、 实现机制

竞争独立型政府购买公共体育服务模式是一种创新的公共服务提供方式,它融合了市场机制与政府监管,旨在提高公共体育服务的质量和效率。以下是对这一模式实现机制的详细阐释。

（一）契约化治理机制

契约化购买是这一模式的核心机制。它基于新公共管理理论和委托代理理论，通过引入契约关系来规范政府与服务提供者之间的互动。强调通过明确的契约来降低交易成本，提高资源配置效率。第一，需求评估：政府通过调研了解公众对体育服务的需求，如对特定运动项目的偏好、对体育设施的使用频率等。第二，服务设计：基于需求评估结果，设计具体的体育服务项目，如社区健身课程、青少年体育培训等。第三，招标与选择：通过公开招标，选择最适合的体育服务提供者。选择标准不仅包括价格，还应考虑服务质量、专业能力等因素。第四，契约签订：与中标的服务提供者签订详细的服务合同，明确服务内容、质量标准、考核指标、付款方式等。第五，服务提供与监督：服务提供者按合同要求提供体育服务，政府进行定期监督和评估。第六，绩效评估与反馈：根据合同中的考核指标，定期评估服务质量和效果，并提供反馈以持续改进服务。

（二）市场竞争机制

在政府购买公共体育服务的实现机制中，市场竞争机制是一个核心要素，尤其在竞争独立型模式下发挥着关键作用。这一机制的理论基础源于完全竞争市场理论和公共选择理论，旨在通过引入市场的"看不见的手"来优化公共体育资源的配置。

第一，公开竞争选择服务提供者。政府通过公开招标、竞争性谈判等方式，在市场中选择最适合的公共体育服务提供者。这一过程要求政府制定明确的评估标准，包括体育服务质量、价格、提供者的专业资质等多个维度。例如，在选择社区体育设施运营商时，政府可能会考虑其过往管理经验、专业团队配置、服务方案创新性等因素。

第二，提高公共体育服务质量。竞争机制激励各服务提供者不断提升自身能力，优化体育服务方案。为了在激烈的市场竞争中脱颖而出，服务提供者会更加注重提高教练员素质、完善体育设施、创新服务内容等，从而提升整体公共体育服务质量。例如，一些体育场馆运营商可能会引入智能化管理系统，提供更便捷的预约和使用体验。

第三，控制成本，提高效率。市场竞争机制有助于控制公共体育服务的成本,提高公共资金使用效率。通过竞争性定价,政府可以在确保服务质量的同时,以更低的价格获得所需的公共体育服务。这不仅节约了财政支出,也使得有限的体育资金能够惠及更多群众。

第四,促进公共体育服务创新。在竞争环境下,服务提供者为了获得竞争优势,会更加积极地进行服务创新。这可能包括引入新的体育项目、开发针对特定人群(如老年人、残障人士)的专门服务、利用新技术提升服务体验等。这种创新驱动有助于丰富公共体育服务的内容和形式,更好地满足多元化的群众需求。

第五,优化资源配置。通过市场竞争机制,可以实现公共体育资源的最优配置。具有较强实力和专业能力的服务提供者更容易获得政府购买合同,从而使得优质资源得到充分利用。同时,这也倒逼资质较弱的提供者改进服务,或者退出市场,实现优胜劣汰。

第六,提高透明度和公平性。公开竞争过程有助于提高政府购买公共体育服务的透明度和公平性。通过公开招标、信息公示等手段,可以有效防止暗箱操作和利益输送,确保公共资金的合理使用,增强公众对政府购买行为的信任。

(三) 信息公开与透明度机制

公平透明的交易是保证这一模式有效运行的重要保障,它减少了信息不对称,提高了交易效率。这一机制基于信息经济学理论,特别是阿克洛夫的"柠檬市场"理论。通过减少信息不对称来提高市场效率。

第一,购买过程信息公开。政府在购买公共体育服务的过程中,应当公开相关信息,包括招标文件、评估标准、中标结果等。例如,在采购社区体育指导员服务时,政府需要公布详细的招标要求,如指导员的资质要求、服务内容、评分标准等。这种公开性有助于吸引更多合格的体育服务提供者参与竞标,提高竞争的公平性和有效性。

第二,服务提供过程信息透明。在公共体育服务提供的过程中,相关信息也应向公众公开。这可能包括服务时间表、场地使用情况、教练员资质、服务满意度评价等。例如,对于政府购买的公共体育场馆运营服务,可以通过网站或移动应用程序实时公布场地使用情况,方便市民查询和预约。

第三,降低交易成本。信息公开机制能够显著降低政府购买公共体育服务的交易成本。通过减少信息不对称,服务提供者能够更准确地了解政府的需求和标准,从而提供更有针对性的方案,减少无效投标。同时,政府也能更好地了解市场情况,制订更合理的采购策略和预算。

第四,增强公众监督。信息公开为公众监督提供了基础。市民可以通过公开的信息了解政府购买公共体育服务的过程和结果,并对服务质量进行评价和反馈。例如,可以设立公众评价平台,让市民对体育场馆的服务、社区体育活动的组织等进行评分和评论,这些信息可以作为续约或重新招标的重要参考。

第五,提高服务公信力和满意度。透明的信息机制有助于提高公共体育服务的公信力。当市民能够清楚地了解服务内容、标准和评价时,他们更容易对服务产生信任,从而提高整体满意度。例如,公开公共游泳池的水质检测报告,可以增强市民使用设施的信心。

第六,促进公平竞争。信息公开机制可以有效防止暗箱操作和利益输送,确保公共体育服务市场的公平竞争。当所有潜在的服务提供者都能获得同等的信息时,竞争就会更加公平,有利于优质服务提供者的脱颖而出。

第七,优化资源配置。通过信息公开,政府可以更准确地了解公众对公共体育服务的需求和偏好。这有助于政府在购买服务时做出更合理的决策,实现公共体育资源的优化配置。例如,通过公开调查和反馈,政府可能发现某个社区对特定体育项目的需求较高,从而在购买服务时予以重点考虑。

第八,促进服务创新。信息的透明化可以促进公共体育服务的创新。当服务提供者能够清楚地了解政府和公众的需求时,他们更有动力开发新的服务模式或改进现有服务。例如,通过公开的市场需求信息,服务提供者可能会开发针对特定人群(如老年人、残障人士)的专门体育项目。

(四) 权责明晰化机制

权责明确是确保公共体育服务顺利实施的基础,它明确了政府和承接方在服务提供过程中的角色和责任。这一机制源于产权理论和激励理论。产权理论强调明晰的产权是提高资源配置效率的关键,而在政府购买公共体育服务中,通过明确划分各方权责,可以有效避免责任推诿和权力越位。激励理论则指出,明确的权责划分可以提供正确的激励,促使政府和承接方各司其职,履行自身职责,从而提高公共体育服务的质量和效率。

第一，服务内容的明确化。政府需要在购买协议中详细规定承接方需要提供的具体公共体育服务，如组织体育赛事、开展全民健身活动、管理体育场馆等。例如，可以明确规定承接方每年需要组织多少场次的群众性体育活动，或者具体负责哪些公共体育设施的日常运营和维护。这种明确化有助于避免服务内容的模糊不清，保证公共体育服务的全面性和针对性。

第二，质量标准的量化。制定科学合理的公共体育服务质量评估指标，如参与人数、群众满意度、安全事故发生率等。这些指标应当尽可能量化，便于考核和评估。例如，可以设定全民健身活动的年度参与人次目标，或者体育场馆使用率的最低标准。量化的质量标准为服务质量的提升提供了明确的目标和方向。

第三，考核方式的多元化。设置科学合理的考核机制，如定期评估、第三方评估、群众评议等，以确保服务质量。多元化的考核方式可以全面、客观地评估公共体育服务的实际效果。例如，可以引入专业的第三方机构对体育场馆的管理水平进行评估，或者定期开展群众满意度调查，了解服务对象的真实感受。

第四，奖惩机制的激励性。根据考核结果，制定相应的奖励和处罚措施，激励承接方提供高质量服务。例如，可以设立优秀服务奖，对表现突出的承接方给予额外的资金支持或优先续约权；对于未达到服务标准的承接方，则可以采取扣减服务费、限期整改甚至取消资格等处罚措施。这种奖惩分明的机制有助于调动承接方的积极性，持续改进服务质量。

第五，政府职责的全面性。明确政府在监管、支持和协调方面的责任，如提供必要的政策支持、财政资金等。政府应当发挥宏观调控和监督管理的作用，而不是简单地将服务外包出去就不管不问。例如，政府需要建立健全的公共体育服务政策体系，提供必要的财政支持，协调解决服务过程中遇到的困难和问题。同时，政府还应当加强对承接方的监督和指导，确保公共体育服务的公益性和普惠性。

第六，承接方权利的保障性。规定承接方在提供服务过程中应享有的权利，如获得合理报酬、使用公共体育设施等。这些权利的保障是承接方积极参与和持续投入的重要基础。例如，可以明确规定承接方使用公共体育设施的优先权，或者在服务创新方面的自主权。同时，还应当保障承接方按时获得服务费用，避免拖欠现象的发生。

（五）专业化服务机制

专业化和经验丰富的服务提供者是保证服务质量的关键因素。这一机制强调利用社会专业力量来提供公共服务。这一机制基于核心竞争力理论和资源基础观。专业化的服务提供者能够集中资源，形成核心竞争力，提供更高质量的服务。

第一，服务提供者选择的专业化。政府在选择公共体育服务提供者时，应重点考察其专业背景、服务经验和管理能力。例如，在选择体育场馆运营商时，会优先考虑具有丰富场馆管理经验、专业体育设施维护能力和创新运营理念的机构。这可以通过设置严格的准入标准，如要求投标机构提供过往项目经验、专业资质证书、核心团队履历等。同时，可以采用综合评分制，将专业能力作为重要的评分指标，确保选择到最具专业实力的服务提供者。

第二，专业能力培养的系统化。政府应鼓励并支持服务提供者不断提升自身专业水平。这可以通过多种方式实现：①组织定期培训，如举办体育赛事管理、全民健身指导、体育设施维护等专题培训，提高承接方的专业技能；②搭建交流平台，组织行业交流会，邀请国内外专家分享先进经验，促进服务提供者之间的学习和交流；③建立合作机制，与高校、科研院所合作，为服务提供者提供持续的学习和研究机会；④设立专项基金，支持服务提供者开展专业技能提升项目或参与国际交流。

第三，资源整合的高效化。专业化的服务提供者能够高效整合各类资源，形成核心竞争力。在公共体育服务领域，这可能表现为：①场地资源整合，如统筹管理多个体育场馆，实现资源的最优配置和使用效率的最大化；②人才资源整合，汇聚各类体育专业人才，如教练、裁判、管理人员等，形成专业的服务团队；③技术资源整合，引入先进的体育科技和管理技术，如智能化场馆管理系统、科学化训练方法等；④品牌资源整合，利用自身的专业优势打造公共体育服务品牌，提升服务的影响力和吸引力。

第四，多样化需求满足的精准化。专业化服务可以更好地满足公众多样化的公共体育需求。不同的专业机构可以针对不同的体育项目或人群提供专门服务：①青少年体育培训，专注于青少年体育素质培养和兴趣培育的专业机构；②老年人健身指导，针对老年人生理特点设计安全、有效的健身方案的专业团队;③特殊群体体育康复,为残疾人、慢性病患者等特殊群体提供专业的体育康复服务;④高水平竞技训练,为有潜力的运动员提供专业的训练指导,助力竞技体育发展。

第五,创新推动的持续化。专业化服务机制能促进公共体育服务领域的创新和发展。专业服务提供者往往更了解行业前沿,能够引入新的服务理念和方法。例如,①引入智能化体育设施管理系统,提高场馆使用效率和用户体验;②开发线上线下结合的公共体育服务模式,扩大服务覆盖范围;③应用大数据分析技术,精准把握公众体育需求,优化服务供给;④探索"体育+"模式,如"体育+旅游""体育+教育"等,拓展公共体育服务的内涵和外延。

(六)绩效评估与反馈机制

这一机制旨在持续提高公共服务质量和效率,是整个模式的重要组成部分。理论基础为基于全面质量管理理论和持续改进理论,通过持续地评估和反馈来不断优化服务质量。

第一,建立科学评估体系。政府需要建立一套科学、全面的绩效评估体系,定期对公共体育服务质量进行评估。该体系主要包括:服务覆盖率,如全民健身活动的参与人数、体育场馆的使用率等;服务质量,如体育培训的专业性、体育赛事的组织水平等;公众满意度,通过问卷调查等方式收集服务对象的评价;成本效益,评估投入与产出的比例,确保公共资金的有效使用;创新性,评估服务提供者在公共体育服务中引入的创新举措。

第二,定期实施评估。根据制定的评估体系,定期(如每季度或每年)对公共体育服务提供者进行评估。这可能包括:现场考察,如实地考察体育场馆的管理状况;数据分析,如分析全民健身活动的参与数据;专家评估,邀请体育领域专家进行专业评判;公众调查,收集服务对象的反馈意见。

第三,应用评估结果。评估结果可作为续约和未来合作的重要依据。例如,对表现优秀的服务提供者,可以给予续约优先权或增加合作项目;对表现不佳的提供者,可能会要求整改或终止合作,评估结果可以作为调整服务内容和标准的依据。

第四,建立用户反馈机制。建立及时、有效的用户反馈机制,收集公众对公共体育服务的意见。这可能包括:在线反馈平台,如建立公共体育服务应用

（APP），允许用户随时提供反馈；定期满意度调查，如每季度进行一次公众满意度问卷调查；意见箱设置，在体育场馆等场所设置意见箱，收集现场反馈；热线电话，设立专门的公共体育服务咨询和投诉热线。

第五，运用反馈结果。及时分析和运用反馈结果包括：向服务提供者传达用户反馈，要求其针对性改进；根据反馈调整服务内容和标准，如增加热门体育项目的开放时间；将反馈结果纳入下一轮评估指标，形成闭环管理。

十、 政府责任因子调查问卷编制

（一）公共体育服务中竞争独立型模式下政府责任因子的理论基础与结构假设

政府购买公共体育服务一直是一个备受关注的话题，其中竞争独立型模式作为一种新型的政府购买方式在近年来受到越来越多的重视。通过对这一模式的案例进行分析整合，可以深入学习国内外竞争独立型模式下政府购买公共体育服务中政府责任管理的成功经验，从善治理论视角出发，对政府责任因子实现机制进行深入研究。首先，竞争独立型模式是指政府通过公开招标等方式，与独立的第三方机构或组织签订合同，从而购买公共体育服务。在这种模式下，政府与服务提供者的关系更加独立且具有竞争性，各方都有明确的责任和权利。在实际操作中，政府采取竞争性的方式选择服务提供者，以确保服务质量和效率的提升，同时促进公共体育服务市场的竞争。在国内外的案例中，竞争独立型模式已经取得了一些成功的经验。例如，一些国家的政府通过这种方式购买体育场馆管理、体育赛事组织等服务，有效地提升了公共体育服务的质量和覆盖范围。同时，这种模式也促进了市场竞争，激发了服务提供者的创新和活力，推动了公共体育服务的不断改进和发展。从善治理论的视角来看，政府责任管理是竞争独立型模式下的重要环节。政府在购买公共体育服务时，需要明确自身的责任和义务，确保服务提供者按照合同履行其责任，并对服务质量进行监督和评估。政府应当建立健全的管理机制，通过信息公开、监督评估等手段，确保公共体育服务的质量和效果。

在实践中，政府可以通过以下几种方式来实现政府责任因子的机制：首先，建立规范的政府购买制度和程序,明确政府与服务提供者的权责关系,确保政府购买行为的透明和公正;其次,建立监督评估机制,对服务提供者的绩效进行监督和评估,及时发现问题并采取措施加以解决;再次,加强信息公开和交流沟通,与服务提供者建立良好的合作关系,共同促进公共体育服务的提升。总的来说,竞争独立型模式为政府购买公共体育服务提供了一种新的思路和方式。通过深入学习国内外的成功案例,从善治理论的视角出发,对政府责任因子实现机制进行深入研究,可以为政府购买公共体育服务提供更加科学和有效的管理方法,促进公共体育服务的不断完善和提升。

善治二字当中,"善"包含了善于治和长于治,二者的目标都在以治而善,维系协调有序的状态,实现有关政策的协调稳定,人们普遍认为,良好的治理包括以下几个方面:政府间的权力制衡、权力下放,服务的高效、公平和独立,以此建立平等、自由和有效的管理制度[①]。在推行治理模式的进程中,政府在采购公共体育服务时应遵循公平、公开、公正的原则,保证公共体育服务的供给与居民的体育需求相匹配。要实现公平服务,不仅要确保服务的公平性,还要确保服务提供方之间的权力分配公平。政府在下放权力的过程中,首先应该考虑政府与社会组织的分离,以便更好地促进社会组织参与公共体育服务的提供。同时,政府激发社会组织和居民的积极性和创造性,实现公众对公共体育服务的监督。通过这样的方式,可以建立起一个健全的公共体育服务体系,以满足居民的多样化需求,并确保服务的质量和效果。三方——政府、社会组织和公众,需要协调配合,承上启下,以实现善治理论的最终目标。基于善治理论、国内外竞争独立型模式的内涵、特征、案例及文件精神引导,提出了《竞争独立型模式下政府购买公共体育服务责任因子调查问卷》的理论模型假设,其由法律责任(立法机关、司法机关对行政部门实施法律监督和惩罚)、经济责任(财政安排、资金补贴)、社会责任(民主参与、保障民生、支持力度)、监管责任(监督评估、绩效监督、进入监管、价格监管等)、专业责任(政府进行管理、培训和计划)、层级责任(政府内部上下级责任关系)、政治责任(政府制定政策、对社会进行回应、问责)7个维度组成。

---

① 庄晓华. 善治:高校内部管理改革新路[J]. 长春理工大学学报(社会科学版),2014,27(12):144-146.

（二）竞争独立型模式下政府责任因子调查问卷设计

为了深入研究竞争独立型模式下政府购买公共体育服务责任因子，以更好地推动政府履行公共服务职能，本研究根据 7 个维度设计了一份调查问卷，以竞争独立型模式下政府购买公共体育服务责任因子为研究对象。首先，我们初步设计了 54 个题目作为问卷，进行了预调查。在此之后，借助项目分析、题目相关性检验及探索性因子分析等多种统计方法，删减了部分题目，最终构建了复测问卷。随后，我们采取复测的方式进行了新一轮的调查。最后，在进行验证性因子分析和信效度检验的基础上，形成了正式的问卷。

1. 初始问卷调查

根据收集的资料，将《竞争独立型模式下政府购买公共体育服务责任因子调查预问卷》分为 7 个维度：法律责任、经济责任、社会责任、监管责任、专业责任、层级责任、政治责任。设置 54 项初始题目，如表 3-2 所示，法律责任包含 8 题，经济责任包含 5 题，社会责任包含 8 题，监管责任包含 7 题，专业责任包含 13 题，层级责任包含 6 题，政治责任包含 7 题。所有选项均为单选，采用李克特 5 级计分，选项后的答案代表意义为认同程度（1 = 非常不赞同、2 = 不赞同、3 = 不一定、4 = 赞同、5 = 非常赞同），通过立意抽样发布 346 份调查问卷，回收有效样本 295 份，问卷回收率为 85.3%，参与者主要分为 3 类人群：政府机关人员、体育社会组织工作人员和群众。

表 3-2　竞争独立型模式下政府购买公共体育服务责任因子初始问卷

法律责任（立法机关、司法机关对行政部门实施法律监督和惩罚）

Q1 能够在公共体育服务购买过程中遵守规范性文件

Q2 具有完善的公共体育服务规章制度

Q3 能够与体育服务承接方签订详细合同

Q4 能够对承接方服务完成情况进行法律监督

Q5 能够对有违法行为的承接方进行处罚

Q6 能够按照法律制定公共体育服务指导目录

Q7 能够对申请项目的社会组织进行资质备查

Q8 公共体育服务招标信息公开透明

经济责任（财政安排、资金补贴）

Q9 能够充分做好成本预算的工作

Q10 能够及时对体育服务项目进行资金拨款

（续表）

Q11 能够优化公共体育服务资金投入效率

Q12 具有较强的公共体育服务资源统筹调配能力

Q13 能够及时有效推进公共体育服务经济发展

社会责任（民主参与、保障民生、支持力度）

Q14 能够维护公共体育服务市场公平公正

Q15 公共体育服务部门工作人员廉洁奉公

Q16 能够营造体育赛事公平正义的良好氛围

Q17 能够提供各种类型的公共体育服务保障社会利益

Q18 应当加快居民参与公共体育服务活动的积极性

Q19 能够供给更多的公共体育服务宣传

Q20 能够为当地居民提供更多的公共体育服务话语权

Q21 能够立足实际了解居民对公共体育服务的需求

监管责任（监督评估、绩效监督、进入监管、价格监管等）

Q22 能够保障社会组织提供的服务与产品质量

Q23 能够监管公共体育服务承包商工作完成进度

Q24 能够根据承接商工作完成情况进行绩效评估

Q25 更加重视从多个方面评审承接商工作完成情况

Q26 能够纳入群众对政府绩效评价工作的意见

Q27 能够为群众提供公共体育服务监督平台

Q28 能够对合同内容进行定期检查

专业责任（政府进行管理、培训和计划）

Q29 民众可以向政府中的专业技术专家进行咨询

Q30 能够为社会组织提供专业上的帮助

Q31 能够保证承接主体按时保质地完成供给任务

Q32 能够为公共体育服务项目设立完成目标

Q33 能够建立健全的承接方信用档案

Q34 能够管控市场上公共体育服务项目的价格

Q35 能够降低市场价格波动

Q36 能够提供健全的公共体育购买环境

Q37 能够针对不同需求拟定不同方式的合同

Q38 能够为服务提供方提供经济保障

Q39 能够培养公共体育服务供给主体

Q40 能够推动公共体育服务事业健康有序发展

Q41 公共体育服务部门信息向公众公开

层级责任（政府内部上下级责任关系）

Q42 政府内部下级能够对上级的指令负责

（续表）

Q43 政府内部上级能够对下级的购买工作进行组织领导

Q44 政府内部上级能够让下级之间多沟通

Q45 政府内部上级能够增强下级之间的协调性

Q46 政府内部每一级部门能够在自己的职责范围内工作

Q47 政府能够执行"谁购买谁负责"的原则

政治责任（政府制定政策、对社会回应、问责）

Q48 能够提供更多的公共体育服务优惠政策

Q49 能够及时修改公共体育服务政策中不合理的地方

Q50 能够优化服务平台回应市民对公共体育服务的疑问

Q51 能够关注公众对公共体育服务的满意度

Q52 能够及时把公共体育服务购买信息公布给公众

Q53 能够提供更多的公共体育服务意见平台

Q54 能够主动发布社会公众关心的话题

2. 项目分析与题总相关检验

根据已回收的初步有效数据（样本大小为 $N = 295$），我们对每个项目进行了临界比（critical ratio，CR）分析。首先，我们对量表的总分进行了排序，并确定了高低分组的上下 27% 的 CR 值得分（低分组临界值为 227，高分组临界值为 239）。随后，我们将量表分为两个不同的组别，分别为高分组和低分组，并通过独立样本 t 检验来评估这两个组别在每个题项上的差异，对未达到显著性水平的题项进行删除。独立样本 t 检验的结果显示，第 29 题和第 34 题的差异并不显著（$P = 0.34$，$P = 0.41$），而其他 52 题均存在显著性差异。我们还进行了题总相关分析，以每个题项与问卷总分的关联程度作为衡量标准。相关系数越高，说明题项与量表的整体一致性越高。对于相关系数低于 0.3 的题项进行删除，同时发现第 29 题和第 34 题的相关系数未能达到纳入标准（$r = 0.083$，$r = 0.098$）。综合分析项目分析和题总相关检验的结果后，我们最终删除了第 29 题和第 34 题。

3. 因子分析

（1）巴特利特（Bartlett）球形检验和 KMO［凯泽（Kaiser）-梅耶尔（Meyer）-奥尔金（Olkin）］检验：随后，我们对剩下的 52 个项目进行了探索性因子分析。经过 Bartlett 球形检验，发现统计量的值已达到了非常显著的级别，同时也产生了良好的效果。吴明隆指出，KMO 的值小于 0.5 不适合进行因子分析,而大于 0.7 则适合进行因子分析。如果 KMO 的值大于 0.8,则表示数据适切性良好,如果大于 0.9,则表示适切性极佳。根据表 3-3 的统计结果,本研究的 KMO 值为 0.9 左右,经过对数据的深入研究和评估,提取出主要的共性特征,认为这些数据非常适合进行因子分析[①]。

表 3-3　Bartlett 球形检验和 KMO 检验结果

| KMO | Bartlett 球形检验 | | |
	χ^2	df	P
0.979	9 284.92	1 431	<0.001

(2) 探索性因子分析:采用了主成分分析法进行因子抽取,以特征根大于 1 作为选择准则,在获得因子负荷时,采用了最大方差法。在进行逐步删除判别时,共同度小于 0.2 的题项,应考虑删除;题项负荷小于 0.4 的题项,也建议删除;如果一个题项存在双高负荷且相差小于 0.2 的情况,则建议删除该题项;如果共同因子少于 3 个题项,则应考虑对该共同因子所包含的题项进行合并或删除。经过多次反复进行探索性因子分析,直至累积方差贡献率呈现稳定趋势,采取了每次删除一个题项后重新进行分析的策略。经过分析,发现所有题项的共同性均大于 0.2,符合进行因子分析的必要条件。在进行因子分析前,根据判断依据对题项进行了筛选。首先,第 36 题因题项负荷小于 0.4 而被删除。此外,第 11 题和第 32 题也因共同因子题项小于 3 而被删除。经过这一系列的筛选和删除步骤,得到了符合要求的题项,并在此基础上进行了因子分析(表 3-4)。经过多次因子分析,发现累积方差贡献率呈现一种稳定的趋势。在确保保留因素符合预设的理想标准,因子组合解释的变异量应最低限度地满足标准,即 60% 的解释变异量。在可接受的情况下,可以保留的因子应不低于 50%。本研究最终选定的 4 个因子,能够解释总变异的 52.497%。应当强调的是,当我们进行主成分分析或者因子分析时,必须根据各个因子的贡献率来计算权重,这种权重赋值方法较为科学,能够更准确地反映各因子在总体中的重要性[②]。

[①] 吴明隆. 问卷统计分析实务:SPSS 操作与应用[M]. 重庆:重庆大学出版社,2010.
[②] 俞立平,刘爱军. 主成分与因子分析在期刊评价中的改进研究[J]. 情报杂志,2014,33(12):94-98.

表 3-4 问卷题项负荷

序号	因子载荷						
	F1	F2	F3	F4	F5	F6	F7
57	0.851						
11	0.849						
32	0.706						
43	0.697						
7	0.657						
54		0.731					
39		0.718					
27		0.689					
56		0.577					
33		0.676					
8			0.798				
23			0.688				
52			0.665				
46			0.661				
26			0.654				
48				0.823			
45				0.804			
38				0.767			
9				0.623			
51					0.870		
50					0.805		
41					0.782		
25					0.523		
44					0.699		
15						0.769	
60						0.720	
28						0.658	
20						0.557	
40						0.501	
47						0.692	
59							0.809
58							0.788
55							0.705
35							0.647
53							0.553
24							0.691

（3）验证性因子分析：为了验证之前提出的构想模型，本研究利用矩结构分析（AMOS）17.0 对 300 名复测对象的数据进行了验证性因子分析。根据表 3-5 的结果，卡方自由度比值（χ^2/df）为 1.039，表明构想模型的拟合较好（小于 2）；适配度指数（GFI）为 0.861，非常接近拟合优度标准（大于等于 0.9）；比较适配指数（CFI）、增值适配指数（IFI）、非规准适配指数（TLI）均大于 0.9，表明拟合良好；渐进残差均方和平方根（RMSEA）为 0.011，小于 0.08，同样说明构想模型拟合良好。经过验证性因子分析，本研究构建的模型展现出优良的拟合效果，这表明该模型的有效性和可靠性。此外，问卷的结构效度也得到良好的评估，这表明该问卷能够准确、有效地测量所研究的概念和变量。总的来说，这些结果为该研究的结论提供了有力支持。最终，编制了一个由 36 个条目组成的竞争独立型模式下政府购买公共体育服务责任因子问卷。

表 3-5　竞争独立型模式下政府购买公共体育服务责任因子验证性因子分析

χ^2/df	RMSEA	GFI	CFI	IFI	TLI
1.039	0.011	0.861	0.997	0.997	0.997

4. 信度分析

在评估量表的一致性时，我们进行了内部一致性信度系数的检验，得出的具体数值列于表 3-7 中。整体量表的克隆巴赫 Alpha 系数为 0.981，各维度之间的克隆巴赫 Alpha 系数在 0.813～0.923 的范围内。所有量表的内部一致性克隆巴赫 Alpha 系数均大于 0.7，这显示该量表具有高信度。为了验证信度的稳定性，4 周后我们对 60 名受试者进行了重测信度的检验。为验证信度的稳定性，4 周后我们对 60 名受试者进行了重测信度的检验。结果显示，重测信度在 0.808～0.918 之间，这表明量表具有良好的重测信度，表明本研究所编制的量表在不同时间点上具有较好的稳定性。综上所述，问卷的整体信度可靠，可放心使用（表 3-6）。

表 3-6　竞争独立型模式下政府购买公共体育服务责任因子的克隆巴赫 Alpha 系数

维度	克隆巴赫 Alpha 系数
法律责任	0.883

（续表）

维度	克隆巴赫 Alpha 系数
经济责任	0.813
社会责任	0.883
监管责任	0.876
专业责任	0.923
层级责任	0.866
政治责任	0.873
量表整体	0.981

5. 问卷描述统计

本次复测调研一共包含 300 名对象，其中男 53.6%，女 46.4%，男女比例比较均衡；年龄分布较为均衡，其中年龄 18 岁以下比较少，考虑到本次调研为政府购买公共体育服务，相关人员为政府机关人员、企业工作人员和群众，三者年龄范围较适宜。学历大部分覆盖在高中以上，不影响问卷的填写。职业主要分为政府相关人员、企业相关人员和群众，三者比例为 33.3%、32.9%、33.8%。三者分布适宜；锻炼次数都比较均衡。基于此，受访者的基本情况符合本次调研对受访者类型的要求。

6. 问卷差异分析

问卷调查结果如表 3-7 显示，各个维度赞同度均合理，说明赞同受访者对政府责任因子赞同情况较为理想。

表 3-7　竞争独立型模式下政府购买公共体育服务责任因子的描述统计

维度	有效个案数	最小值	最大值	均值	标准偏差
法律责任	300	2.00	7.60	6.062 7	1.681 16
经济责任	300	1.00	5.00	3.798 0	1.057 98
社会责任	300	1.38	4.88	3.795 4	1.067 96
监管责任	300	1.14	5.00	3.799 5	1.049 92
专业责任	300	1.38	4.77	3.787 7	1.044 20
层级责任	300	1.17	5.00	3.807 2	1.075 37
政治责任	300	1.14	4.86	3.797 1	1.074 17

通过对不同类型的差异比较，对性别进行独立样本 t 检验发现，不同性别在 7 个维度及整体量表中不存在显著性差异，说明性别不会影响各个维度政府

责任因子的探究;对年龄、学历、职业进行单因子分析发现,这三个人口学变量在政府责任因子认同情况上存在差异,意味着年龄、学历及职业会影响受访者对政府购买公共体育服务责任因子的认同情况。

7. 问卷相关性分析

通过相关性分析发现,政府购买公共体育服务各个维度之间出现显著正向相关关系,如表 3-8 所示,说明某个维度的赞同度越大,相对应的另一个维度赞同度也会越大,即同升同降。

表 3-8　竞争独立型模式下政府购买公共体育服务责任因子与总问卷相关矩阵维度

	法律责任	经济责任	社会责任	监管责任	专业责任	层级责任	政治责任	整体量表
法律责任	1							
经济责任	0.917**	1						
社会责任	0.948**	0.929**	1					
监管责任	0.937**	0.922**	0.946**	1				
专业责任	0.957**	0.937**	0.961**	0.955**	1			
层级责任	0.937**	0.910**	0.936**	0.936**	0.951**	1		
政治责任	0.943**	0.934**	0.946**	0.949**	0.958**	0.931**	1	
整体量表	0.975**	0.956**	0.979**	0.974**	0.989**	0.967**	0.977**	1

** $P<0.01$。

（三）结论

本研究制定的《竞争独立型模式下政府购买公共体育服务责任因子调查问卷》被认为具有良好的通俗性、区分度、信度和效度,在评估我国竞争独立型模式下政府购买公共体育服务责任因子方面具有重要意义。在政府购买公共服务领域,特别是体育服务方面,竞争独立型的政府角色愈发凸显。竞争独立型模式下政府购买的概念强调了政府在购买服务时应当保持客观、公正的立场,避免对供应商的偏袒和歧视,确保资源配置的公平和效率。因此,对竞争独立型模式下政府购买公共体育服务责任因子进行科学评估,对于建立健康的政府采购机制、提升体育公共服务质量具有重要意义。问卷作为一种常用的数据收集工具,其设计的合理性和科学性直接关系到所得数据的有效性和可靠性。本研究所制定的问卷不仅在内容上涵盖了竞争独立型模式下政府购买公共体育服务责任的各个方面,更在设计上考虑到通俗性、区分度、信度和效度等关键指标,保证了问卷的科学性和实用性。

首先,问卷具有良好的通俗性,即在语言表达和问题设置上易于被受访者理解和回答。通过简洁清晰的表述,避免了专业术语和复杂语句给被访者带来的困扰,保证了问卷的顺利进行和数据的准确性。其次,问卷具有良好的区分度,即能够有效区分不同受访者在责任认知、态度和行为等方面的差异。通过设置具有区分度的问题和选项,问卷能够充分体现不同受访者之间的特征和观点,为后续数据分析和结论提供充分的信息。再次,问卷具有良好的信度,即在重复测量中能够保持一致性和稳定性。通过对问卷的反复测试和修改,确保了问卷在不同时间、不同情境下的可靠性和稳定性,为评估竞争独立型模式下政府购买公共体育服务责任因子提供了可信的数据依据。最后,问卷具有良好的效度,即能够准确衡量所要评估的概念或因素。通过问卷和实际情况的对比分析,确保了问卷所反映的内容和结论与实际情况一致,保证了评估结果的有效性和可靠性。

因此,本研究制定的《竞争独立型模式下政府购买公共体育服务责任因子调查问卷》可以作为评估我国竞争独立型模式下政府购买公共体育服务责任因子的有效工具。通过对问卷数据的采集、分析和解读,有助于深入理解政府采购责任问题的本质和核心,为提升政府购买公共体育服务的质量和效率提供科学依据与建议。

本章小结

本章围绕竞争独立型模式下的主体责任及其实现机制展开,深入探讨了政府在购买公共体育服务过程中的作用与责任。研究表明,竞争独立型模式具有市场化程度高、透明度强、契约性明确和非排他性等特点,能够有效促进政府职能转型和社会组织发展,推动公共体育服务的高效供给。

从善治视角出发,本研究明确了政府、社会组织与公众之间的互动关系,强调了通过建立规范的制度安排和透明的购买过程来实现有效的服务供给。通过对政府购买模式的分类与比较,特别是独立关系竞争型模式的深入分析,发现其在提升服务质量、效率和公众满意度方面具有显著优势。政府在这一模式中不仅作为购买主体,还需承担起维护公平竞争和资源合理分配的责任,这种责任的承担是推动公共体育服务质量提升的重要前提。

　　本章还详细探讨了现有政策背景及市场机制的合理运用。随着政府职能改革的不断深化,政府在公共服务供给中逐渐转向以市场为导向的管理模式。我们观察到,竞争独立型模式通过公开招标等手段,引入市场竞争机制,显著提高了服务提供者的质量与效率。这一模式鼓励各方参与,形成良性竞争,避免了依赖型购买模式中可能出现的资源浪费与腐败现象。

　　然而,在实施过程中,仍面临诸多挑战,包括现实市场与理想市场的差距、政府信息公开不足、绩效评估程序不合理等问题,这些问题制约了竞争独立型模式的充分发挥。为此,提出了包括契约化治理、市场竞争机制、信息透明度和绩效反馈机制等在内的实现路径。这些措施旨在加强政府的管理和监管能力,确保公共体育服务的有效供给。案例解析部分通过武汉市江城健身E家项目的成功实施,进一步验证了竞争独立型模式的有效性。该案例展示了政府如何通过科技手段和市场机制,优化资源配置,提升市民的健身体验,彰显了政府在推动公共体育服务发展中的重要角色。

　　综上,本章深入探讨了竞争独立型模式的主体责任及其实现机制,明确了政府在公共体育服务购买中的关键角色及其应承担的责任。未来的研究可以在此基础上,探索更为细致的政策建议,以进一步完善我国公共体育服务的供给体系,推动全民健康运动的蓬勃发展。

04 | 第四章

竞争依赖型模式下的主体责任及其实现机制

一、 善治视角下政府购买公共体育服务的逻辑关联

我国对竞争依赖型模式下政府购买公共体育服务的研究相对较少,这为我们进行更深入的探究提供了机会。本研究的目的是对竞争依赖型模式下政府购买公共体育服务的发展状况进行全面的分析,包括制度安排、购买过程、结构特征、效果评价、实施评价、实施缺陷及实现机制等方面。政府购买公共体育服务是指政府根据公共利益的需要,通过购买市场化的体育服务,提供给公众。而竞争依赖型模式下政府购买公共体育服务,则在购买过程中强调竞争机制的介入。这种模式的出现,旨在提高公共体育服务的质量和效率,并促进体育产业的发展。首先,本研究将对政府购买竞争依赖型模式下公共体育服务的制度安排进行分析。制度安排是指政府购买体育服务所依据的法律法规和政策措施。通过审视当前的制度框架评估其对竞争依赖型模式的支持程度,并提出相应的政策建议。其次,本研究将关注竞争依赖型模式下政府购买公共体育服务的购买过程。购买过程涉及政府和供应商之间的合同签订、竞争性招标、审核评估等环节。通过分析这些环节中存在的问题和挑战,并提出解决方案以促进购买过程的透明度和效率。再次,本研究将探讨竞争依赖型模式下政府购买公共体育服务的结构特征。结构特征包括供应商的市场竞争程度、政府购买的规模和范围等方面。通过了解这些特征,可以对竞争依赖型模式对市场的影响进

行评估,并提出相应的改进措施。最后,本研究将对竞争依赖型模式下政府购买公共体育服务的效果与实施进行评价。通过收集相关数据和进行实证研究,我们可以分析该模式对公众福利和体育产业发展的影响,并提出相应的改进建议。然而,竞争依赖型模式下政府购买公共体育服务模式也存在一些实施缺陷。例如,政府在购买过程中可能存在信息不对称和行政干预等问题,这会影响竞争的公平性。本研究将借鉴国际经验,提出改进措施,以解决这些问题。这将有助于政府和相关利益相关者对竞争依赖型模式下政府购买公共体育服务进行科学地评估和决策,推动相关实践的有效开展。通过本研究的深入探讨,以期能够为竞争依赖型模式下政府购买公共体育服务的发展提供理论支持和实践经验。同时,也期待本研究的结果能够引起学术界和政府部门的重视,促进相关政策的制定和实施,推动我国公共体育服务的发展和体育产业的繁荣。

二、 制度安排

1992 年,欧盟颁布了《公共服务采购指令》,明确将公共体育服务纳入政府采购范围,推动了西方国家购买公共体育服务的发展。随着公共体育服务的重要性日益凸显,政府不断在公共体育服务供给方面进行关注和探索。但是,由于政府购买公共体育服务发展时间较短,相对应的政策引导和制度保障还有待进一步完善,以推动这项工作更加规范、有序、高效地开展。党的十九大强调了社会治理的重心向基层下沉,积极发挥社会团体的作用,以实现政府管理、社会协调和居民自我管理之间的良性互动。我国传统的公共体育服务由政府大包大揽,但是随着时代的发展,政府在统揽公共体育服务方面逐渐暴露出一些问题,其中包括服务效率低下和政府机关人员过多、运转不灵等缺陷[①]。为了改变政府对公共体育服务的统揽角色,在公共服务提供过程中,政府开始重新定位自身。这样做的目的是促进社会组织参与公共购买服务,与此同时催生了公共体育服务的外包现象。

自 2012 年《关于印发"十二五"公共体育设施建设规划的通知》首次明确政

---

① 周爱光. 从体育公共服务的概念审视政府的地位和作用[J]. 体育科学,2012,32(5):64-70.

府购买公共体育服务的指导思想和基本原则以来，陆续出台《国务院办公厅关于政府向社会力量购买服务的指导意见》《政府采购品分类目录》等，这一系列政策制度大幅度推进了政府购买公共体育服务的发展，但政府购买公共体育服务在我国还处于探索阶段，需要完善的制度和法律法规作为必要保障。目前，政府购买公共服务的法律有《中华人民共和国政府采购法》和《中华人民共和国招标投标法》，该法未详细说明政府购买公共服务的内容和标准，运用时难以与实际有效衔接，以至于政府在购买公共服务时，更多的是依靠规范性文件来执行①。本方法较适用于体育器材设施采购环节，但在满足各级政府购买公共体育服务需求方面可能存在一定困难。对于政府购买社会组织服务而言，法律法规的完善和制度的改革是确保其良性发展的基础②。

三、购买过程

（一）政府购买公共体育服务的目的

公共体育服务是一种由政府及相关机构提供的，旨在满足社会公众体育需求的产品和服务的活动。公共体育服务是指政府及相关机构为满足社会公众的体育需求而提供的产品和服务的一系列活动。这些产品和服务包括但不限于体育设施、运动竞赛、健身指导、体育培训、体育文化宣传等，旨在提高国民身体素质和健康水平，促进社会文化发展和体育产业发展③。首先，公共服务是政府为满足大众社会需求、促使服务接受者能够最大限度地受益而提供的产品和服务。其次，公共服务应当秉持平等原则，满足公民的精神需求，确保公民能够平等享受社会产品和资源。因此，公共体育服务作为公共服务的一种形式，旨在满足社会大众对体育的需求，提供平等、可及、高质量的体育产品和服务。通过提供多样化的体育活动、设施和资源，公共体育服务可以促进社会健康、增强

---

① 张瑜. 政府购买公共服务：法律缺陷与制度重构[J]. 北方民族大学学报（哲学社会科学版），2014(5)：126-129.

② 魏娜，张勇杰. 供给侧视角下政府购买社会组织服务的路径优化[J]. 天津社会科学，2017(4)：71-75.

③ 肖林鹏，李宗浩，杨晓晨. 公共体育服务概念及其理论分析[J]. 天津体育学院学报，2007，22(2)：97-101.

社会凝聚力、推动社会发展①。传统体制下，政府直接供给公共体育服务存在服务成本高、服务效率低、资源浪费等问题。而政府购买公共体育服务，对政府、社会组织、公众都有着重要意义，致力于营造共赢的局面。体现在：①政府通过项目招标，选取成熟、高效的优秀社会组织为消费者提供专业的服务，以达到降低运营成本、提高效率、增强核心竞争力及环境应变能力②。②社会组织可以根据公众的需求，提供优质的公共体育服务。

（二）竞争依赖型公共体育服务购买过程

公共体育服务外包程序分为五个步骤，确定业务是否非核心并考虑实施外包、拟订招标合同细节、选择合适的承包商、建立监督机制并对实施过程进行监督、对承包商进行评价并提出建议（图 4-1）。

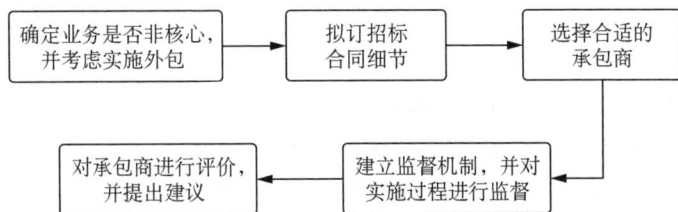

图 4-1　公共体育服务外包程序

第一，在购买公共体育服务时，政府购买者需要明确区分哪些业务是核心业务，不应外包，而哪些业务是非核心业务，可以外包。这一决策对于政府机构来说非常重要，因为它会直接影响服务的质量、成本和效率。首先，确定业务是否为核心业务是评估外包需求的第一步。核心业务通常是机构的关键活动，直接关系到公共利益和政府的主要职能。例如，政府自身管理和监督体育设施、制定相关政策、促进体育文化传承等都是核心业务，不应外包。这些业务需要政府机构自己掌控，以确保其权益和责任的落实。然而，政府在提供公共体育服务时还涉及许多非核心业务，这些业务可以通过外包来实现。非核心业务可能包括场馆维护、设备采购、活动组织等。外包这些业务可以带来许多好处。

---

① 李军鹏.公共服务学——政府公共服务的理论与实践[M].北京：国家行政学院出版社，2007：2.
② 陆亨伯，车雯，郝思增，等.大型体育场馆服务外包风险形成因素调查与分析[J].宁波大学学报（人文科学版），2015，28（1）：128-132.

其一,外包可以提供更专业和高效的服务。专业的外包服务供应商通常拥有丰富的经验和专业知识,能够更好地满足政府及公众的需求。其二,外包可以降低成本。政府机构不再需要投入大量资源来招聘和培训员工,而是可以委托外包公司来执行,节省了人力、物力和财力。此外,外包还可以提供更灵活的服务模式。政府可以根据需要调整外包合同的范围和规模,以适应变化的需求。其次,政府机构需要建立有效的监管机制,以监督外包服务商的执行情况,并确保其符合政府的要求和标准。此外,政府还需要考虑公众对外包的接受度和反馈。一些居民可能对外包持怀疑态度,认为政府应该直接提供服务。因此,政府机构需要透明地与公众沟通,并解释外包的好处和理由。为了确保成功实施外包,政府机构可以采取一些关键步骤。其一,进行详细的业务分析,确保对核心和非核心业务有清晰的理解。其二,制定明确的外包策略和标准,以指导供应商的选择和合同管理。在选择外包供应商时,需要考虑其经验、技术能力、财务稳定性等方面的因素。此外,建立有效的合同管理机制,监督供应商的履约情况,并及时解决问题和纠纷。最后,政府机构应该保持与公众的沟通和反馈渠道,确保公众对外包决策有清晰的认识和理解。

第二,招标合同的细节是招标过程中一个至关重要的环节。首先,规范化的招标程序能够确保招标的透明度和公正性,从而建立起公众对于招标活动的信任。这也是为了保证所有的社会组织都能够在公平的竞争环境中参与招标。招标程序应该是公开透明的,任何符合条件的组织都有权利参与招标,并且拥有同等的机会。这意味着招标过程中的信息应该全面披露,包括招标项目的背景、要求、评选标准等,以便招标方能够全面了解项目的细节和要求,从而准确提交申请。公开透明的招标程序能够有效避免收受贿赂、操纵招标结果等不正当行为的发生,保证招标活动的合法性和公正性。另外,招标合同作为招标活动的重要文件,需要确保合同中包含了承包商的服务内容、服务方式、支付金额及权责分配等相关内容。合同内容的明确可以为双方提供明确的权益保障和责任约束,防止因为理解的偏差或者信息的不对称而导致纠纷和争议的发生。合同中的这些细节将作为履约的前提和绩效评估的标准。通过招标合同的签订,社会组织和承包商将共同承担履行合同的义务与责任,确保项目的顺利进行。此外,招标合同的签署还具有规范社会组织行为的重要作用。合同的签订是在双方自愿的基础上进行的,既体现了双方的自由意志,也明确了双方在服务过程中的权利和义务。合同的约束力和法律效力能够有效约束双方的行为,使得社会组织和承包商在合同的约束下进行工作,维护了招标秩序和市场秩序的正常运行①。

第三,在选择合适的承包商时,首先需要进行严谨的考察,确保选定的主体是一个合法独立的社会组织。这意味着该组织必须具备相关的注册证明和资质,以确保其在法律上是合法的运营实体。只有这样,才能保证合同的有效性和执行的合法性。除了合法性,选择承包商还需要考虑其内部管理制度是否完善。一个有良好内部管理制度的承包商,能够更好地组织和管理公共体育服务项目,确保项目的顺利进行和高效运作。同时,也能够有效地应对可能出现的问题和挑战,保证项目的稳定性和可持续性。此外,承包商还需要能够提供公共体育服务所需的场所和设备。这意味着承包商需要拥有足够的场地和设施,以满足公众对体育活动的需求。只有具备完备的场地和设备,才能够为公众提供高质量的体育服务,促进社会健康和发展。在选择承包商时,还需要考虑其是否拥有专业的技术知识和较强的运营管理经验。一个具有专业知识和经验的承包商,能够更好地理解公众的需求,设计和组织符合实际要求的体育项目,提供优质的服务。同时,也能够有效地管理项目的运作,确保项目的顺利进行和取得良好的效果。另外,需要杜绝选择华而不实、不符合实际要求的社会组织作为承包商。这种选择不仅会浪费资源和时间,还会影响项目的顺利进行和取得预期效果。因此,在选择承包商时,需要进行充分的调查和评估,确保选定的承包商具备必要的条件和能力,能够为公共体育服务项目提供有效的支持和服务②。

第四,建立监督机制是公共体育服务项目成功实施的关键一环。政府在购买公共体育服务时,往往会面临一些不确定性,如服务过程和服务质量等方面的问题,这容易导致承包商出现投机行为,损害公共利益。为了确保承包商按照合同约定实施,政府需要建立有效的监督机制,对公共体育服务的实施过程进行全面监督。监督机制的建立可以有效地防止承包商采取偷工减料的行为,从而保障公共服务项目的质量和效果。通过监督,政府可以及时发现和纠正承

---

① 杨晓.我国政府购买公共服务招投标风险控制研究[D].西安:西北大学,2016.
② 王晋伟.政府购买社会组织体育公共服务的风险管理研究[J].石家庄学院学报,2017,19(6):99-102.

包商可能存在的问题和不足，确保项目按照既定计划和标准实施，提高项目的执行效率和效果。同时，监督也能够促使承包商遵守合同规定，履行承诺，提高其服务水平和责任意识，保障公众的合法权益。建立监督机制还可以提升政府的公信力和透明度。通过公开透明的监督机制，政府可以向社会公众展示其对公共体育服务项目的管理和监督情况，增强社会对政府的信任和支持。同时，政府也可以通过监督机制及时回应社会关切和批评，提高政府的决策效果和执行力，增强政府的公信力和形象。监督机制的建立还可以促进公共体育服务项目的持续改进和发展。通过监督，政府可以及时发现项目中存在的问题和不足，总结经验教训，提出改进建议，推动项目的不断改进和完善。同时，监督也可以促使承包商不断提升自身的服务水平和管理能力，推动整个行业的规范化和专业化发展，提高公共体育服务的品质和效益。在建立监督机制时，政府需要充分考虑监督的方式和手段，确保监督工作的科学性和有效性。政府可以通过建立专门的监督机构或委托第三方机构进行监督，制定监督标准和评估指标，建立监督报告和反馈机制，定期对公共体育服务项目的实施情况进行评估和监督。同时，政府还可以通过加强对承包商的考核和奖惩机制，激励其提供优质的服务，惩罚其违约行为，确保项目的顺利进行和取得预期效果。

第五，对承包商进行评价是公共体育服务项目管理中的重要环节。评价不仅可以帮助政府监督和评估承包商的表现，还可以为承包商提供改进和提升的机会，从而提高服务质量和管理水平。在进行评价时，政府可以采取多种方式和方法，以确保评价的客观性和科学性。首先，政府可以通过建立绩效评价指标体系，对承包商的服务项目进行全面评估。这些指标包括服务质量、服务效果、服务成本、服务创新等方面，以全面反映承包商的绩效情况。政府可以根据实际情况确定评价指标的权重和评分标准，以确保评价的公正和准确。其次，政府可以委托第三方机构或专业机构进行评价，以确保评价的客观性和独立性。第三方机构可以根据政府制定的评价指标和标准，对承包商的服务项目进行评估和排名，提供客观的评价结果和建议。政府可以根据评价结果，及时对承包商的表现进行奖惩，激励其提供优质的服务，提高管理水平。

此外，政府还可以建立定期评价和监督机制，对承包商的服务项目进行持续跟踪和评估。政府可以定期组织评价专家对承包商的服务项目进行评估，及时发现问题和不足,提出改进建议。政府还可以建立监督报告和反馈机制,向社会公众公开评价结果,增强评价的透明度和公信力。在对承包商进行评价时,政府需要注重绩效评价的科学性和实效性。评价结果应该客观、准确,能够反映承包商的真实表现,为政府决策和承包商改进提供有效参考。政府还应该及时对评价结果进行分析和总结,提出具体的改进措施和建议,促使承包商不断提高服务质量和管理水平[①]。

四、 结构特征

竞争依赖型模式是指购买者和生产者之间是依赖关系,政府为了选择最优的合作对象,采用公开询价、竞争性招投标等方式,充分营造公开公平竞争的制度环境,以此来获取最佳合作者。在这一过程中,社会组织为了获得他们所需要的资源和利益而形成一种良性的竞争关系,可以在相互竞争的基础上,通过政府引导市场信息共享和组织资源的互补、协调,并在此基础上为政府和社会公众提供物美价廉的服务。在公共体育服务项目管理中,政府与承包商之间存在着一种特殊的依赖关系。承包商作为社会组织,通常与政府部门保持隶属关系,缺乏独立的宗旨,完全依赖于政府的财政支持。在这种模式下,承包商通常会根据政府的指令提供公共服务,并依赖于政府的行政管理方式来执行这些服务。政府购买公共服务的过程中,承包商虽然是服务的实际执行者,但政府仍然承担着公共服务的全部责任,处于主导地位。这种依赖关系的模式在公共体育服务项目管理中具有一定的基本特征。

首先,政府作为公共服务的主体,肩负着对社会公众的责任和义务。通过向社会组织提供财政支持,购买其提供的公共服务,政府致力于满足公众的需求和利益。在这个过程中,政府对公共服务的质量和效果负有监督和评估的责任,以确保公共资源的合理利用和社会效益的最大化。政府的监督评估不仅是对社会组织的服务提供过程进行把关,更是对政府自身责任的落实。政府不仅需要确保购买的公共服务符合标准和要求,还需要持续关注服务的实际效果和

---

① 陈建国. 政府购买公共服务过程管理研究——以北京市为例[J]. 理论探索,2012(4):115-119.

社会影响，以保障公众利益和资源的有效运用。通过对公共服务的监督评估，政府可以及时发现问题和不足，采取措施加以改进和提升，推动公共服务的持续优化。这种责任意识和监督机制的建立，有助于建立透明、高效的公共服务购买体系，保障公众权益，促进社会发展和进步。政府的积极参与和监督评估，将为公共服务的提供和实施注入更多的责任感和效率，实现公共资源的有效配置和社会效益的最大化。

其次，承包商作为政府购买公共服务的执行者，承担着服务的具体实施和运营工作。承包商通常会根据政府的要求和指令，提供符合标准和要求的公共服务，以满足政府和社会公众的需求。承包商需要依赖政府的行政管理方式和监督机制，来确保服务的规范和有效性，以实现公共服务项目的顺利实施和运营。在这种依赖关系的模式下，政府购买公共服务的过程中扮演着主导和监督的角色，而社会组织只是简单的执行者。政府在制定公共服务项目的目标和要求时，需要考虑社会组织的实际情况和能力，确保其能够有效提供所需的公共服务。政府还需要建立健全的监督和评估机制，对社会组织的服务项目进行定期评价和监督，以确保服务的质量和效果符合要求。

最后，政府在购买公共服务的过程中，仍然肩负着公共服务的全部责任，作为公共服务供给的实际执行者处于主导地位，而社会组织则扮演着简单的执行者角色。政府作为公共服务的责任主体，承担着确保服务质量和效果的监督评估责任，以满足公众利益和需求。在公共服务购买过程中，政府需要积极参与制定服务标准和要求，监督服务实施情况，并根据评估结果支付相应的费用。社会组织作为服务提供者，应当按照政府的要求和标准，履行提供服务的义务，并接受政府的监督和评估。尽管社会组织在提供实际服务中发挥着重要作用，但其角色仍然是受政府指导和监督的执行者，服务质量和效果的最终责任仍归政府所有。政府作为公共服务购买的主体，应当保证公共资源的合理利用和社会效益的最大化，确保公众利益不受损害。在这一过程中，政府的决策和监督至关重要，是公共服务购买体系运行的关键保障。通过政府的主导和监督，公共服务的提供将更加规范和有效，社会资源的利用将更加高效和公平，进一步促进社会服务的优质发展和公众福祉的增进①。

---

① 王亚凤. 我国政府购买公共服务的模式研究[D]. 郑州：郑州大学，2012.

五、效果评价

（一）项目效果评价的理论基础

叶托采取了"构建概念化模型—筛选指标—赋予权重"的程序,成功地构建了一个涵盖投入、过程、产出、品质、效果和政治六个方面的模型。该模型的建立是经过深思熟虑的,并且经过了严格的步骤和程序。这个模型不仅包括了各个方面的关键因素,而且还有明确的指标和权重赋值,使得模型更加具有科学性和可操作性。在这个模型中,投入维度指的是在实现某一目标的过程中所需的资源和投入,如人力、财力、物力等。过程维度则是指为实现目标所经历的各个阶段和流程,包括各项任务、环节和流程等。产出维度指的是通过实现目标所获得的各种成果和效益,如产品、服务、结果等。品质维度则是指对产出成果的质量和标准进行评估与衡量,是模型中非常重要的一个方面。成效维度指的是目标实现后所获得的成效和效果,如对投入和产出的综合评估、对过程的效率和效果的评估等。政治维度则是指对实现目标过程中的政治因素和影响进行评估和考虑,如政策环境、政治稳定性、法律法规等。在这个模型中,叶托等还通过科学的方法筛选出每个维度的关键指标,并为其赋予相应的权重。这些指标和权重的确定都是基于大量的数据分析和实证研究得出的,具有很高的可信度和科学性。通过这个模型,人们可以更加全面地评估目标的实现情况,并且更好地了解各个方面的关键因素和影响,为未来的决策提供有力的支持[1]。宋娜梅等提出,根据内涵和原则,公共体育服务绩效评价分为三部分:体育公共服务效能指标,主要衡量的是公共体育服务在实现其目标过程中的有效性;公众对公共体育服务的质量和效果满意程度的反映,即为体育公共服务满意度指标;体育公共服务投入度指标,主要评估在提供公共体育服务过程中的资源投入情况[2]。张学研等主要针对绩效评估的指导理念、基本准则及指标维度等议题,根据"投入—过程—产出"这一逻辑思路,选用一套评价模型对政府购买公

---

① 叶托,胡税根.政府购买社会服务的绩效评估指标体系研究——基于德尔菲法和层次分析法的应用[J].广东行政学院学报,2015,27(2):5-13,45.

② 宋娜梅,罗彦平,郑丽.体育公共服务绩效评价:指标体系构建与评分计算方法[J].体育与科学,2012,33(5):30-34.

共体育服务的效益产出进行评估①。

结合以上论述,考虑竞争依赖型模式下政府购买公共体育服务的特点,将公共体育服务效果的评估划分为政府服务效能、社会组织水平及公众满意度这三个方面进行分析。通过这种评价方式,能够进一步识别并解决政府、社会组织和公众之间存在的问题,并提升公共服务供给的效率、质量及公众的满意程度。

(二) 效果评价的预选指标体系

依据竞争依赖型模式的特点,在文献分析法的基础上设计出政府购买公共体育服务的效果评价的预选指标体系(表 4-1)。

表 4-1 效果评价的预选指标体系

一级	二级	三级
政府服务效能 A	经济效益 A1	预算资金节支率 A11
		购买服务后的资金节支额 A12
	社会效益 A2	服务覆盖范围的广泛性 A21
		服务项目的社会影响 A22
		居民享受服务项目的公平性 A23
		公众媒体对服务的评价 A24
	信息发布 A3	信息发布覆盖面 A31
		信息发布渠道 A32
		信息发布准确性 A33
		信息发布的及时性 A34
	监督管理 A4	需求收集准确性 A41
		信息汇总及时性 A42
		规章制度的完整性 A43
		监督机制的健全性 A44

① 张学研,楚继军.政府购买公共体育服务绩效评估指标体系的研究[J].广州体育学院学报,2015,35(5):4-8.

（续表）

一级	二级	三级
社会组织水平 B	方案合理性 B1	项目购买程序的合法性 B11
		项目的公开招标率 B12
		方案规范性 B13
		应急方案实践性 B14
	项目组织 B2	组织结构的科学性 B21
		管理制度的完备性 B22
		社会动员能力 B23
		项目管理能力 B24
		资金使用的规范性 B25
	项目控制 B3	项目进度把控能力 B31
		项目风险预估能力 B32
		项目风险控制能力 B33
		资金使用情况 B34
	服务质量 B4	承办方的社会信誉度 B41
		服务提供频次 B42
		服务提供便利性 B43
		服务投诉率 B44
	服务效果 B5	参与运动人数增幅 B51
		项目服务的成效达标率 B52
		项目的可推广性 B53
		科学健身知识的公众普及度 B54
公众 C	满意度 C1	数量满意度 C11
		质量满意度 C12
		服务方式的满意度 C13
		服务能力的满意度 C14
		服务过程的满意度 C15
		政府人员态度 C16
		承办方人员态度 C17
		需求满足偏差 C18

该评价体系中存在着一套彼此关联的一级指标(3项)、二级指标(10项)及三级指标(43项),总计三个层级,目的是进行更有效的效果评价。

(三)效果评价的指标权重

政府购买公共体育服务的效果评价的指标体系权重如表4-2所示。

表4-2 效果评价的指标权重

	政府服务效能	社会组织水平	公众	一致性检验
政府服务效能	1	5	1/4	$\lambda_{max} = 3.071\ 3$
社会组织水平	1/5	1	1/9	$CR = 0.068\ 5 < 0.10$
公众	4	9	1	一致性检验通过

经由 yaahp 软件进行专家评估并构建判断矩阵,随后进行了一致性检验。根据表4-2所示的一级指标两两比较所得出的判断矩阵及其一致性检验,经过计算最大特征值 $\lambda_{max} = 3.071\ 3$,一致性比例 $CR = 0.068\ 5 < 0.10$,因此一致性检验通过。由于层次结构评估决策的指标较多,在此只列举一级指标进行展示,各级一致性检验的具体情况如表4-3所示。

表4-3 各级一致性检验

指标层	λ_{max}	CR	指标层	λ_{max}	CR
顶层指标	3.071 3	0.068 5<0.10	方案合理性 B1	4.000 0	0.000 0<0.10
政府服务效能 A	4.206 9	0.077 5<0.10	项目组织 B2	5.393 3	0.087 8<0.10
社会组织水平 B	5.363 3	0.081 1<0.10	项目控制 B3	4.130 8	0.049 0<0.10
经济效益 A1	2.000 0	0.000 0<0.10	服务质量 B4	4.151 1	0.056 6<0.10
社会效益 A2	4.214 8	0.080 5<0.10	服务效果 B5	4.162 1	0.060 7<0.10
信息发布 A3	4.246 3	0.092 3<0.10	满意度 C1	8.986 1	0.099 9<0.10
监督管理 A4	5.131 2	0.029 3<0.10			

经过对各矩阵一致性检验得出 CR 均小于0.10,表明各级指标均通过了一致性检验,进而确定各级指标权重(表4-4)。

表 4-4　效果评价的指标权重排序

一级	权重	二级	权重	三级	权重
政府服务效能 A	0.231 2	经济效益 A1	0.238 4	预算资金节支率 A11	0.250 0
				购买服务后的资金节支额 A12	0.750 0
		社会效益 A2	0.630 6	服务覆盖范围的广泛性 A21	0.168 6
				服务项目的社会影响 A22	0.087 9
				居民享受服务项目的公平性 A23	0.681 3
				公众媒体对服务的评价 A24	0.062 2
		信息发布 A3	0.065 5	信息发布覆盖面 A31	0.292 9
				信息发布渠道 A32	0.207 1
				信息发布准确性 A33	0.292 9
				信息发布的及时性 A34	0.207 1
		监督管理 A4	0.065 5	需求收集准确性 A41	0.280 0
				财政拨款效率性 A42	0.273 6
				信息汇总及时性 A43	0.243 8
				规章制度的完整性 A44	0.101 3
				监督机制的健全性 A45	0.101 3
社会组织水平 B	0.060 3	方案合理性 B1	0.336 5	项目购买程序的合法性 B11	0.166 6
				项目的公开招标率 B12	0.500 2
				方案规范性 B13	0.166 6
				应急方案实践性 B14	0.166 6
		项目组织 B2	0.094 5	组织结构的科学性 B21	0.049 4
				管理制度的完备性 B22	0.049 4
				社会动员能力 B23	0.201 3
				项目管理能力 B24	0.105 7
				资金使用的规范性 B25	0.594 2
		项目控制 B3	0.041 3	项目进度把控能力 B31	0.063 8
				项目风险预估能力 B32	0.125 6
				项目风险控制能力 B33	0.310 8
				资金使用情况 B34	0.499 6

（续表）

一级	权重	二级	权重	三级	权重
社会组织水平 B	0.060 3	服务质量 B4	0.314 6	承办方的社会信誉度 B41	0.067 7
				服务提供频次 B42	0.127 6
				服务提供便利性 B43	0.310 4
				服务投诉率 B44	0.494 3
		服务效果 B5	0.213 1	参与运动人数增幅 B51	0.411 9
				项目服务的成效达标率 B52	0.173 2
				项目的可推广性 B53	0.340 9
				科学健身知识的公众普及度 B54	0.074 0
公众 C	0.708 5	满意度 C1	1	数量满意度 C11	0.059 5
				质量满意度 C12	0.170 6
				服务方式的满意度 C13	0.056 6
				服务能力的满意度 C14	0.059 0
				服务过程的满意度 C15	0.129 6
				政府人员态度 C16	0.144 6
				承办方人员态度 C17	0.084 7
				需求满足偏差 C18	0.295 4

六、 实施评价

（一）促进政府角色的转变，构建多元的合作治理关系

公共体育服务的产生是基于社会对健康生活的需求,同时也是政府责任的体现。然而,由于政府部门工作人员精力有限、专业知识局限等问题,政府与社会组织的合作变得尤为重要[1]。公共体育服务的专业性、即时性、多样性等特点要求政府与社会组织之间的合作更加紧密,以更好地满足公众需求。竞争依赖

---

① 宋娜梅,罗彦平,郑丽.体育公共服务绩效评价:指标体系构建与评分计算方法[J].体育与科学,2012,33(5):30-34.

型模式下政府购买公共体育服务的出现,不仅可以提升政府职能的发挥水平,还可以弥补政府"大包统揽、政府失灵"的状况。政府将部分工作承包给社会组织,不仅能够有效地提高服务质量,还能够节约政府资源,实现资源的最优配置。政府在这一过程中提供政策扶持、资金支持、技术指导等支持,帮助社会组织更好地开展公共体育服务。而社会组织在生产和服务的过程中,也能够获得宝贵的经验和技能,同时得到一定的回报,形成了互利共赢的局面。政府与社会组织的合作,使得公共体育服务的提供更加多元化和专业化。政府仍然处于核心位置,负责制定政策、监督管理,确保公共体育服务的顺利进行。而社会组织则在具体的实施过程中发挥着重要作用,他们更加灵活、创新,能够更好地了解公众需求,提供个性化的服务。两者的合作形成了一种多元的治理关系,为公共体育服务的提供带来了新的活力和动力。在公共体育服务的合作中,政府需要加强对社会组织的引导和监督,确保其服务质量和安全。政府可以通过建立评估机制、监督机制等手段,对社会组织进行评估和监督,确保其服务符合标准。同时,政府也需要加强对社会组织的培训和支持,提高其专业水平和管理能力,使其能够更好地开展公共体育服务。

(二)加强公共体育服务的有效投入,优化资源配置

外包是一种将政府部分工作承包给私人部门或社会组织的管理模式,其在公共体育服务领域的运用,不仅可以提高管理效率,还可以为公众提供更优质的服务。首先,私人部门通常具有更高效的管理和运营能力,能够更灵活地应对市场需求变化,提供更具竞争力的公共体育服务。私人部门在管理方面通常更具成本效益,能够通过引入先进的管理技术和经验,提高服务质量,降低运营成本,从而为公众提供更具吸引力的体育活动和设施。其次,外包可以节约成本,因为私人部门在管理方面通常比政府部门更具成本效益。私人部门在运营中通常更注重效益和效率,能够通过市场竞争激励机制,提高服务质量,降低运营成本,从而为政府节省开支。政府将部分工作外包给私人部门,不仅可以提高服务质量,还可以有效地利用社会资源,实现资源的最优配置。通过外包,政府可以将一部分财政负担转移给私人部门,从而减轻财政负担,更好地满足公众对公共体育服务的需求。此外,外包可以促进政府操作的透明度,因为私人部门需要遵循合同规定的条款和条件,并接受政府监督和评估①。政府与私人部门签订合同,明确双方的责任和义务,私人部门需要按照合同规定的标准提供服务,并接受政府的监督和评估。这种透明度能够有效地监督和评估服务质量,确保公众利益得到保障。私人部门在运营中需要遵守合同规定,保证服务质量,否则将面临相应的处罚和惩罚,这种市场机制能够有效地促使私人部门提供更优质的公共体育服务。随着居民生活水平的提高,对体育服务的需求也越来越大,政府购买公共体育服务的方式也应随之改革。竞争依赖型模式通过引入竞争机制,遵循公平公正原则,使各种体育资源得以有效整合和充分利用,促进现有的公共体育服务资源更好地服务于全民健身事业。引入竞争机制有利于监督和鞭策绩效差、效率低的社会组织,促进其提高服务效率和质量②。一方面,承包商可充分发挥自己的专业知识以提高服务质量,再结合政府的有效监督,保证服务水平达到购买合同中规定的标准,针对不同群众的需求提供有针对性的公共体育服务,进一步满足群众对公共体育服务需求。另一方面,竞争机制能够促使承包商不断改进服务质量,提高服务效率,以获得更多的市场份额,从而推动整个公共体育服务领域的发展和进步③。

(三) 减轻政府工作负担,促进社会组织发展壮大

政府在推动公共体育服务领域的管理效能、资源配置和市场竞争有序发展方面,正在逐步实现从直接管理向间接调控的转变。这一转变着重于制度建设,积极鼓励社会参与市场竞争,并承担政府购买公共服务的责任。政府将部门职能转交给社会组织时,提供资金支持、政策扶持、技术指导等支持④。社会组织在承接政府购买的公共体育服务时,应致力于加强内部员工的培训教育,提升专业技术水平,完善自身建设,建立规范的管理体系,以提高服务质量,并积极塑造良好的外部形象。这些措施旨在满足社会大众日益增长的高质量、多

---

① 张学研,楚继军.政府购买公共体育服务绩效评估指标体系的研究[J].广州体育学院学报,2015,35(5):4-8.
② E.S.萨瓦斯.民营化与公私部门的伙伴关系[M].周志忍,等译.北京:中国人民大学出版社,2002.
③ 王占坤,吴兰花,张现成.地方政府购买公共体育服务的成效、困境及化解对策[J].天津体育学院学报,2014,29(5):409-414.
④ 王丽君,辜德宏,胡科.我国政府购买公共体育服务的实践走向[J].上海体育学院学报,2015,39(4):71-76.

层次、多样化公共体育服务需求。随着社会经济的不断发展和人民生活水平的提高,公共体育服务需求也日益多样化和个性化。政府作为公共服务的主要提供者和监管者,需要不断优化资源配置,提高管理效能,以更好地满足公众对体育服务的需求。因此,政府逐渐将管理权下放给社会组织,鼓励其参与市场竞争,提供更多元化、高质量的公共体育服务。在这一转变过程中,政府的角色不再仅限于直接管理,而是更多地扮演着监管和调控的角色。政府通过购买公共服务的方式,激励社会组织提供优质的体育服务,同时确保服务的规范性和公平性。政府的政策支持和资源投入,为社会组织提供了必要的支持和保障,使其能够更好地履行公共体育服务的职责。社会组织在接手政府购买的公共体育服务时,需要注重内部管理和人才培养。通过加强员工的培训教育,提升专业技术水平,建立健全的管理体系,社会组织能够提供更具竞争力和专业性的体育服务。同时,积极树立良好的外部形象,建立信誉和品牌,吸引更多用户,推动公共体育服务市场的发展。随着政府购买公共体育服务模式的不断推广和完善,社会组织将发挥越来越重要的作用。通过政府和社会组织的合作,可以更好地整合资源,提高服务水平,满足不同层次、不同群体的体育需求。这种转变不仅有利于提高公共体育服务的效率和质量,也有助于促进市场竞争的有序发展,推动公共体育服务行业的健康发展,为社会大众提供更加丰富、多样化的体育服务选择[1]。

七、　实施缺陷

(一) 政府人员、社会公众的认知偏差而产生的风险

竞争依赖型模式表现出社会组织与政府是隶属关系,社会组织听从于政府的指令来提供公共服务,没有自己独立的宗旨。社会组织本应是独立的社会群体,具有明显的独立性基本特征,竞争依赖型模式下的社会组织为了生存,不得不对政府唯命是从[2]。我国传统的公共体育服务是由政府包揽,导致了政府部

---

① 郑旗.我国地方政府购买公共体育服务政策执行机制[J].北京体育大学学报,2017,40(6):19-26.

② 冯晓丽,郭帅.政府购买公共服务下体育社会组织承接购买服务研究——基于上海市体育社会组织承办市民体育大联赛[J].沈阳体育学院学报,2015,34(4):23-28.

门人员负担大、服务效率低的局面。为了推进服务转型，国家开始出台关于政府与社会组织合作的政策，但仍有一些官员的思想没有随政策要求而改变。长期的机关作风养成，使其常常表现出优越感。在与社会组织打交道时，应当将其视为朋友或"合作伙伴"而非下级，并在协作过程中避免对其颐指气使和表现出不信任[①]。

基于传统的观念，社会公众普遍认为公共体育服务应当由政府负责提供，而对于私人部门提供的同类服务，公众的信任度相对较低[②]。公共体育服务的价值取向是公益性，承包商的价值取向是追求最大利润。为了争取更多的项目资金、追求利益最大化，两者在价值观上产生冲突，在一定程度上损害公共服务的质量对大众造成伤害。作为承包商的社会组织，通常具备公共体育服务的专业知识和经验，因此具备对服务质量和效能进行准确评估的能力。然而，由于合约的约束和自身利益的考虑，这些组织可能会采取不正当的手段，如投机取巧等，违背合约内容的方式以满足自身的利益需求。因此，政府作为公共利益的维护者，需要对这些组织进行监督和管理，以确保公共体育服务的质量和效能得到保障。

（二）社会组织因财力不足而产生的风险

社会组织的生存风险主要取决于其项目和资金支持的水平，并与政府购买行为和购买能力息息相关。各地区政府财政能力存在显著差异，部分地区由于财政资源匮乏，无法充分提供公共体育服务所需的资金。这种问题容易让社会组织处于危机之中，限制其发挥作用。近年来，全国各地的社会组织数量逐渐累积，取得了一定的发展。截至目前，全国累计登记注册的各类社会组织已达约56万个[③]。政府对社会发展起到了推动作用，为社会组织提供了动力和机会，但同时也对其形成了巨大的压力。在政府项目的实施过程中，通常需要多个社会组织共同参与竞标，竞标失败的社会组织会失去财政支持，并可能逐渐面临生存危机。

---

① 崔佳琦，王松，邢金明.利益相关者视角下政府购买公共体育服务潜在风险研究[J].沈阳体育学院学报，2020,39(1):101-109.

② 崔光胜.政府购买公共服务中的利益博弈与风险防控[J].湖北社会科学，2017(2):40-45.

③ 徐家良.政府购买社会组织公共服务制度化建设若干问题研究[J].国家行政学院学报，2016(1):68-72.

社会组织作为社会的重要一员，承担着推动社会进步、服务社会民生的使命。然而，其生存与发展却受到诸多挑战和限制。首先，社会组织的生存环境受到政府财政能力的直接影响。由于各地区的财政实力不均，部分地区无法提供足够的资金支持，导致社会组织在开展活动和项目时面临资金短缺的困境。这种情况下，社会组织难以为社会提供更多更好的服务，也难以发挥其应有的作用，甚至有可能被迫停止运作。其次，政府在项目实施中对社会组织的选择也对其生存构成挑战。在政府项目中，通常需要社会组织参与竞标，以确保项目的多样性和公正性。然而，竞标失败意味着失去了项目资金的支持，这对于一些依赖政府项目资金的社会组织来说是致命的打击。在竞争激烈的环境下，一些较为薄弱的社会组织可能因为缺乏竞争力而逐渐被淘汰，从而面临生存危机。最后，政府对社会组织的监管和规范也对其发展产生影响。政府的监管是为了确保社会组织的合法性和规范运作，但过度的监管和限制也可能给社会组织带来不必要的负担与阻碍。一些规范过于烦琐的政策和程序使得社会组织在运作中耗费大量精力与时间，影响其正常的活动和发展。

为了解决社会组织面临的生存困境，政府可以采取一系列措施。首先，政府应该加大对社会组织的资金支持，特别是对于那些在财政困难地区运作的社会组织。通过增加财政投入，政府可以帮助这些社会组织渡过难关，维持其正常的运作。其次，政府在项目实施中应该更加注重公平竞争，为社会组织提供更多的机会和空间，避免一味追求效率而忽视社会组织的多样性和特色。同时，政府也应该简化监管程序，减少不必要的规范和限制，为社会组织创造更加宽松和有利的发展环境。除了政府的支持和帮助，社会组织自身也需要不断提升自身的管理水平和能力。社会组织可以通过建立合理的财务制度、加强人才培养和管理，提升自身的竞争力和可持续发展能力。同时，社会组织还可以加强与其他组织和机构的合作，共同寻求发展和创新，拓宽资金来源和活动领域，提高自身的影响力和可持续性。

（三）信息不对称和竞争水平低风险

政府购买公共体育服务的最终目标是满足群众的基本体育需求。然而，信息不对称的问题表明政府并不清楚社会大众需求何种体育服务，导致在购买过程中存在着盲目或不明确的情况。这种情况使得政府购买体育公共服务变成了所谓的"政绩工程"或者"面子工程"。信息不对称是政府购买公共体育服务的一大难题，不同性质的单位或组织存在获取信息能力的不对称，在一定程度上降低竞标的效率，违背政府公平公开招标的初衷。只有在基于完善的市场竞争机制的理想状态下，政府与社会组织的合作才能取得较好效果，提高服务效率。然而在现实中，存在许多无竞争或竞争水平低的情况。在我国许多地区的公共服务，如果不是政府需要，根本不会有供给，就会造成政府被迫购买或定向购买的情况，充分竞争的市场难以形成，服务质量难以得到保证①。

为了解决政府购买公共体育服务中存在的信息不对称问题，政府可以采取一系列措施。首先，政府可以加强与社会组织的沟通和合作，建立长期稳定的合作关系，了解社会组织的实际情况和需求，以便更好地购买适合群众需求的体育服务。其次，政府可以通过开展调研和调查，收集群众对体育服务的需求和意见，制订更加科学合理的购买计划，避免盲目购买和浪费资源。此外，政府还可以建立健全的评估机制，对购买的体育服务进行监督和评估，确保服务的质量和效果符合预期。

在政府购买公共体育服务的过程中，社会组织也可以发挥重要作用。社会组织可以加强自身的信息披露和公开透明，提高政府对其的了解和信任度，从而更好地参与政府的购买活动。同时，社会组织可以积极参与市场竞争，提升自身的竞争力和服务水平，为政府提供更多更好的选择。此外，社会组织还可以加强与政府和其他组织的合作，共同推动体育服务的发展和改善，实现互利共赢的局面。

（四）政府腐败和逆向选择风险

政府在购买公共体育服务时，拥有选择承包商的最终决定权，这意味着政府需要对潜在的承包商进行评估和选择。然而，在现实中，一些社会组织可能并不符合政府招标条件或资历不够，他们为了获取政府购买公共体育服务的机会，可能会采取不正当手段。一种常见的现象是，一些社会组织通过向政府官员行贿来获取购买信息，从而获得公共体育服务的代理权。这种行为不仅破坏

---

① 叶松东.政府购买体育公共服务的风险因素与防范策略[J].体育学刊,2021,28(2):40-47.

了公平公正公开的招标程序,也容易导致腐败问题的产生[①]。一旦部分官员受贿,以权谋私,就会偏袒特定的社会组织,而不是选择最适合的承包商,这将严重损害公共利益和社会公平。另外,社会组织为了获取公共体育服务的生产权,也可能利用政府与社会组织之间的信息不对称,通过虚假宣传和夸大自身能力来获得政府的青睐。他们可能故意隐瞒对自己不利的信息,以达到政府设定的条件,从而获得购买资格。这种行为不仅是对政府的欺骗,也给政府购买公共体育服务带来了逆向选择风险[②]。

逆向选择风险是指在信息不对称的情况下,市场上存在不完全竞争或者信息不对称的情况,导致政府无法准确评估承包商的能力和水平,从而选择了并不是最优的承包商。这种情况下,政府购买的服务可能无法达到预期效果,甚至存在质量问题和浪费资源的情况。为了避免逆向选择风险和腐败问题,政府和社会组织都需要采取一系列措施。首先,政府应该建立健全的招标和评估机制,确保公共体育服务的购买过程公开透明、公平公正。政府在选择承包商时,应该注重实力和资质,而不是被外部因素左右。同时,政府需要加强监督和惩罚机制,对腐败行为零容忍,确保公共资源的有效利用。社会组织也应该自律,遵守法律法规,不得以不正当手段获取政府购买公共体育服务的机会。社会组织应该提升自身的能力和水平,通过合法途径争取政府的认可和支持,而不是通过欺骗和贿赂来获取商机。

(五)社会组织效能低风险

我国对社会组织的管理采用了分级登记、双重管理制度,这一制度要求所有社会组织必须先获得与其业务范围相关的主管单位的批准,然后在此前提下向民政部门进行登记注册[③]。这一规定既加强了政府对社会组织的监督,又对社会组织的发展设置了较高的门槛。在政府购买公共体育服务的过程中,政府仍然处于主导地位,是公共服务供给的实际操作者,而社会组织则只是简单的

---

①　欧阳航,赵月,杨舒慧.供给侧改革视角下政府购买公共服务的现实困境与解决路径——基于广东省三地市的实证研究[J].中国市场,2017(9):161-163.

②　王琦,卢思雯.政府购买体育公共服务供应商选择研究[J].沈阳体育学院学报,2017,36(1):32-37,48.

③　许文鑫,赖清苏,薛庆云.政府购买体育公共服务风险的识别与防范[J].湖北体育科技,2019,38(4):315-318.

执行者，处于被动地位，独立性较差，影响其创新发展。

在这种竞争依赖型模式下，社会组织在运行过程中往往受到政府的严格控制和指导，缺乏自主权和独立性。社会组织需要依靠政府的购买需求来维持自身的运作，而政府的需求往往是基于政策目标和资源分配的考量，这可能会限制社会组织的发展空间和创新能力。社会组织在这种体制下往往只能按照政府的要求来执行任务，难以根据自身的特点和需求进行灵活调整与创新。另外，许多社会组织是在政府的组织下成立的，这导致了社会组织的"官""民"属性混淆。在实际运作中，这些社会组织可能会受到政府的直接指导和干预，缺乏真正的独立性和自主权。这种情况下，社会组织往往难以真正发挥其独立性和社会组织的优势，其效能也难以得到充分发挥。

八、 实现机制

竞争依赖型模式下政府购买公共体育服务的实现机制主要体现在以下几个方面。

（一）政策制定与法律保障

实现路径的第一步是建立健全的政策和法律框架。

第一，制定专项政策。首先，需要制定专门针对政府购买公共体育服务的政策文件。这些政策应当明确以下内容：目标方面，如提高公共体育服务覆盖率、满足群众多样化的体育需求、促进全民健身事业发展等；范围方面，界定政府可购买的公共体育服务类型，如体育场地设施运营维护、群众体育活动组织、体育培训指导等；原则方面，如公平公正、质量优先、竞争择优、绩效导向等；方式方面，如项目招标、定向委托、服务外包、政府和社会资本合作（PPP）等多种购买方式。

第二，完善法律法规。修订《中华人民共和国体育法》，增加关于政府购买公共体育服务的条款。制定《政府购买公共体育服务管理办法》，详细规定购买流程、资金使用、监督管理等内容。出台配套的实施细则和操作指南，提高政策的可操作性。

第三,建立部门协调机制。成立由体育、财政、民政等多个部门组成的工作小组,统筹协调相关工作。明确各部门职责分工,如体育部门负责服务需求调研和质量监管,财政部门负责资金保障和使用监督等。建立信息共享平台,促进各部门之间的沟通与协作。

(二) 需求调研与规划

需求调研与规划机制是政府购买公共体育服务实现的关键环节之一。在实际实施购买公共体育服务前,政府需要进行全面深入的需求调研和科学合理的规划,以确保购买的服务能够切实满足公众需求,实现资源的高效配置。具体可从以下几个方面展开。

第一,开展公众调查。政府应采用多种调研方法,全面了解不同群体对公共体育服务的需求和偏好:①问卷调查,设计科学的调查问卷,针对不同年龄、职业、地区的群体进行抽样调查,了解他们对各类体育项目、设施、活动的兴趣和需求程度。②焦点小组访谈,组织不同背景的公众代表进行深入讨论,收集对现有公共体育服务的评价及对未来服务的期望。③大数据分析,利用体育场馆使用数据、体育 APP 使用数据等,分析公众的运动习惯和偏好。④专家咨询,邀请体育学、公共管理学、社会学等领域的专家,对公共体育服务发展趋势提供意见。

第二,资源评估。全面盘点现有的体育设施和服务资源,分析供需差距:①体育设施普查,对辖区内的公共体育场馆、社区健身设施、学校体育设施等进行全面普查,了解其分布、使用率和维护状况。②体育项目评估,梳理现有的公共体育项目和活动,评估其覆盖面、参与度和满意度。③人力资源分析,调查体育教练、管理人员等专业人才的数量和质量。④财政支出分析,审视过去几年在公共体育服务上的财政支出情况,评估投入产出比。⑤供需对比,将调研得到的需求数据与现有资源进行对比,找出供需不平衡的领域。

第三,制订购买计划。根据调研结果和资源评估,制订科学合理的短期和中长期购买计划:①确定优先领域,根据供需差距和公众需求紧迫性,确定优先购买的服务领域,如老年人健身服务、青少年体育培训等。②设定购买目标,制订具体、可衡量的购买目标,如增加特定类型的体育设施数量、提高某项服务的覆盖率等。③编制预算,根据购买目标和财政状况,合理分配各项服务的购买预算。④确定购买方式，根据不同服务的特点，选择适当的购买方式，如公开招标、定向委托等。⑤制定评估指标，设计科学的评估指标体系，用于后续监督和评价购买服务的效果。⑥规划时间表，制订短期（1～2 年）和中长期（3～5 年）的购买计划时间表，确保计划的连续性和可操作性。

（三）服务清单编制

服务清单编制机制是政府购买公共体育服务实施过程中的关键环节。通过科学合理地编制服务清单，政府可以明确拟购买的公共体育服务内容，为后续的采购、实施和评估奠定基础。具体可从以下几个方面展开。

第一，服务分类。根据公众需求和体育服务的特点，将公共体育服务进行系统化分类：①场地设施服务，包括体育场馆租赁、公共健身设施维护、体育器材配置等，可进一步细分为室内场馆（如篮球馆、游泳馆）和室外场地（如足球场、健身步道）等。②赛事活动服务，包括各类体育赛事的组织、群众性体育活动的策划和执行等，可按规模分为社区级、区域级和市级赛事活动。③体育培训服务，包括各年龄段的体育技能培训、体育健康知识普及等，可按对象分为青少年、成人和老年人培训。④体育指导服务，包括个人健身指导、团体健身课程等，可按形式分为线下指导和线上指导。⑤特殊人群体育服务，针对残障人士、慢性病患者等特殊群体的专项体育服务。⑥体育信息服务，包括体育资讯发布、公共体育设施预约系统维护等。

第二，制定服务标准。明确每类服务的质量标准、服务频率、覆盖范围等。①质量标准：一是场地设施服务，主要包括明确场地面积、设备配置、安全措施、卫生标准等；二是赛事活动服务，主要包括规定参与人数、安全保障、医疗救援、宣传力度等要求；三是体育培训服务，主要包括设定教练资质、课程设置、培训效果评估标准等。②服务频率：一是规定场地开放时间（如每周开放时间不少于 60 h）；二是明确赛事活动举办频次（如每季度至少举办一次大型群众体育活动）；三是确定培训课程周期（如每期培训不少于 12 课时）。③覆盖范围：一是设定服务覆盖的地理范围（如每个街道至少有一处综合性体育场馆）；二是明确服务对象范围（如体育培训服务须覆盖各年龄段人群）；三是规定服务容量（如每个社区健身中心每日服务容量不低于 100 人次）。

第三，成本测算。对各项服务进行成本核算，为后续定价和预算提供依据。

①直接成本:一是人工成本,包括教练、裁判、管理人员等的薪酬;二是场地成本,包括场地租金、水电费、维护费等;三是设备成本,包括体育器材的购置和维修费用;四是材料成本,包括消耗品、宣传资料等费用。②间接成本:一是管理费用,包括行政管理、财务管理等相关费用;二是营销费用,包括宣传推广、用户服务等费用;三是保险费用,包括公众责任险、意外伤害险等。

(四) 采购流程设计

要在竞争依赖型模式下实现政府购买公共体育服务,采购流程设计是其中关键的一环。一个科学、透明的采购流程不仅可以提高公共资源的利用效率,还能确保所采购的服务质量,满足公众的需求。

第一,制定采购制度。采购制度的制定是整个流程的基础,它需要明确采购方式、程序和标准等关键环节。首先,采购方式应根据服务内容和市场条件灵活选择,可以采用公开招标、邀请招标、竞争性谈判等多种方式,以确保公平竞争和高效采购。其次,采购程序要规范,涵盖从需求分析、公告发布、投标受理、评标到合同签订的所有步骤,确保各个环节都有法可依,有章可循。最后,采购标准的设定应考虑服务的特性与公共利益,既要兼顾价格的合理性,也要注重服务质量的高标准,确保采购结果符合预期。

第二,设立采购小组。采购小组的组建至关重要,它直接影响采购过程的公正性和专业性。小组成员应由体育、财政、法律等领域的专家组成。体育专家能确保服务内容符合专业要求,财政专家负责审查预算合理性与资金使用效率,而法律专家则保障采购流程符合法律法规,防止出现违规操作或利益输送的问题。采购小组的多学科组合不仅能提高决策的科学性,还能通过专业的评估避免盲目追求低价而忽视服务质量的问题。

第三,制定评标细则。评标细则是保障采购透明、公正的关键文件,它需要详细规定评分标准和评标方法。在制定评标细则时,必须合理设置价格和质量的权重,以确保两者得到充分考虑。例如,可以在评分标准中规定,价格占比不超过30%,而服务质量、项目经验、技术方案等因素占比更大,以确保最终中标的供应商不仅价格合理,服务质量也能够满足公众需求。此外,评标细则还应明确评审程序,确保评标过程公开透明,避免暗箱操作和不正当竞争。

（五）供应商培育

在竞争依赖型模式下,政府购买公共体育服务需要确保有足够的合格供应商参与竞争,以促进市场活力和提升服务质量。供应商培育机制在这一过程中起着至关重要的作用,既可以帮助新兴供应商进入市场,也能提升现有供应商的竞争力和服务能力。

第一,开展政策宣讲。为了鼓励更多潜在供应商参与政府采购,政策宣讲是关键的一步。政府应定期举办政策宣讲会,向潜在供应商详细解读相关政策法规,说明参与政府采购的流程和要求。这不仅能够消除供应商对政策的不理解和误解,还能增强他们的信心,激励更多中小型企业特别是那些初涉公共体育服务领域的企业积极参与。同时,政策宣讲还可以为供应商提供一对一咨询,帮助他们解决在参与过程中的实际困难,进一步降低他们的参与门槛。

第二,能力建设。为了提升供应商的服务能力,政府可以针对供应商开展系统的能力建设活动。这包括专业技术培训、管理能力提升和质量标准的宣贯等。通过这些培训,供应商可以深入了解公共体育服务的特殊需求和质量要求,掌握先进的服务技术和管理方法,从而提高其服务质量和竞争力。政府还可以通过引入专家指导和示范项目的方式,帮助供应商更好地适应市场需求,满足采购标准。这不仅有利于提高整体服务水平,也能促使供应商在竞争中脱颖而出,形成良性循环。

第三,建立供应商库。建立一个科学管理的供应商库是确保采购活动顺利进行的基础。政府可以通过资格预审,对符合条件的供应商进行筛选,并将其纳入供应商库进行动态管理。这种管理机制不仅能够保证供应商的资质和能力符合要求,还能通过定期的评估和更新,确保供应商库的动态性和活力。在此过程中,政府还可以通过信息公开、反馈机制和供应商评级等手段,进一步优化供应商库的结构,推动供应商不断提升服务质量和创新能力,形成一个既公平竞争又充满活力的市场环境。

（六）合同管理机制

在政府购买公共体育服务的过程中,合同管理机制是确保服务有效交付、提高公共服务质量的重要环节。作为一种竞争依赖型模式的实现机制,合同管理机制通过规范合同签订和执行过程,保证了政府与服务提供方之间的合作顺利进行,并最终实现公共体育服务的预期目标。以下具体阐述了合同管理机制在政府购买公共体育服务中的三个关键环节。

第一,合同模板设计。为了确保合同的标准化和规范性,制定标准化的合同模板是合同管理的首要环节。标准化的合同模板能够明确政府与公共体育服务提供方之间的权责分工,减少因合同内容不清晰而引发的争议和冲突。在模板中,必须明确服务的具体内容、服务标准、交付时间、费用支付方式及违约责任等条款。同时,合同模板设计时应充分考虑不同类型的公共体育服务的特点,确保合同具有可操作性,并且能够覆盖所有可能出现的问题。例如,对于场馆运营类公共体育服务,合同模板中应明确规定场馆的使用时间、维护责任及公共开放的具体要求;而对于健身指导类服务,则需详细约定服务内容、服务时长和质量标准。通过标准化合同模板的设计,政府可以统一管理和监控各类公共体育服务项目,从而减少管理成本,提升服务效能。

第二,谈判机制建立。在政府与服务提供方签订合同的过程中,建立灵活的谈判机制也至关重要。尽管标准化的合同模板可以提供基本的框架,但实际的合同签订过程中,仍然需要根据具体项目的特殊性进行灵活调整。例如,在某些大型体育赛事或特定人群(如老年人、青少年)的体育服务项目中,服务提供方可能会提出一些个性化的需求或条件,这时谈判机制就显得尤为重要。谈判机制的建立不仅有助于双方更好地理解对方的需求,也为双方提供了一个解决合同细节问题的平台,确保合同签订的灵活性和有效性。此外,谈判机制还可以帮助政府在竞争性采购中,平衡不同投标方的报价和服务质量,选择最优的服务提供商。

第三,履约管理。合同的签订只是政府购买公共体育服务的起点,真正实现公共体育服务价值的关键在于合同的履行。因此,履约管理成为合同管理中至关重要的一环。政府必须制定科学的履约监督办法,确保服务提供方按合同约定的内容和标准完成服务交付。在公共体育服务的履约管理中,政府可以通过多种手段对服务过程进行监控,如定期检查服务提供方的工作情况、采集公众反馈、设置第三方评估机制等。通过严格的履约管理,可以及时发现并解决服务过程中出现的问题,防止服务质量下滑,保障公众的体育服务需求得到充分满足。例如，在社区健身服务中，政府可以设立定期的服务质量检查机制，对服务提供方的健身课程、设施维护等情况进行评估，并通过居民满意度调查了解服务效果。若服务未能达到合同规定的标准，政府应及时采取措施，要求服务提供方进行整改，甚至依据合同条款进行相应的处罚。

（七）监督评估体系

在政府购买公共体育服务的过程中，监督评估体系机制是保障服务质量、提高公共服务水平的重要手段。作为竞争依赖型模式的一部分，监督评估体系通过多层次、多角度的监督与评估，确保公共体育服务的高效、透明和公平。以下将具体阐述监督评估体系在政府购买公共体育服务中的四个关键环节。

第一，日常监管。建立定期检查和随机抽查相结合的监管机制，是监督评估体系的核心内容之一。在政府购买的公共体育服务项目中，定期检查可以确保服务提供方按照合同要求持续、稳定地提供高质量的服务。例如，政府可以制订月度或季度的检查计划，涵盖公共体育设施的维护、体育活动的开展情况、教练员的资质和服务水平等方面。同时，随机抽查则提供了更为灵活和有力的监督手段。通过不定期、不预先通知的方式，随机抽查可以有效防范和打击服务提供方可能存在的投机取巧行为，确保服务的真实质量。例如，政府可以随时对社区健身服务、体育场馆运营等项目进行抽查，发现问题及时纠正，从而提升监督的覆盖面和有效性。

第二，第三方评估。为了确保评估的客观性和公正性，引入独立的第三方评估机构是监督评估体系的重要组成部分。第三方评估机构通常由政府之外的专业组织或咨询公司担任，他们拥有专业的知识和技术，能够以独立、客观的角度对公共体育服务进行全面评估。第三方评估不仅包括对服务质量的评价，而且涵盖服务效果的社会影响评估。例如，第三方机构可以对一个社区体育项目的健康促进效果进行评估，分析项目对居民健康水平的实际提升作用，提出改进建议。这种外部评估能够弥补政府内部监管的不足，确保评估结果的公正性和可信度。

第三，公众参与。建立服务对象反馈机制，是监督评估体系中不可或缺的一环。公众作为公共体育服务的直接受益者，其反馈对于服务质量的评估具有重要的参考价值。政府应当通过多种形式鼓励公众参与监督，确保服务的公平性和有效性。例如,政府可以定期开展满意度调查,了解公众对体育服务的意见和建议。调查可以涵盖服务的各个方面,如设施的可用性、课程的多样性、教练的专业性等。除了满意度调查,还可以设立投诉处理机制,及时处理公众对服务质量的不满和投诉。通过这些反馈机制,政府能够及时调整和改进服务,确保公共体育服务更好地满足群众需求。

第四,绩效考核。制订科学的绩效考核指标,并将其与付款挂钩,是监督评估体系中激励与约束并存的关键环节。绩效考核不仅是对服务提供方的评估,更是政府确保公共体育服务质量的重要手段。科学的绩效考核应当涵盖服务的多个维度,包括服务覆盖率、服务质量、公众满意度、服务效果等。例如,在一个政府购买的体育培训项目中,绩效考核指标可以包括学员的参与度、课程完成率、技能提升情况等。通过定期考核,政府可以掌握服务的实际执行情况,并根据考核结果决定是否支付全额款项或扣减部分款项。这样的绩效考核制度不仅能够激励服务提供方提升服务质量,还可以避免政府资源的浪费,确保公共资金的有效利用。

(八) 信息公开机制

在政府购买公共体育服务的过程中,信息公开机制是确保过程透明、增强公众信任的重要手段。作为竞争依赖型模式的一部分,信息公开机制通过透明化采购过程、服务内容和评估结果,提升了公共体育服务的公正性和有效性,同时也增强了公众对政府服务的监督能力。以下将具体阐述信息公开机制在政府购买公共体育服务中的三个关键环节。

第一,采购信息公开。采购信息公开是信息公开机制的首要环节,也是确保政府采购过程公平公正的基础。通过及时、全面地公开采购信息,政府能够增加采购过程的透明度,防止暗箱操作,确保所有潜在服务提供商都能在同一起跑线上竞争。具体而言,政府应在采购过程中及时发布采购公告、招标文件、投标人资格要求等相关信息,并在招标完成后,迅速公布中标结果及中标方的详细信息。这不仅有助于吸引更多优质服务提供商参与竞标,还能够确保采购过程的公正性。例如,在一个城市的公共体育设施运营管理项目中,政府应通过官方网站或公共平台公开招标信息,并明确评标标准和流程,让所有参与方都清楚评标规则和中标结果,进而增强采购的透明度和公信力。

第二，服务信息公开。服务信息公开是信息公开机制的关键环节之一，直接关系到公众对公共体育服务的知情权和参与权。通过公开服务内容、标准、供应商信息等，政府可以让公众更好地了解所提供的体育服务内容，从而更有针对性地参与和享受这些服务。具体来说，政府应当在服务实施前，向公众详细公开所购买公共体育服务的具体内容和标准。例如，对于一个全民健身项目，政府应明确公布服务的时间安排、参与方式、教练资质、场地情况等信息，确保公众可以方便获取和参与。此外，供应商信息的公开同样重要，公众有权知道是谁在为他们提供服务，服务提供商的背景、资质及过往业绩等信息应当透明化。这种信息公开不仅提高了服务的透明度，也有助于增强供应商的责任感和服务质量。

第三，评估结果公开。评估结果公开是信息公开机制中的重要环节，直接影响公众对政府购买公共体育服务质量的信任度和满意度。通过定期公开服务质量评估结果，政府能够让公众了解所购买服务的实际效果和质量，并提供反馈的渠道。在实际操作中，政府应当定期发布对公共体育服务的评估报告，内容包括服务效果、公众满意度、第三方评估结果等。例如，在某个社区健身活动项目结束后，政府可以通过网站、公告栏等渠道向公众发布评估报告，报告中应包括活动参与情况、设施使用率、公众健康状况改善程度等数据。此外，评估报告中还应包括对服务提供方的综合评价，公开透明地展示服务过程中的优劣之处。这种公开机制不仅使政府接受公众的监督，也为未来的服务采购和改进提供了重要参考。

（九）资金保障与预算管理机制

在政府购买公共体育服务的过程中，资金保障与预算管理机制是确保项目顺利实施、提升公共体育服务质量的重要支撑。作为竞争依赖型模式的一部分，资金保障与预算管理机制通过规范资金的来源和使用，确保了公共资源的高效利用，并为公共体育服务的可持续发展提供了坚实的财务基础。以下将具体阐述资金保障与预算管理机制在政府购买公共体育服务中的三个关键环节。

第一，预算编制。预算编制是资金保障与预算管理机制的首要环节，它为政府购买公共体育服务的顺利实施提供了明确的资金规划。将购买经费纳入财政预算，不仅有助于提高资金使用的透明度和规范性，还能确保公共体育服务项目能够按计划执行,避免资金短缺或使用不当的情况。具体来说,在预算编制过程中,政府需要对所购买的公共体育服务进行详细的成本分析,并根据项目的规模、服务内容和预期效果,合理安排预算。例如,对于一个大型体育设施的建设和运营项目,政府应综合考虑设施的建设成本、运营维护费用、人员配备等因素,确保预算编制的科学性和合理性。同时,在编制预算时,还应考虑服务的长期性和可持续性,避免因预算不足而导致服务中断或质量下降。通过将购买经费纳入财政预算,政府可以在年度财政规划中为公共体育服务项目预留充足的资金,确保服务能够顺利进行并达到预期效果。

第二,资金来源多元化。资金来源多元化是保障公共体育服务项目可持续发展的重要途径。除了依赖财政资金外,政府应积极探索其他多种资金来源,如社会资本、彩票公益金、企业赞助等,以减轻财政压力并扩大资金来源,为公共体育服务项目提供更多的财务支持。具体而言,政府可以通过与社会资本合作,采用政府和社会资本合作模式来推动大型公共体育项目的实施。在这种模式下,社会资本不仅可以提供资金支持,还可以通过市场化运营方式提高服务效率和质量。此外,政府还可以通过设立专项彩票公益金,用于支持全民健身活动、青少年体育培训等公共体育服务项目,增强社会资金对公共体育服务的投入。企业赞助也是资金来源多元化的一种有效方式,政府可以鼓励企业通过赞助体育赛事、捐赠体育设施等方式,参与到公共体育服务中来,不仅丰富了资金来源,也增强了社会对公共体育服务的支持力度。

第三,建立资金监管机制。资金的使用合规性和效益是资金保障与预算管理机制的核心所在。为了确保公共资金的合理使用,政府必须建立健全的资金监管机制,对资金的分配、使用和管理全过程进行严格监督,确保每一笔资金都用在刀刃上,最大化其社会效益。在具体实施中,政府可以通过建立资金使用的审批和监督制度,对每一项公共体育服务项目的资金流向进行全程监控。例如,政府可以设立专门的审计部门,对公共体育服务项目的资金使用情况进行定期审查,确保资金使用的透明度和合规性。同时,政府还可以引入信息化管理手段,如建立资金管理信息系统,对资金的预算编制、拨付、使用和结算等环节进行实时监控,防止资金滥用和浪费。此外,政府还应建立问责机制,对资金使用不当的行为进行严厉惩处,以此提高资金管理的责任意识和规范化程度。

（十） 持续改进机制

在政府购买公共体育服务的过程中,持续改进机制是确保服务质量不断提升、满足公众多样化需求的关键措施。作为竞争依赖型模式的一部分,持续改进机制通过动态调整和优化,确保政府在购买公共体育服务时能够根据实际情况反馈,不断完善和改进服务模式和流程,最终实现更高的公共服务质量和社会效益。以下将具体阐述持续改进机制在政府购买公共体育服务中的三个关键环节。

第一,定期评估。定期评估是持续改进机制的基础环节,它为政府了解购买模式的实际效果和发现潜在问题提供了重要依据。通过定期评估,政府可以全面分析公共体育服务的整体效果,评估现有服务模式的优劣势,并为下一步的优化和调整提供数据支持。在实际操作中,政府应建立定期的评估计划,对不同类型的公共体育服务项目进行多维度的评估。例如,对于大型体育设施的运营管理,评估应涵盖设施的使用率、维护情况、公众满意度及经济效益等方面;而对于全民健身活动或体育培训项目,评估则应侧重于参与度、服务质量、社会影响等指标。通过这些定期评估,政府能够及时发现问题,识别服务中存在的不足,确保公共体育服务始终处于优化和改进的过程中。

第二,反馈循环。反馈循环是持续改进机制的重要组成部分,通过将评估结果和各方反馈转化为具体的改进措施,政府可以不断优化公共体育服务的购买策略和流程。反馈循环不仅包括对服务提供方的评估结果反馈,还应涵盖公众、专家,以及相关利益方的意见和建议。具体而言,政府可以通过多种渠道收集和分析反馈信息。例如,定期开展公众满意度调查,听取公众对服务质量和内容的意见;与服务提供方定期沟通,了解他们在服务过程中遇到的挑战和改进建议;邀请体育专家或顾问进行独立评估,提出专业意见。通过将这些多元化的反馈信息纳入决策过程,政府可以根据实际需求调整购买策略,如调整服务内容、优化采购流程、引入新的评估标准等。反馈循环不仅帮助政府及时应对服务中的问题,还为公共体育服务的持续改进和创新提供了坚实的基础。

第三,创新鼓励。鼓励供应商提出服务创新方案,是持续改进机制中的关键环节之一。在竞争依赖型的政府购买公共体育服务模式下,创新不仅是提高服务质量的有效手段,也是供应商在市场竞争中脱颖而出的重要途径。通过创新鼓励机制,政府可以激发供应商的创意和活力,推动公共体育服务在内容、形式和技术上的不断创新。具体措施上,政府可以通过设立创新奖励、举办服务创新竞赛或论坛等方式,鼓励供应商积极探索新的服务模式。例如,鼓励供应商利用大数据、人工智能等技术手段,开发智能健身设备或个性化健身指导服务;或在传统的体育活动基础上,引入更加丰富多样的服务项目,如线上线下结合的体育培训、跨领域的体育文化活动等。通过这些创新措施,政府不仅能够提升公共体育服务的吸引力,还能够为公众提供更加丰富和个性化的服务体验。

本章小结

　　在当前的公共体育服务供给方式中,竞争依赖型模式作为一种新型的管理模式,旨在在建立竞争购买模式的基础上形成供需双方之间的依赖关系,以实现效率和效益的统一。这一模式的提出,旨在解决传统竞争购买模式存在的种种问题,为公共体育服务的提供和运作带来新的思路和机遇。首先,公共体育服务的重要性不言而喻。公共体育服务对于社会的健康、文化和社会稳定都具有重要的意义。然而,在传统的竞争购买模式下,政府在购买公共体育服务时往往处于主导地位,社会组织只是简单的执行者,缺乏独立性和创新能力,影响了公共体育服务的质量和效果。因此,有必要探索一种新的管理模式,以提高公共体育服务的供给水平和效能。竞争依赖型模式的提出,为解决这一问题提供了新的思路。该模式强调在竞争的基础上建立长期的合作关系,重视供需双方之间的依赖关系,以提高公共体育服务的质量和效果。在实施这一模式时,关键因素包括政府主导与市场参与的合理协调、依赖关系建设与长期合作机制的建立、责权清晰与信息共享的体制保障等。这些因素的合理运作可以促进公共体育服务供给的有效实施,提高服务的质量和效率。为了验证竞争依赖型模式的可行性和效果,我们可以通过实践案例和效果评估来进行分析。

05 第五章

非竞争独立型模式下的主体责任及其实现机制

为了深入研究政府购买公共体育服务中非竞争独立型模式下所涵盖的政府责任维度,本研究选用了文献资料法、访谈法和数理统计法来探究我国当前政府购买公共体育服务中非竞争独立型模式下政府责任的各种因素。政府购买公共体育服务是近年来国内体育产业发展的重要举措之一,也是推动体育事业繁荣发展的有效方式。在这个模式下,政府作为购买方,通过与服务提供方签订合同的方式,向市场购买各种公共体育服务,如体育场馆的维护、体育赛事的组织和管理、体育培训的提供等。非竞争独立型模式指的是政府购买公共体育服务时,不存在多个供应商之间的竞争,而是由单一的服务提供方来执行合同,为政府提供服务。在研究中,通过文献资料法来收集和分析相关的文献材料,对政府购买公共体育服务中非竞争独立型模式下的政府责任进行整理和梳理。通过阅读和研究相关文献,了解其他学者对该主题的观点和研究成果,从而为本研究提供理论依据。另外,还采用了访谈法深入了解政府购买公共体育服务中政府的责任维度。通过与相关部门的官员、体育行业的从业者及体育服务提供方的代表进行面对面访谈,明晰他们对政府购买公共体育服务中政府责任的看法和认识。访谈是一种直接、实证的方法,可以获取到一手的信息和观点,有助于我们全面把握非竞争独立型模式下政府责任的实际情况。此外,为了对政府购买公共体育服务中非竞争独立型购买模式下的政府责任进行量化分析,运用数理统计法对相关数据进行收集和整理,并运用数学和统计方法进行数据分析,可以更加客观地评估政府在购买公共体育服务中的责任履行情况,并得出相应的结论和建议。

　　研究认为,在构建政府购买公共体育服务的责任体系时,需要考虑其动态变化和发展过程。政府购买公共体育服务是一个复杂的过程,其中涉及政府与服务提供方的合作、监管与管理、经济投入等方面的问题。对于非竞争独立型模式下的政府责任来说,需要从监管、专业、经济、法律和社会等五个不同的责任维度进行全面分析,以便更好地理解和解决政府购买公共体育服务中的责任问题。在监管责任方面,政府应加强对公共体育服务提供方的监管,确保其按照合同履行职责,提供优质的服务。在专业责任方面,政府应当对服务提供方的专业素质进行审查和评估,确保其具备提供相关体育服务的能力和水平。在经济责任方面,政府应当合理投入资金,确保购买公共体育服务的充分实施。在法律责任方面,政府应当依法保障公共体育服务的提供,并及时解决可能出现的纠纷与问题。在社会责任方面,政府应当加强与社会各界的沟通和合作,促进公众对购买公共体育服务的理解和支持。

一、善治视角下政府购买公共体育服务的逻辑关联

　　近年来,我国政府购买体育服务的实践中存在着责任界定不清的问题,导致制度构建难以推进。虽然政府购买公共体育服务成功地结合了政府与专业社会组织合作的契机,发挥出一定的优势后也可以为后续的发展方向提供思路,但政府在履行公共服务购买过程中的责任仍然存在问题,这在一定程度上对购买公共体育服务的发展造成了限制。因此,有必要明确我国政府在购买公共体育服务过程中具体承担哪些责任、政府在这些责任主体中所处的位置,以及应该构建何种责任体系。为了解决这些问题,我们需从多个角度综合考虑,清晰界定政府的责任范围,确保构建符合实际情况与发展需要的责任体系。同时,还需着眼于提升政府购买公共体育服务的管理水平,进一步推动政府购买体育服务实践的顺利进行。

　　善治是一种政府与公民社会合作管理公共事务的模式,旨在实现政府与公民社会的最佳结合状态,提高政府管理的创新性和有效性。从善治的角度出发,探讨政府购买公共体育服务的意义和价值,不仅可以为政府管理创新提供

理论支持,而且对于推动公共体育服务的健康发展具有重要的现实意义。西方的善治理论是最新的治理理论发展成果,作为一种新的理论框架,它具有明显的优势。首先,善治理论将多种理论分析工具,如新公共管理理论、政府发展理论和公民社会理论等,以及多种分析方法(如制度分析、经济分析和文化分析等)应用到政府管理和社会管理分析中,能够合理解释政府管理的努力方向。其次,善治的基本要素包括法治原则、服务精神、责任制度、民主气质和合作治理,这符合全球经济和政治发展的基本规范。最后,善治理论强调整体规则和政府治理过程,抓住了政府管理的关键,是优秀的政府管理理论成果。善治理论起源于西方,对西方国家的政府管理产生了深远影响,对中国政府管理也具有重要意义。然而,在中国学术界对善治理论在政府购买服务方面的研究还相对较少。本研究以善治理论为基础,旨在探讨政府购买公共体育服务时应承担的监管责任、专业责任、经济责任、法律责任和社会责任,以加强政府的法治建设,应对全球化时代的挑战,并满足公民社会需求和利益主体多元化的要求,具有重要的现实意义。因此,以善治理论为视角,对非竞争独立型模式中的政府责任进行深入分析和研究,将为后续研究提供较大的理论价值。

二、 非独立竞争型模式下政府购买公共体育服务的驱动力

(一)制度赋能

作为国家推动社会经济发展的顶层规划,政策在任何国家和社会中都扮演着至关重要的角色。政策是政府将观念和信息外化为符号表达的方式,通过具体的规定和指导原则,来引导和规范社会各方面的行为和活动,体现了国家长期发展方向和战略目标。在这个意义上,政策的设计、颁布和执行直接关系到国家治理体系的有效性和政府的形象建设。政府购买公共体育服务作为完善公共体育服务体系的重要途径,在国家相关政策法规文件中得到了重视,成为政府和社会关注的焦点。政府购买公共体育服务的相关政策旨在通过政府采购的方式,促进体育产业的发展,提高全民健康水平,推动经济增长和社会和谐。这也体现了政府对于体育事业的认可和支持,是政府治理体系中的一部分。不论采用的是目前的"自上而下"方式设计的政策执行模式,还是倾向于

"自下而上"方式研究的政策执行过程,都能够可靠地反映国家意志和顶层设计。在"自上而下"方式下,政策制定者会通过顶层设计,明确政府的职责和义务,规范政府购买公共体育服务的程序和要求,确保政策的贯彻执行。而在"自下而上"方式下,政策执行者会更加注重基层实际情况和社会需求,通过调研和讨论,制定更加符合实际情况的政策执行方案,以期更好地实现政策目标。实际上,政策的颁布和实施已经传达了政府政策规划的远景目标,满足工作需求,解决社会经济问题的初衷。政府购买公共体育服务政策的出台,旨在通过引导市场力量、规范服务提供方的行为,达到提升全民体育意识和促进全民健康的目标。政府购买公共体育服务不仅是一种政策工具,更是一种社会责任担当,是政府为了民生福祉和社会进步而采取的重要措施。除了政策的制定和实施可以使政府更好地履行其职能外,这也有助于提升政府在公众心目中的形象。政府购买公共体育服务政策的有效实施,可以增强政府的公信力和透明度,提高政府的执政水平和服务质量,在公众心目中树立良好的形象。公众对政府的信任和认可是政府有效履行职责的重要保障,通过购买公共体育服务等民生项目,政府可以更好地实现与民众沟通和互动,增进政府与民众之间的亲和力和合作关系。最终,政府购买公共体育服务政策的落实也将有助于实现政府管理效能的提升。政府购买公共体育服务政策的目的在于提供更好的体育服务,推动全民健康,促进体育产业发展,而政府的高效管理能力将成为实现这些目标的重要保障。通过制定科学合理的政策措施,并有效执行,政府可以提高对公共事务的处理效率,提升行政水平和治理能力,为社会经济发展创造更加良好的环境和条件。

体育公共服务作为公共服务体系的重点领域,承载着推动全民健身促进全民健康的重要任务。国家在制度建设上为政府购买公共体育服务提供了风向标和行为准则,这是政府购买公共体育服务的法律和政策依据,为政府提供了明确的任务和责任(表5-1)。众多国家都提出了要推进实施政府购买公共体育服务的相关措施,致力于公共体育服务水平得到提升,满足人民健身需求。这表明国家对于体育事业的高度重视和对全民健康的关切。实现全民健身服务的目标,是政府购买公共体育服务的重点。政府购买公共体育服务的目的在于通过提供高质量的体育服务,促进全民健康水平的提升。通过政府购买公共体育服务,人们可以获得方便、专业的体育锻炼机会,享受运动带来的身心健康。

此外，公共体育服务还可以作为一种社交手段，促进人们之间的社会交往，满足人们对社交的需求。因此，政府购买公共体育服务不仅关乎个体的健康和福祉，也紧密关联着社会的和谐与进步。在深入推进政府购买公共体育服务的制度背景下，为了推进政府更加准确地购买公共体育服务，满足全民健身的数量和质量需求，非竞争独立型模式的政府购买公共体育服务的实施被引入制度层面。非竞争独立型模式强调了政府在购买公共体育服务过程中履行职责和义务的重要性。政府购买公共体育服务的过程需要明确政府的角色定位和责任，确保政府购买公共体育服务的渠道多元畅通，避免限制竞争和垄断行为的发生。

表 5-1　国家层面政府购买公共服务政策

时间	政策文件	核心要义	发布机构/会议
2019 年	《国务院办公厅关于促进全民健身和体育消费推动体育产业高质量发展的意见》	发挥政府资金引导带动作用。研究设立由政府出资引导、社会资本参与的中国体育产业投资基金。以省为单位制定政府购买公共体育服务目录和标准	国务院办公厅
2019 年	《体育强国建设纲要》	全方位加大政府向社会力量购买公共体育服务的力度	国务院办公厅
2020 年	《政府购买服务管理办法》	首次提出包含六类事项的"负面清单"	财政部
2020 年	《国务院办公厅关于加强全民健身场地设施建设发展群众体育的意见》	通过政府购买服务等方式，引导社会力量承接社区体育赛事活动和培训项目	国务院办公厅
2021 年	《全民健身计划（2021—2025)》	加大政府购买体育社会组织服务力度，引导体育社会组织参与承接政府购买全民健身公共服务	国务院
2022 年	《中华人民共和国体育法》	国家支持通过政府购买服务的方式提供公共体育服务，提高公共体育服务水平	第十三届全国人民代表大会常务委员会第三十五次会议
2022 年	《关于构建更高水平的全民健身公共服务体系的意见》	制定政府购买全民健身公共服务的办法及实施细则	中共中央办公厅、国务院办公厅

（续表）

时间	政策文件	核心要义	发布机构/会议
2023 年	《全民健身场地设施提升行动工作方案（2023—2025 年）》	积极推进通过政府向社会力量购买服务的方式提供公共体育服务	国家体育总局办公厅、国家发展改革委办公厅、财政部办公厅、住房城乡建设部办公厅、中国人民银行办公厅

政府在购买公共体育服务过程中需要履行职责和义务，以确保政府购买公共体育服务的渠道多元畅通。首先，政府需要明确购买公共体育服务的目标和范围，制定详细的需求规范，确保购买的服务能够满足全民健身的需求。其次，政府应建立公平、透明的购买程序和评价机制，以确保公共体育服务供应商的选择和评价具备科学性和客观性。此外，政府还应加强对购买服务过程的监督和管理，确保资金使用合规和服务质量的提升。最重要的是，政府应积极引导和支持非竞争独立型模式，鼓励社会力量的参与，提升公共体育服务的供给能力和水平。在政府购买公共体育服务过程中，政府与公共体育服务供应商之间的合作关系尤为重要。政府应建立健全的合作机制，与供应商共同推动公共体育服务的发展和提升。政府可以通过与供应商合作，共同制定服务标准和质量要求，确保购买的服务能够真正满足人们的需求。同时，政府还可以提供资金支持和政策激励，鼓励供应商提供更好的服务和创新的体育项目，不断提升公共体育服务的质量和影响力。

（二）技术赋能

随着互联网和物联网技术的不断进步，政府在购买公共体育服务方面的监督管理、政社协同和风险评估等方面得到了科学化的技术支持。采取非竞争独立型模式下政府购买公共体育服务的方式，通过网络信息公示、购买服务效益评估、服务主体评价、网络监督等监督措施，有效地监督政府责任和服务质量，确保公共体育服务的高质量供给。首先，互联网和区块链等技术的应用为政府直接购买公共体育服务和承接方供给体育公共服务提供了平台。通过这些技术，政府的需求、资金及承接主体的资质和服务质量等信息可以得到全面展示与对接，从而实现政府和社会的协同合作，推动公共体育服务的高质量供给，满足人民群众全民健身的需求。其次，非竞争独立型模式下政府购买公共体育服务是一种定向购买方式，但在购买过程中往往容易出现内部化倾向和暗箱操作等腐败现象。通过应用网络技术，可以实现全民监督，提高政府购买公共体育服务的透明度和效能，减少腐败现象的发生，保障公共资源的合理利用。此外，技术赋能也为政府购买公共体育服务提供了更多的选择和灵活性。政府可以根据实际需求和市场情况，灵活调整购买服务的方式和内容，更好地满足人民群众的多样化需求。同时，技术的应用也可以提高政府的决策效率和服务质量，为公共体育服务的提升和发展提供更好的支持。

（三）组织赋能

随着社会经济的发展和人民生活水平的提高，全民健身事业逐渐成为人们生活中不可或缺的一部分。体育活动不仅可以促进身体健康，增强体质，还可以增进人与人之间的交流和沟通，提升社会凝聚力。因此，提供高质量的体育公共服务对于社会的健康发展至关重要。然而，传统的政府直接供给体育公共服务模式存在着一些问题，如资源有限、服务单一、管理效率低等。为了提高全民健身公共服务的供给质量，政府购买公共体育服务可以采用非竞争独立型模式。这种模式通过政府与体育社会组织或体育企事业单位洽谈合同的方式，让其成为公共体育服务的承接主体，从而实现政府购买服务的目的。采用非竞争独立型模式，可以有效提高公共体育服务的供给质量。首先，政府可以选择具有专业能力和经验的体育社会组织或企事业单位作为服务提供者，确保服务的专业性和质量。其次，这种模式可以促进市场竞争，激发服务提供者的创新活力，推动体育公共服务的多样化和多元化发展。再次，政府购买服务的方式能够更好地调动社会资源，提高服务供给的效率和灵活性。同时，非竞争独立型模式也可以减少政府部门的人力、财力及物力投入，提高政府运营管理效率。政府不再需要直接承担公共体育服务的运营和管理工作，而是通过购买服务的方式委托给专业机构，更加专注于政策制定和监督管理等职能，提高政府服务的针对性和效能。

（四）环境赋能

在中国，体育事业的发展面临一个亟待解决的问题，即广大人民群众的多样化体育需求不断增长,而现有的体育资源供给能力却相对不足。这种供需失衡的状态引发了紧张的态势。随着中国居民健康意识的不断提升,体育锻炼作为居民增进健康或保持健康的有效手段,催生出多元化、多层次的体育需求。在此背景下,作为主要体育服务供给方的公共体育服务机构亟须采取有效措施,着力提升体育服务的供给质量。中国经常参加体育锻炼的人口比例从2014年的33.9%上升至2020年的37.2%[①]。同时,91.0%的儿童青少年、87.2%的成年人和53.6%的老年人认为体育健身具有积极作用[②]。居民体育促进健康意识的形成,充分提高了全民体育需求,为促进体育事业发展创造可行性环境。全民体育需求上升使得全民日益增长的多元化、多层次体育需求增加,推动政府部门采取非竞争独立型模式,以满足全民体育需求。在当前形势下,为了更好地满足人民群众对体育的多元化需求,公共体育服务机构需要采取一系列措施。首先,需要加大对体育设施建设的投入,提高体育场馆的数量和质量。其次,要加强对体育教练员和服务人员的培训,提升他们的专业水平,以更好地为群众提供个性化、专业化的体育指导和服务。再次,还需要加强对体育活动的组织和宣传,引导更多的人参与体育锻炼,增强全民健康意识。另外,公共体育服务机构还可以通过与社会力量合作,拓展体育资源供给渠道。可以与企业、社会组织等建立合作关系,共同开展体育活动,充分利用社会资源,提高体育服务的覆盖面和质量。同时,可以利用互联网和新媒体平台,开展线上体育课程和活动,满足人们在家中或办公场所进行体育锻炼的需求,提升体育服务的便捷性和灵活性。最后,公共体育服务机构还可以加强与学校、社区等基层组织的合作,共同推动体育事业的发展。可以通过在学校开展体育课程、组织体育比赛,培养青少年对体育的兴趣和热爱,促进青少年健康成长。同时,在社区开展体育活动、建立体育俱乐部,为居民提供便捷的体育锻炼场所和服务,增强社区凝聚力和活力。

(五) 要素赋能

体育作为一项重要的社会事业,不仅能够促进人民群众身心健康,还能够

---

① 中华人民共和国财政部. 政府采购服务管理办法:中华人民共和国财政部令(第102号)[S/OL]. (2020-01-03)[2024-11-02]. https://www.gov.cn/gongbao/content/2021/content_5582627.htm.
② 体育科学研究所. 国家国民体质监测中心发布《2020年全民健身活动状况调查公报》[EB/OL]. (2022-06-07)[2024-11-02]. https://www.sport.gov.cn/n315/n329/c24335053/content.html.

推动社会经济的发展。随着国家对体育事业的高度重视和支持，体育事业正迎来新的发展机遇。为了推进体育事业的高质量发展，国家不断加大对体育事业的投入，着力培养高水平的体育人才，建设多样化的体育场地设施，增加体育财政投入，推动体育与相关产业深度融合发展，为非竞争独立型模式下政府购买公共体育服务的开展提供了契机。首先，体育人才的培养是体育事业发展的重要基础。国家通过加大对体育人才的培养力度，提高培养质量，培养出更多高水平的体育专业人才，为体育事业的发展提供了有力支持。这些优秀的体育人才不仅可以为体育事业注入新的活力和创新力，还可以为公共体育服务机构提供专业化的服务，提升体育服务水平。其次，多样化的体育场地设施为政府购买公共体育服务提供了场所保障。国家在各地建设体育场馆、运动场地、健身设施等，满足不同群体的体育需求。这些现代化、多功能的体育场地设施为公共体育服务机构提供了丰富的场地资源，可以更好地满足人民群众对体育锻炼的需求，推动体育事业的发展。此外，政府对体育事业的财政投入增加，为购买公共体育服务提供了必要的财政支持。国家通过增加对体育事业的财政投入，提高公共体育服务的供给质量，降低人民群众参与体育活动的门槛，促进全民健身事业的健康发展。这种财政支持为政府购买公共体育服务提供了坚实的基础，确保体育服务的普惠性和可持续性。另外，体育与相关产业的深度融合发展也为公共体育服务的拓展提供了新的机遇。随着体育产业的不断发展壮大，体育产业链条日益完善，涵盖体育器材、体育赛事、体育旅游等多个领域。政府可以通过与体育产业企业合作，共同开展体育活动、推广体育产品，拓展体育服务的内容范围，提升体育服务的多样性和创新性，满足人民群众对体育的多元化需求。

三、 购买过程

政府购买公共服务是公共资源配置的重要方式，为了确保购买活动的顺利进行，遵循了严谨的流程和规范，以保障购买活动的合理性、公正性和透明性。在实际操作经验的基础上，按照以下环节，以规范政府购买活动的各项行为。

首先是项目选定环节。在开展购买活动之前,必须经过严格的项目选定程序。我们建立了科学的决策程序和评估标准,以确保选定项目的合理性和有效性。通过综合考虑项目的社会效益、市场需求、可行性等因素,我们确保选定的项目符合政府购买活动的政策目标和社会需求,从而为后续的购买活动奠定基础。

其次是信息发布环节。为了让市场主体充分了解购买信息并参与竞争,我们通过指定的渠道发布详细、透明的信息,明确购买条件、方式、程序等相关内容。这样可以确保市场主体在购买活动中拥有公平竞争的机会,促进市场资源的有效配置和优化利用。

接下来是组织采购环节。我们采用规范化的采购方式和程序,确保竞争的公平性和透明度。在采购过程中,我们依法依规组织评审和谈判,确保市场主体在购买活动中的合法权益得到保障。通过严格执行采购程序,我们确保购买活动的公正性和效率性,促进政府与市场主体之间的良好合作关系。

项目监管是购买活动中不可或缺的环节。为确保项目的顺利实施和取得预期效果,我们将对项目实施全程进行监管。定期对项目进度、资金使用等情况进行审查,及时发现和解决问题,确保项目按计划推进。通过有效的监管机制,我们保障购买活动的实施效果和社会效益,提升政府购买活动的管理水平和执行力度。

最后是绩效评价环节。项目完成后,我们将进行全面的绩效评价,以衡量项目的实际效果。制定科学的评价指标体系,采用客观、量化的方法进行评价,为今后的购买活动提供有益的参考和借鉴。通过绩效评价,我们不断优化政府购买活动的管理机制,提高购买活动的效率和质量,促进公共资源的有效配置和利用。

在具体实践中,将严格执行上述环节,不断完善政府购买活动的规范化和制度化,推动政府购买活动的健康发展,为促进经济社会的可持续发展做出积极贡献。通过规范的政府购买活动流程更好地发挥政府的引领作用,促进公共资源的有效配置和社会福利的提升,实现政府购买活动的良性循环和可持续发展[1](图 5-1)。

---

① 胡守勇. 政府购买公共文化服务的风险识别、致险成因与防范路径[J]. 图书馆,2019(5):41-46.

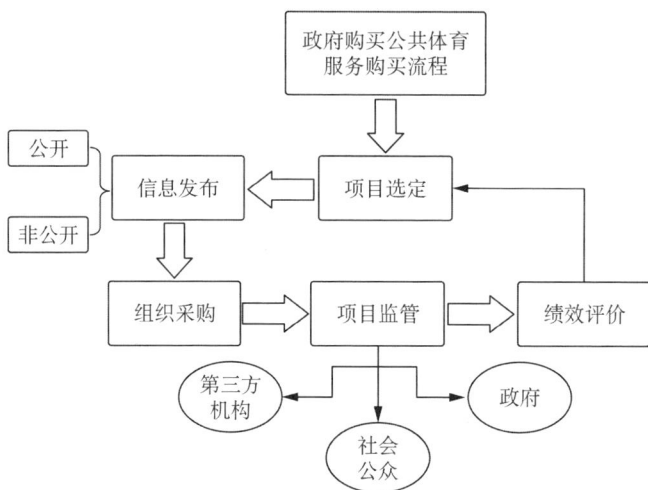

图 5-1　政府购买公共体育服务流程

项目选定是实施购买流程的第一关。非竞争独立型购买模式的项目选定是在购买主体通过科学化、合理化的决策实施进行，这个过程要求购买主体对承接主体的资质、规模、合法性深入实际地进行调研。就信息发布而言，该模式的特点在于某些承担单位与政府或其主管部门存在着密切的联系，或者这些单位本身就是政府的下属机构、延伸组织或分支机构。这些单位在项目信息发布之前，就已经提前获得了相关的有利信息或者是经过"量身定做"的关键信息。这种方式同样避免了公开招标的不可预测性因素。组织采购中最重要的第一位是项目采购计划，其次是发包规划、询价、承接方选择、合同管理及合同收尾。项目监管的目的在于对项目流程进行监控与管理，保障政府实现购买公共体育服务的预期目标。项目监管运行流程主要包含监管内容选择、监管组织主体的确立、过程监管的实施三个组成要素，合理串联各组成要素可以形成特征明显、环节完整的组织监管运行流程①。项目监管的主体分别是第三方监督机构（此监督机构是独立于政府部门和承接组织，与二者无直接利益关系的独立主体）、政府及公众。绩效评价应该分为效率评价和效果评价两个维度。在对公共体育服务项目购买流程的监督过程中，应该以效果评价为主，效率评价为辅，也就

———————

① 赵扬楠. 承接政府购买公共体育服务项目的运行流程研究——以苏州市政府购买公共体育服务项目为例[D]. 苏州：苏州大学，2018.

是通过公众满意度调查来反馈效果评价的优劣。因此,建立完善的监督评价体系,对公共体育服务项目实施操作流程及更好的监管具有深远意义。

四、 结构特征

随着我国公共体育服务供给模式的发展与变化,政府购买公共体育服务的方式已逐渐从政府垄断模式向政府与社会组织协作、共同治理的模式转变。在实际购买服务过程中,政府部门与社会组织的行政合作使政府拥有更多自由裁量权,因此在选择公共服务类型时拥有更多运作模式。国内对于政府购买公共服务模式分类较为有代表性的是王名、乐园[①]等将政府购买公共服务的实施办法作为根本依据,将政府购买公共体育服务分为三种模式:依赖关系非竞争型、独立关系非竞争型及独立关系竞争型(图5-2)。在我国的具体操作中,竞争依赖型购买模式出现的次数较少。

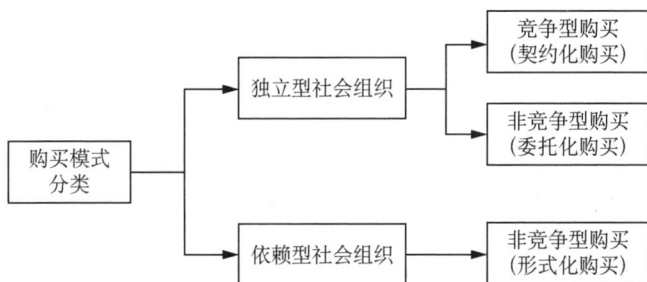

图5-2　政府购买公共服务的模式分类

徐燕燕[②]对政府购买公共体育服务模式进行了全面深入的探讨,从不同的角度和层面进行了分析。首先,将"服务"理念作为开展的基点,再进行相关的维度划分。此外,还对政府购买公共体育服务的概念、本质价值观及其现实意义进行了准确的阐述。在此基础上,提出了四种购买模式,包括竞争型硬服务模式、竞争型软服务模式、依赖型软服务模式和混合服务模式。

---

①　王名,乐园.中国民间组织参与公共服务购买的模式分析[J].中共浙江省委党校学报,2008,24(4):5-13.
②　徐燕燕.政府购买公共体育服务模式研究[J].濮阳职业技术学院学报,2015,28(1):133-135,142.

本部分的重点是对非竞争独立型购买模式进行探讨。该模式属于市场竞争程度和公众参与程度较低的政府责任模式，在该模式下，政府与服务提供者不存在人员、管理和资金上的依附性关系。政府及其工作人员通过行政力量推动政府购买，而无须通过竞争来获得服务承接主体资格。该模式的特点包括：①承接服务的社会组织在购买公共服务的过程中具有较强的独立性，不依赖于政府的购买资金生存，且双方权责明晰，政府在购买公共服务过程中只充当购买者和监督者的角色。②政府在购买公共服务过程中采用非公开竞争的相互选择和协商方式，由政府将订单合同直接委托给承接主体，但是由于政府可以根据服务质量、组织社会声誉及专业优势的高低等因素更换购买服务的承接主体，这些社会组织并不是单一存在的，不具有垄断性。③承接主体通常具有健全的内部治理结构、财务制度、管理体系和良好的社会声誉，能够提供相对优质低价的服务。④该模式实质上是委托性购买，相当于政府公办私营，因此对于被选择的社会组织来说，最重要的是与政府建立信任机制，这样的合作才能保证社会组织的可持续发展。

五、 实施缺陷

（一）非竞争购买，降低服务供给的多样性

在公共体育服务领域，政府通常选择非竞争型购买方式来委托承接方提供服务，这种方式在一定程度上确保了服务的连续性和稳定性。然而，这种非竞争型购买方式也存在一些问题，其中之一就是导致了承接方的单一化现象。由于政府委托的服务往往只能由一家承接方提供，这就使得市场上的承接主体变得单一化，缺乏竞争，进而降低了体育社会组织或体育企事业单位的自主性。在市场化竞争的环境下，承接主体的单一化现象反过来又会降低作为承接方的体育社会组织或体育企事业单位的自主性。这是因为缺乏竞争的压力，承接方可能会缺乏动力去提升服务质量和创新能力，从而导致服务水平的下降。此外，如果市场上存在一家独大的体育社会组织或体育企事业单位，非竞争型购买模式就容易造成单一承接主体的垄断现象，进而对体育市场的发展造成不利影响。为了解决这一问题，政府和相关部门可以考虑采取一些措施来促进公共

体育服务市场的多元化和竞争化。首先,可以通过引入竞争性的购买方式,如招标、拍卖等,来增加承接方的多样性,促进市场竞争,提高服务质量。其次,政府可以加强对承接方的监管和评估,建立健全的绩效评价体系,激励承接方提供更优质的服务。同时,政府还可以鼓励和支持更多的体育社会组织和企事业单位参与公共体育服务市场,促进市场的多元化发展。此外,政府还可以通过制定相关政策和法规来规范公共体育服务市场,防止单一承接主体的垄断现象发生。例如,可以建立公共体育服务市场准入机制,鼓励新的承接主体进入市场,防止市场的垄断现象。同时,政府还可以推动体育社会组织和企事业单位之间的合作与交流,促进资源共享和互补,提高市场的竞争性和活力。

(二) 购买过程不公开,易滋生暗箱操作

在非竞争独立型模式下政府购买公共体育服务时,由于政府按体育服务需求进行购买,易产生定向购买行为,使得购买过程出现内部化倾向。这种内部化倾向可能导致政府在选择承接方时偏向于特定的组织或机构,而非基于客观的评估和竞争性的选择。这种定向购买行为可能会损害公共资源的分配公平性和有效性,同时也会限制市场竞争,影响公共体育服务市场的健康发展。其次,非竞争购买未公开购买程序,使得购买年限、垄断购买、效果评估不公开等问题滋生,进而容易产生腐败现象。缺乏透明度和公开性的购买程序容易导致信息不对称,使得承接方在服务提供和价格制定等方面缺乏监督与约束,进而可能滋生腐败行为。此外,购买年限不明确和垄断购买现象也会使得市场竞争受到扭曲,影响公共体育服务市场的效率和公平性。为了推进非竞争独立型模式,从善治的角度出发,后续研究阶段迫切需要建立购买公共体育服务的公开制度。公开制度可以通过公开招标、拍卖等方式来选择承接方,确保选择过程公平、公正、透明。通过公开制度,政府可以更好地监督和评估承接方的表现,提高服务质量和市场竞争力,避免定向购买和腐败现象的发生。在此基础上,加强社会监督和政府部门内部监督也是至关重要的。社会监督可以通过媒体、公众参与等方式对政府购买公共体育服务的过程进行监督,确保政府行为的公开透明和合法性。同时,政府部门内部监督也需要加强,建立健全的监督机制和责任追究制度,确保政府购买行为符合规定和程序,避免权力滥用和腐败行为的发生。通过建立公开制度、加强社会监督和政府内部监督,可以有效提升公共体育服务的水平，推动公共体育服务市场的健康发展。只有在透明公正的市场环境下，政府购买公共体育服务才能更好地服务于社会需求，促进体育事业的发展，实现公共资源的合理配置和有效利用。通过善治的实践和持续改进，非竞争独立型模式将更好地发挥作用，造福社会各界。

六、非竞争独立型模式下政府责任量表的研制

（一）量表初稿的编写与形成

在量表指标筛选过程中，本研究充分体现了善治理论，并参考了专家访谈内容，以确保量表的科学性、客观性和全面性。

（1）善治理论的体现：①还政于民与公共利益最大化。善治理论的核心是强调政府与公民在公共生活中的紧密合作，旨在实现公共利益的最大化。在本研究的量表中，通过具体指标如"对购买流程中的财务审计进行独立的审查"来体现监督责任，以及"及时公布政府购买公共体育服务进度"来反映社会责任。这些指标的设置旨在评估政府是否真正将公众的需求和利益放在首位，是否通过公开透明的方式与公众进行合作管理。②多元合作共治。善治理论倡导政府、市场和社会之间的多元合作。在量表中，设立了关于政府是否保证相应的财政保障供给和制定相关项目评审说明及评审意见表的指标，来评估政府在经济责任和专业责任方面的表现。这旨在衡量政府是否从传统的管制角色转变为与多方合作的治理者。③政府的合法性、透明性、责任性和有效性。为了评估政府是否具备善治理论所要求的这些特质，在量表中设置了相应的指标。例如，通过"规定项目承接主体资格的条件及取得程序，严格执行市场准入制度"来评估政府的合法性；通过"对接受委托的中介代理机构和承接主体的行为进行监督"来评估政府的透明性；通过"具有与项目承接方的合同管理及合同执行边界问题的能力"来评估政府的责任性；以及通过"加强相关公共体育服务的舆论宣传工作，做好政策解读"来评估政府的有效性。

（2）专家访谈内容的体现：①政府责任的界定。在与社会学和心理学专家的访谈中，详细探讨了政府在购买公共体育服务过程中的具体责任。专家们指出，政府在这一过程中的责任包括但不仅限于法律责任、监督责任、经济责任

等。例如,法律责任体现在政府需确保购买过程的合法合规;监督责任则要求政府对购买的公共体育服务质量进行持续监督;经济责任则涉及政府需合理规划和使用公共资金。这些观点在本研究的量表中得到了具体体现,如"建立相应责任纠纷案例题库,在双方发生纠纷及责任不明确情况下找出适用条例""向公众收集承接方公共服务质量反馈及投诉信息,促使自身调整合同内容或对合作伙伴进行约束""具有编制实施项目经费预算额度能力"等指标。②量表的科学性和客观性。为了提高量表的科学性和客观性,本研究采纳了专家的建议,采用了穿插式排序法和利克特(Likert)五级评分法。这样的设计可以确保受访者在填写问卷时能够更客观、更准确地反映自己的观点。同时,还根据专家的反馈对量表进行了多次修订和完善,以确保其科学性和客观性。③政府责任的维度划分。在访谈过程中,专家们对政府责任的维度划分提出了宝贵的建议。他们认为,为了全面评估政府在购买公共体育服务过程中的责任担当,需要将责任划分为多个维度进行考量。根据这些建议,本研究将政府责任划分为法律责任、监督责任、经济责任、社会责任、专业责任、道德责任、政治责任和层级责任等8个维度。这种划分方式得到了专家们的一致认可,并在量表中得到了具体体现。

(3) 具体题项生成步骤体现:①理解善治理论的核心要素。善治理论强调以善良和正义为原则,其核心理念包括公正、透明、负责任、参与、合作、高效、廉洁、公平、平等、国际合作和责任等。②梳理相关研究。搜集与善治理论相关的研究资料,特别是那些涉及具体实践案例、成功标准和评价指标的研究。关注善治理论在不同领域(如政府管理、社区治理、非营利组织运营等)的应用和实践。③确定选题方向。根据善治理论的核心要素和搜集到的相关研究,确定选题的大致方向。例如,可以围绕善治理论中的法治、透明性、责任性、公民参与等方面展开。④设计具体题项。针对每个选题方向,设计具体的题项。题项应该能够反映善治理论在该方向上的实践情况或评价指标。例如,针对法治方向,可以设计题项如"按照相关规定选定项目承接方""能够制定和完善市场化操作原则及实施步骤"等。⑤筛选和精炼题项。根据设计的题项,进行初步筛选,去除重复或相关性不高的题项。对剩余题项进行精炼,确保每个题项都能准确反映善治理论的某个方面,并且具有可操作性和可评价性。⑥最终确定59个题项。经过筛选和精炼后,最终确定59个能够全面反映善治理论各个方面的题项。这些题项涵盖了善治理论的核心理念、实践应用、评价指标等多个方面。

(二) 量表的项目分析

研究采用了问卷星平台来发放初始问卷,共发放了 320 份。由于问卷星在填写不完整的情况下会自动提示并终止填写,因此并未遇到填写不完整的情况。在筛选无效问卷时,将填写相同选项的问卷视为无效,最终保留了 300 份有效问卷。接下来,对收集到的有效问卷样本数据进行了项目分析。具体步骤如下。

首先,计算了每个量表的总分;其次,对量表总分进行了排序,并找出了高低分组上下 27% 的 CR 值的得分(低分组临界值为 227,高分组临界值为 239);然后,将量表分为高低两组;最后,通过独立样本 t 检验了高低分组在每个题项的差异。

在进行量表的项目分析过程中,根据吴明隆所著《问卷统计分析实务——SPSS 操作与应用》一书所述,对于极端值 CR 值的统计量,其标准值一般设为 3.000。如果题项高低分组之间的 t 统计量小于某一特定值,那么这个题项的鉴别度被视为不足,可以考虑将其删除。通过使用 SPSS26.0 软件进行独立样本 t 检验,我们对数据进行了一系列的分析。结果显示 59 个题项的检验结果达到了显著性水平,这些题项构成了研究量表的"第一稿"。在后续的分析过程中,将依据上述 CR 值的统计量标准继续优化题项鉴别度,确保研究量表更加精确和可靠。

(三) 量表的探索性因子分析

在第一稿量表作为调查工具的基础上再次进行了问卷发放。由于探索性因子分析的数据可靠性严格依赖于样本量的大小,一般情况下,样本量应达到题项数量的 5 倍以上。因此,本次调查针对 295 名政府官员及社会公众发放了问卷。在数据处理过程中剔除了那些答题随意、只填答一个选项的问卷,最终收集到 173 份有效的问卷数据。在此基础上,进行了第一次探索性因子分析。探索性因子分析采用了 Bartlett 球形检验和 KMO 检验两种方法。Bartlett 球形检验的统计量越大,表示题项变量之间的相关性越强,这是好的表现。当 $0 \leqslant$ KMO 值 $\leqslant 0.5$ 时,表示题项变量之间不适合进行探索性因子分析;当 $0.5 <$ KMO 值 $\leqslant 0.7$ 时,表示题项变量之间勉强可进行探索性因子分析;当 $0.7 <$ KMO 值 $\leqslant 0.9$ 时,表示题项变量之间适合进行探索性因子分析;当 $0.9 <$ KMO

值≤1时,表示题项变量之间非常适合进行探索性因子分析。对59道题项进行第一次探索性因子分析,结果显示KMO值为0.813,P小于0.001,可以明确地说明该样本非常适合进行因素分析。在分析过程中,采用了主成分分析法这一严谨的方法,成功提取了11个特征值大于1的主要因子,这些因子能够合理解释方差变异的63.8%。此外,Bartlett球形检验的值为22 425.603,这一结果也支持了进行因子分析的适宜性。删除抽取共同度小于0.2的题项、题项载荷小于0.5的题项、题项载荷大于0.5却有双高负荷的题项。在该过程中逐步删除不符合要求的题项,直至累积方差贡献率趋于稳定。旋转经13次迭代后收敛,将量表第一稿重新编号后形成"第二稿",用于做第二次探索性因子分析。通过旋转后的成分矩阵可以得知各因子层面的题项变量的因子负荷量均在0.5以上,共同度均大于0.2,表示潜在变量可以有效反映各指标变量(表5-2)。

表5-2　旋转后的成分矩阵表

条目	题项	成分				
		F1	F2	F3	F4	F5
15	对接受委托的中介代理机构和承接主体的行为进行监督	0.744	—	—	—	—
2	按照相关规定选定项目承接方	0.689	—	—	—	—
7	具有与项目承接方的合同管理及合同执行边界问题的能力	0.668	—	—	—	—
37	对项目预期效果是否引起社会公众关注,并产生积极影响进行正确判断	0.65	—	—	—	—
8	建立相应责任纠纷案例题库,在双方发生纠纷及责任不明确情况下找出适用条例	0.598	—	—	—	—
44	组织好项目评审专家对相关申报项目进行专业的分类评审,提出专业评审意见	0.58	—	—	—	—
33	加强相关公共体育服务的舆论宣传工作,做好政策解读	0.547	—	—	—	—
10	具有对项目验收情况的判断和评估能力	0.528	—	—	—	—
23	拟定相关项目专项资金项目申报书,并对项目实施的责任处室、资金投入方式、项目委托方向进行详细规定	0.508	—	—	—	—

（续表）

条目	题项	成分				
		F1	F2	F3	F4	F5
4	规定项目承接主体资格的条件及取得程序,严格执行市场准入制度	0.502	—	—	—	—
43	合理选定专业的第三方评估机构	—	0.648	—	—	—
13	向公众收集承接方公共服务质量反馈及投诉信息,促使自身调整合同内容或对合作伙伴进行约束	—	0.633	—	—	—
36	合理判断相关项目是否可形成可借鉴、移植、推广的优质公共体育服务经验	—	0.62	—	—	—
41	强调相关项目双方管理人员、工作人员的职前培训	—	0.603	—	—	—
47	判断项目承接方的符合社会需要程度	—	0.558	—	—	—
38	健全相关公共体育服务中志愿者招募制度	—	0.555	—	—	—
46	制定相关项目评审说明及评审意见表	—	0.515	—	—	—
16	对购买流程中的财务审计进行独立的审查	—	—	0.69	—	—
11	能够协商、监督及与承接方交流相互的期望和技术信息	—	—	0.596	—	—
57	对项目执行负责人的聘任及工作考核形式负责	—	—	0.577	—	—
3	与项目承接方签订专门性购买合同规定	—	—	0.559	—	—
21	具有编制实施项目经费预算额度能力	—	—	0.557	—	—
34	将具体项目的目的、方式、质量要求和投诉渠道等向社会进行公示	—	—	0.519	—	—
31	及时公布政府购买公共体育服务进度	—	—	0.509	—	—
1	能够制定和完善市场化操作原则及实施步骤	—	—	—	0.702	—
54	制定相关公共体育服务计划及确定资金、人员规模	—	—	—	0.664	—
56	通过严格的监督程序用以满足公共服务绩效标准	—	—	—	0.625	—

（续表）

条目	题项	成分				
		F1	F2	F3	F4	F5
49	政府机关工作及国家工作人员能够带头遵纪守法、恪尽职守、勤政为民、廉洁奉公	—	—	—	0.611	—
59	政府行政人员对组织的上级、社会公众、委托人负责	—	—	—	0.546	—
55	政府机关及其工作人员的所作所为能够合乎采购服务目的性，即合乎人民的意志、利益、权利和福利	—	—	—	0.534	—
51	在相关项目反馈中注重社会公众评价，并作为合理选择合同承接方的重要依据	—	—	—	—	0.712
52	切实根据公众满意标准来确定服务内容、方式、流程选择承接方	—	—	—	—	0.661
17	保证相应的财政保障供给	—	—	—	—	0.558
40	扩大对拥有专业技能证书员工的聘用	—	—	—	—	0.521
9	绩效评估制度纳入第三方评估机构	—	—	—	—	0.509

（四）量表中的因子命名

经过探索性因子分析后，从表5-2可以看出，非竞争独立型购买模式下政府责任因素共包含5个因素，即F1包含10个题项，分别为第15、2、7、37、8、44、33、10、23、4题，鉴于这几个题项的内容主要反映非竞争独立型购买模式的行为监督、项目承接方监督、详细规定等的政府责任，故将其命名为"监管责任"。F2包含7个题项，分别为第43、13、36、41、47、38、46题，鉴于这几个题项的内容主要反映评估机构、约束、职前培训、复查等，故将其命名为"专业责任"。F3包含7个题项，分别为第16、11、57、3、21、34、31题，鉴于这几个题项的内容主要反映财务审计、经费预算、合同规定等，故将其命名为"经济责任"。F4包含6个题项，分别为第1、54、56、49、59、55题，鉴于这几个题项的主要内容为市场化操作原则、实施步骤、人员规模等，故将其命名为"法律责任"。F5包含5个题项，分别为第51、52、17、40、9题，鉴于这几个题项的内容主要反映社会公众评价、公众满意度、评估机构等，故将其命名为"社会责任"。

经过上述探索性因子分析后，获得《非竞争独立型购买模式下政府责任量表》(第二稿)，该量表共有题项 39 个，其主要包括监管责任、专业责任、经济责任、法律责任、社会责任 5 个维度。将量表第二稿重新编号后形成"第三稿"，用于进行验证性因子分析。

（五）量表的验证性因子分析

针对研究目的进行考虑，量表进行完探索性因子分析后，还需要对量表进行验证性因子分析，经过验证性因子分析检验此建构效度的合适性和可靠性[①]。通过深入比较和分析相关文献，可以发现在结构方程模型研究中，样本量在 200～500 之间被广大专家学者普遍接受。以量表的第三稿作为调查工具，以福建省从事竞争性谈判、邀请招标、单一来源购买方式的政府行政人员、社会公众作为调查对象，利用问卷星形式进行问卷发放与回收，共发放问卷 300 份，经过查验后将无效问卷进行删除，最后剩余 255 份，根据验证性因子分析对样本量的要求，本研究有效问卷 255 份，符合其要求。

利用研究软件结构方程建模软件(AMOS26.0)构建了一个结构方程模型，旨在检验理论假设模型的准确性。在进行模型验证时，采用了多种方法进行信度和效度检验。这些方法包括内部一致性信度、克隆巴赫 Alpha 系数、结构效度、内容效度和聚合效度等指标。最后，根据这些指标的结果形成了正式的量表。

本研究采取了"严格验证策略"对非竞争独立型购买模式下政府责任假设模型进行了验证。在适配度检验过程中，对探索性因子分析阶段构建的假设模型进行了整体适配度估计。查核参数估计值合理性后发现，误差方差、协方差、标准化系数、标准误等参数均在合理范围内。根据表 5-3 所示，该模型的适配度检验结果显示，χ^2 为 709.831，df 为 550，χ^2/df 比值为 1.296，符合 1～3 之间的适配度标准，因此，可以接受假设模型与样本数据的契合度。此外，RMSEA 的值为 0.034(小于 0.08)，适配度指数 TLI 和 CFI 的值均大于 0.8，这些指数均在 0～1 的范围内，数值越接近 1 表示模型对其数据的表现越佳，而超过 0.8 则可视为模型与样本数据的吻合度可被接受。因此，经过检验的数值分析和图 5-3 所示的结构方程模型表明，本研究所编制的非竞争独立型模式下政府责任量表的假设模型与样本数据契合度良好。

---

① 朱国建. 江苏基本公共体育服务体系的构建研究[J]. 体育文化导刊，2015(4)：5-8.

表 5-3 非竞争独立型模式下政府责任量表拟合度指标

拟合指标	χ^2	df	χ^2/df	RMSEA	CFI	TLI	SRMR
模型拟合指标结果	712.626	550	1.296	0.034	0.978	0.977	0.036

注:SRMR,标准化均方根残差。

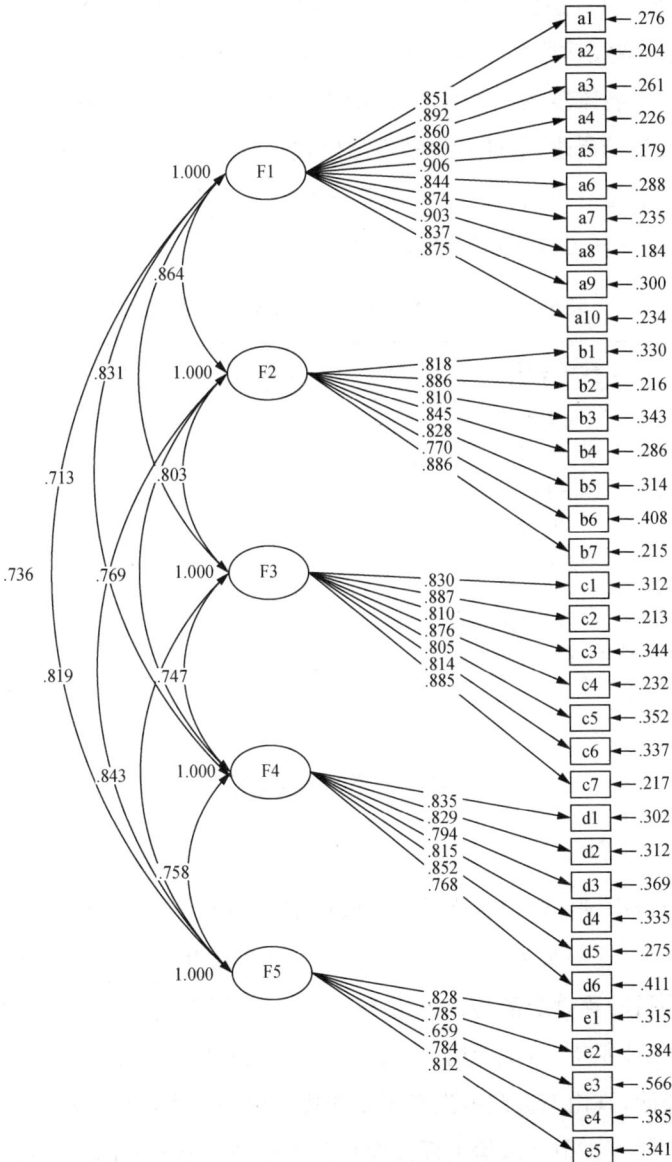

图 5-3 非竞争独立型模式下政府责任量表拟合度指标

在信度检验方面，量表整体的克隆巴赫 Alpha 系数为 0.933，监管责任、专业责任、经济责任、法律责任、社会责任的克隆巴赫 Alpha 系数分别为 0.969、0.941、0.945、0.923、0.881。在验证性因子分析框架下采用组合信度来计算内部一致性信度更为合适，五个维度的组合信度分别为 0.973、0.943、0.946、0.923、0.885，组合信度通常大于 0.7 可以接受，本问卷组合信度高；在效度检验方面，量表效度检验结果如表5-4所示，量表的平均提取方差值（AVE）算术平方根均大于各维度的相关系数，说明该量表总体区分效度高。

上述分析结果表明，非竞争独立型模式下政府购买公共体育服务中政府责任的测试量表是有效的。政府采用非竞争独立型模式中政府责任主要包括监管责任、专业责任、经济责任、法律责任和社会责任。

表5-4　AVE算术平方根与各维度的相关系数比较

	监管责任	专业责任	经济责任	法律责任	社会责任
监管责任	0.872[a]	—	—	—	—
专业责任	0.851	0.836[a]	—	—	—
经济责任	0.829	0.803	0.845[a]	—	—
法律责任	0.701	0.810	0.739	0.816[a]	—
社会责任	0.716	0.754	0.831	0.746	0.776[a]

注：—表示该数据与下方数据重复。
a 该数据为 AVE 的算术平方根。

七、　案例解析

贵阳市观山湖区政府决定采用财政性资金购置 2021 年"满天星"训练营全明星训练服务，这一举措旨在提升学生的综合素质和体育水平，促进学生全面发展。该项目的预算金额为人民币 381 200 元，这笔资金将用于支付训练营的费用，包括场地租赁、教练费用、器材购置等各项支出。为了确保采购活动的公开、公平、透明，观山湖区政府选择了委托代理机构中大国信工程管理有限公司来执行采购任务。中大国信工程管理有限公司是一家专业的采购代理机构，具有丰富的采购经验和专业的服务团队，能够有效地协助观山湖区政府完成本次采购活动,确保采购过程合规、高效。在本次采购活动中,观山湖区政府将严格按照相关法律法规和采购程序进行操作,确保采购活动的合规性和规范性。首先,观山湖区政府将制订详细的采购计划和采购文件,明确采购的需求和标准,以及评标的标准和程序。其次,观山湖区政府将通过公开招标的方式邀请符合条件的供应商参与竞标,确保供应商的选择公平、公正。同时,观山湖区政府将组织专家评审委员会对各家供应商的投标文件进行评审,选定最终的中标方。在采购过程中,观山湖区政府将严格监督采购活动的各个环节,确保资金使用的透明度和效率。观山湖区政府将对中标方的履约情况进行监督检查,确保中标方按照合同约定履行服务,保障学生的权益和利益。同时,观山湖区政府还将建立健全的档案管理制度,对采购活动的各个环节进行记录和归档,以备日后审计和查阅。

通过本次采购活动,观山湖区政府将为学生提供优质的全明星训练服务,促进学生体育素质的提升和全面发展。观山湖区政府将不断改进采购管理机制,提高采购活动的效率和质量,为学生提供更好的教育资源和服务。同时,观山湖区政府将积极倡导廉洁采购,防范腐败风险,确保采购活动的公正、公平,为教育事业的发展贡献力量。

(一) 项目概述

近年来,越来越多的人开始意识到校园足球的重要性,它不仅可以培养学生的体育素养,同时也是对国家足球事业未来发展的重要支撑。而贵州省观山湖区政府在加强校园足球工作方面做出了不少努力,其中最具代表性的就是"满天星"训练营。为了进一步推动"区级满天星计划"的实施,观山湖区政府提出了"一以贯之、久久为功"的长期计划。这个计划旨在通过选拔优秀的足球队员,组建观山湖区"满天星"足球训练营代表队,并构建一个多层次、全方位的参赛体系,为学生们提供各种比赛和训练机会,帮助他们在足球领域实现个人的成长和进步。在实施这个计划的过程中,观山湖区政府采取了一系列措施。首先,他们组织了观山湖区校园足球联赛,为学生们提供了参与足球比赛的机会。同时,他们还从比赛中和组织选拔活动中选拔优秀足球队员,组建观山湖区"满天星"足球训练营代表队。这些措施不仅为学生们提供了更多的比赛和训练机会,同时也有助于输送和打造优秀的足球人才。其次,观山湖区政府还与贵州大学、贵州师范大学等高校专家密切沟通加强教练员、竞赛体系等方面交流。

他们定期开办"满天星"教练员培训交流会、教练员和学生运动员足球竞赛规则学习会，并举办观山湖区校园足球学生裁判员活动。这些活动不仅可以提高教练员和学生运动员的水平，同时也为青少年提供了一个良好的平台，让他们有机会展示自己的才华，并获得更好的发展机会。最后，观山湖区政府还全面完善了该区各项校园足球工作板块。他们通过采购"满天星"训练营全明星训练服务项目，为学生们提供更加专业的训练服务。同时，他们还在各个学校组建了足球专项队，为学生们提供更加系统和完善的足球训练。"满天星"训练营全明星训练服务项目的采购流程如图5-4所示。

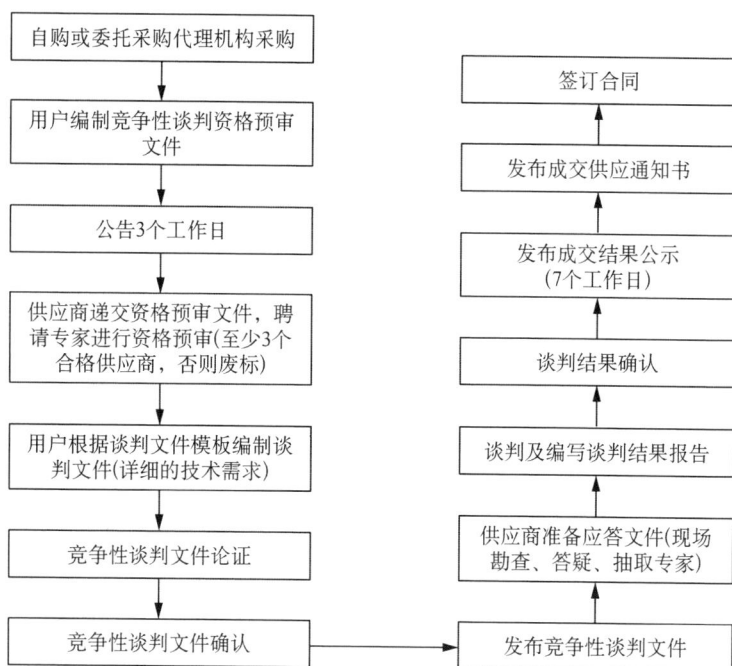

图5-4 "满天星"训练营构建校园足球样板体系采购流程

在本次采购过程中，我们采用了最低评标价法作为评估方式。这种方法具有诸多优点，如操作时间较短、方式多样等，而且双方之间可以进行充分的交流，争取到更大的优惠和更好的交易条件。因此，最低评标价法已经逐渐成为除公开招标和邀请招标之外最常用的采购方式。然而，需要认识到的是，最低评标价法本身是一种相对灵活的采购方式。如果我们不能正确地应用这一方法，就无法提高采购效率和保证采购质量，甚至可能导致一系列问题的产生。

特别是对于服务类项目的采购,仅仅以最低价成交的模式通常难以满足实际需求,这很可能导致"劣币驱逐良币"的情况出现。因此,在选择采购模式时,我们必须仔细权衡利弊,确保最低评标价法的正确应用,同时根据具体情况进行灵活调整,以确保采购的有效性和实现目标的顺利达成。在当今竞争激烈的市场环境下,采购对于企业的重要性不言而喻。正确选择和应用采购方式对于企业的运营和发展至关重要。而最低评标价法作为一种灵活多样的评估方式,确实为企业带来了很多便利和好处。通过这种方法,企业能够更快速地确定供应商,并且可以在价格方面争取到更大的优惠,从而节约成本,提高竞争力。然而,正如前文所述,最低评标价法也存在一些潜在的问题和风险。如果企业过分追求低价,而忽视了服务质量和供应商的实力,最终可能带来更大的损失。特别是在服务类项目的采购中,服务质量往往比价格更为重要。因此,企业在使用最低评标价法时,必须充分考虑这些因素,避免陷入"一分钱一分货"的误区,保持对整体价值的正确把握。为了确保最低评标价法的正确应用,企业可以采取一些措施和方法。首先,要在招标文件中明确标明评价标准和权重,使得供应商在竞标之前就清楚自己应该如何进行报价和准备。其次,企业还可以与供应商充分沟通,了解他们的服务能力和经验,以便更准确地评估其报价。此外,企业也可以考虑采用成本效益分析等工具,从多个维度综合评估供应商的优劣,确保选择到最适合自身需求的供应商。

观山湖区政府购买 2021 年"满天星"训练营全明星训练服务采用竞争性谈判(非竞争独立型)方式进行招标。政府采购竞争性谈判模式下,购买对象具有选择权,政府部门在采购开始前可以将供应商范围限定在一个小范围内。同时,该模式下的谈判具有秘密性,谈判小组将集中精力与单一供应商进行个别磋商,其内容和信息高度保密,从而使得竞争对手不知道对方的情况,进而为政府购买高质量的公共体育服务提供机会。观山湖区政府购买"满天星"训练营全明星训练服务,是在足球专业技术人员的配合下提出的青少年足球技术训练及足球竞赛服务要求,且在整个谈判周期中,足球技术训练及竞赛服务需求还会由于专业采购人员的建议和要求,使得足球训练技术及竞赛服务要求出现变更等情况。通过采用竞争性谈判,双方可以明确青少年足球技术训练及竞赛服务的供货范围,并明确相关服务标准。此外,还会确定足球技术训练及竞赛服务需要改进和调整的具体方面,使得采购更加精准,从而避免在签订合同后才发现分歧而导致重大错误。因此,购买"满天星"训练营全明星训练服务作为市场竞争不充分的体育技术服务项目、需要扶持的青少年足球体育技术训练项目,适合采用非竞争独立型(竞争性谈判)模式进行购买公共体育服务。

(二) 购买公共体育服务的政府责任解析

1. 监管责任

在观山湖区政府购买"满天星"训练营全明星训练服务的流程中,政府部门不仅仅是一味地投入资金,更加注重对这项服务的监督和管理。为了确保青少年足球技术训练及竞赛服务的质量,相关部门积极邀请了华南师范大学专家团队,对"满天星"训练营的工作进行了全方位的复核评估。专家组并没有仅仅停留在纸面上的分析,他们通过座谈会、问卷调查及实地考察的多种方式,深入了解了观山湖区校园足球"满天星"训练营的运营情况。他们不仅关注训练营整体的组织管理情况,更加重视各队伍的训练情况,包括培训计划的质量、教练团队的水平及青少年球员的成长情况等方面。通过专家组的复核评估,可以更加客观地审视这一训练服务的实际效果,为未来的发展提供可靠的数据支撑。在对观山湖区校园足球"满天星"训练营工作进行全面评估的过程中,专家组不仅对现有工作进行了梳理总结,还就未来的发展提出了中肯的建议。继续采纳"教会、勤练、常赛"工作思路是专家组的共识,只有通过循序渐进地教授技能、坚持勤奋训练、不断参与比赛,才能为青少年足球培养出更多的优秀球员。同时,专家组还强调了在校园足球"满天星"训练营工作中的重要性,希望相关部门能够加强对训练营的支持和管理,确保工作的高效推进。通过专家组的复核评估,观山湖区青少年足球工作将迎来新的发展机遇。专家们指出,要继续加大对训练营的投入力度,提升教练团队的专业水平,拓展培训资源,为青少年球员营造更好的成长环境。只有不断优化服务,做到教研结合、理论实践相结合,才能真正实现校园足球事业的长远发展。

2. 专业责任

观山湖区政府一直致力于提高青少年足球技术训练和竞赛水平,为此在购买公共体育服务过程中,注重专业责任的履行。为确保所购买的公共体育服务质量,政府特别邀请了一支具有丰富足球技术水平的专家团队进行复核评估。这一举措不仅是对过去政府购买青少年足球训练及竞赛服务的总结,更是为了为未来的购买提供明确的服务技术标准。通过专家团队的复核评估,政府可以深入了解每次购买的公共体育服务的实际效果和存在的问题,从而有针对性地优化下一次招标要求。这种精细化管理和评估不仅提高了政府购买公共体育服务的效率,也为推动青少年足球工作培育人才奠定了坚实基础。在持续改进的过程中,观山湖区政府不仅注重技术水平的提升,还关注服务的全面性和可持续性。政府与专业足球专家团队的合作,不仅仅是为了提高青少年足球训练水平,更是为了培养更多有潜力的足球人才,为中国足球事业的发展贡献力量。这种专家团队的参与,不仅仅是单纯的评估工作,更体现了政府在公共体育服务领域的专业化管理和负责任态度。通过与专业团队的合作,政府可以及时了解青少年足球训练及竞赛服务的实际情况,及时调整政策和方向,确保每一次购买都能够最大限度地发挥效益,使得青少年足球工作不断向前推进。除了技术标准的明确外,政府还应该在购买公共体育服务的过程中关注体育设施的建设和维护,保障青少年足球训练和竞赛的场地和器材的质量。只有保证了基础设施的完善和良好运营,青少年足球才能够有更好的发展空间,吸引更多的青少年参与到足球运动中来。

3. 经济责任

观山湖区政府在购买青少年足球公共体育服务方面,采取了一系列措施来确保服务的质量和有效性。其中,着重抓好基础设施建设保障、专项经费投入、师资队伍建设和督导评估考核等方面,以保持"全国青少年校园足球试点县(区)"称号。这一荣誉是对观山湖区政府在青少年足球工作中所做努力和成绩的充分肯定,也是对其在公共体育服务购买中所采取的各项举措的认可。首先,在基础设施建设保障方面,观山湖区政府注重提升足球训练和比赛的场地设施水平。通过不断改善和扩建足球场馆、配套设施和器材,为青少年足球运动提供更好的场地和条件。这种投入不仅提高了训练的效果,也提升了运动员们的训练积极性和参与度,为青少年足球的发展打下了坚实基础。其次,在专项经费投入保障方面,观山湖区政府充分认识到财政支出对于青少年足球事业的重要性。政府将足球公共体育服务作为重点项目进行资金保障,确保足球训练和比赛的经费充足。这种保障不仅包括场地租赁、器材采购等基础开支,还包括专业教练员的薪酬、赛事经费等方面,全方位地支持青少年足球运动的发展。再次,在师资队伍建设保障方面,观山湖区政府注重培养和引进高水平的足球教练与指导员。政府通过举办培训班、引进外部专家等方式，提高足球教练员的专业水平和素质，确保训练质量和效果。同时，政府也重视队伍建设的稳定性，为教练员提供持续的培训和发展空间，激励他们在青少年足球训练中发挥更大的作用。最后，在督导评估考核保障方面，观山湖区政府建立了严格的评估机制和考核标准。政府通过定期组织专家评审、开展现场考察等方式，对购买的公共体育服务进行监督和评估，确保服务质量和效果。同时，政府还注重听取用户意见和建议，及时调整和改进服务内容，保障青少年足球工作的持续改进和发展。在经济责任方面，观山湖区政府采用非竞争独立型招标方式来购买青少年足球技术训练和竞赛公共服务，以降低服务购买价格。通过明确细化的服务费用、约定明确的购买经费付款方式及监督经费使用范围，政府有效承担起经济责任，确保购买的公共体育服务能够取得预期的效果。这种方式不仅保障了经费的合理使用，还促进了服务的透明化和规范化，为青少年足球事业的可持续发展提供了坚实保障。

4. 法律责任

观山湖区政府在购买"满天星"训练营全明星训练服务时，不仅关注服务内容本身，还特别注重市场化操作原则的制定和完善，以确保购买的青少年足球技术训练及竞赛服务的质量和效果。同时，政府也制订了相关计划，明确了资金使用规则、训练及竞赛的人员规模等细节，为青少年足球事业的发展提供了有力支持。这些举措体现了政府在购买服务过程中的责任担当和管理规范，为青少年足球工作的推进提供了有力保障。首先，观山湖区政府在市场化操作原则的制定和实施步骤上做出了努力。通过与供应商进行充分沟通和协商，政府明确了服务购买的标准和要求，确保双方在合作中能够达成共识，提高服务质量和效率。政府秉持公开、公平、公正的原则，建立起规范的采购流程和程序，以确保购买的服务符合市场需求、合理价值。其次，政府还制订了青少年足球技术训练及竞赛服务的计划，并确定了资金使用规则和人员规模等方面的具体细则。在资金使用方面，政府严格按照计划预算进行支出，确保经费使用合规、透明，杜绝浪费和滥用的现象。同时，政府也注重人员规模的控制和管理，合理配置教练员、运动员等资源，提高训练和竞赛的效率和质量。此外，政府在监督程序方面也采取了重要措施，以满足青少年足球技术训练及竞赛的绩效标准。政府建立了严格的监督机制和考核体系，定期对服务购买情况进行评估和检查,及时发现问题、解决矛盾,确保服务质量和效果符合预期。政府还鼓励开展第三方评估,接受外部机构的监督和评价,以确保服务的公正性和客观性。在经济责任方面,观山湖区政府带头遵纪守法、恪尽职守、勤政为民、廉洁奉公,确保购买的青少年足球技术训练及竞赛服务的合规性和效益。政府部门积极履行职责,严格按照规定程序和标准进行购买,严控经费使用,杜绝腐败和浪费现象。政府不仅在内部管理上严格要求自己,还向上级组织、社会公众和委托人负责,确保相关行为符合采购服务目的性,对社会负责、对公众负责。

5. 社会责任

在"满天星"训练营全明星训练服务项目的项目评估中,观山湖区政府不仅关注了服务本身的效果,更注重了社会公众对青少年足球技术训练及竞赛效果的评价。这种注重公众意见的做法体现了政府对民意的尊重和对服务质量的重视,也为下一轮选择合同承接方提供了重要依据。政府通过广泛收集社会公众的反馈意见,分析评价结果,从中汲取经验教训,为未来的服务改进和优化提供了重要参考。在评估结果作为下一轮选择合同承接方的重要依据的同时,政府还根据公众对"满天星"训练营全明星训练服务的满意程度来确定下一轮公共体育服务的内容、方式、流程。这种以用户满意度为导向的决策机制能够更好地满足社会需求,提高服务的针对性和实用性。政府在选择承接方时要求其服务人员拥有专业技能证书,确保服务的专业水准和可靠性。这种要求既提高了服务提供方的专业素质,也增强了服务质量和可持续发展的保障。政府还在最后的绩效评估中邀请体育专业院校的专家团队作为第三方评估机构,对观山湖区"满天星"训练营全明星训练服务进行深入评估。这种独立的第三方评估机制不仅能够客观公正地评价服务的效果和实际情况,也为政府决策提供了权威参考,确保服务的公平性和透明度。通过专家团队的深入评估,政府可以及时了解服务存在的问题和改进空间,为未来服务的提升和优化提供科学依据。

在采购"满天星"训练营全明星训练服务的过程中,观山湖区政府展现了其对社会责任的担当。政府不仅注重服务的效果和品质,更关心公众的需求和评价意见,积极采纳建议改进服务,提高服务的满意度和社会认可度。政府的担当不仅体现在对服务质量的把控和提升上,更体现在对社会公众利益的关注和维护上,为促进青少年足球事业的发展和培养优秀足球人才做出了积极贡献。

（三）案例评价

采用竞争性谈判模式时，购买对象具有更广泛的选择范围，这也是该采购方式的一项重要特点。在采购开始之初，采购人就有权将供应商范围限定在一个小范围内，从而有利于更加精细化地筛选合适的供应商，提高整个采购过程的效率和质量。竞争性谈判模式也注重谈判的保密性，谈判小组会聚集所有资源与单一供应商进行个别协商，以促进更深入的讨论和更有效的决策，同时严格对谈判内容和信息进行保密处理。这种保密性不仅有利于维护谈判的公正性和独立性，还有助于保护商业机密和提升谈判效果。然而，竞争性谈判模式也存在一些潜在的风险和问题，其中包括徇私舞弊或者串通一气。由于谈判小组与单一供应商进行个别协商，信息传递和披露的管控难度较大，可能会导致不正当行为的发生，从而影响公平竞争和谈判结果的公正性。因此，在采用竞争性谈判模式时，必须加强对谈判程序的监督和审查，确保谈判的真实性和合法性，有效防范潜在的不端行为，维护采购活动的公平和透明。在竞争性谈判模式下，项目的技术要求主要由专业人员提出，因此在整个谈判周期中，后期的需求可能会受到前期专业采购人员的建议和要求的影响，从而导致技术要求和配置的变更是非常常见的。然而，正是因为这种灵活性和适应性，竞争性谈判模式才能够更好地满足实际需求，确保采购的针对性和有效性。通过明确供货范围、配置需求，以及需要改进和调整的具体方面，竞争性谈判模式有助于在谈判阶段顺利解决技术和商务问题，避免在合同签订后才发现分歧而导致重大错误，以提高采购活动的成功率和效益。

（四）效果评价

基于内部控制理论，可以推断出顶层决策层如果出现决策失误，其破坏力和负面影响相对于业务实践层面的内部控制失败要更为显著[①]。若在购买者预先购买意向决策执行的早期阶段缺乏一定的合理性或规范不够完备，可能会导致购买行为向不利的方向发展。近年来的行政体制改革强调严格执行预算管理，随着改革的推进，基层政府的资金压力反而在逐渐增加。因此，在面对"公

---

① 刘宗柳，陈汉文.企业内部控制：理论、实务与案例[M].北京：中国财政经济出版社，2000.

共体育服务外包"与预算严格限制的主要矛盾时,地方政府在面对日益复杂和专业化的治理任务时,往往会倾向于通过外包的方式来应对新的治理任务。然而,在这个过程中,购买服务中也产生了许多边界问题,极易导致掌握实权的人通过暗箱操作和权钱交易,将那些组织化、专业化程度不高,服务能力有限,社会信誉一般的社会组织纳入到公共体育服务的承接队伍中来并滋生腐败,形成心照不宣的非竞争性"关系契约"。这样一来将影响公共体育服务的公众满意度和绩效评估结果的公正性。

八、现存问题

（一）供给公共体育服务市场主体难以满足服务需求

在我国,政府购买公共体育服务是推动体育事业发展、满足人民群众日益增长的体育需求的一项重要措施。然而,这一过程并非没有挑战。市场上优质的体育服务承接主体稀缺,市场本身发育不成熟,导致竞争性不足,这些因素共同构成了我国政府在购买公共体育服务方面所面临的市场困境。体育社会组织和体育企事业单位作为第三方治理的重要主体之一,理应在这一领域发挥突出作用。近年来,虽然这些组织在促进体育服务多样化、满足民众个性化体育需求方面起到了一定的积极作用,但由于自身的多种缺陷、受限于法律制度和成长环境,它们的发展和成长速度相对缓慢。这些组织普遍缺乏独立性,导致能够参与竞争性谈判、具备承接资质的市场主体数量有限。因此,在实际操作中,即便是一些不具备充分承接资质的体育社会组织或体育企事业单位,有时也不得不被动承担项目,这无疑加剧了政府购买公共体育服务的难度。更进一步来讲,由于这些组织在承担业务能力上存在严重不足,常常导致在合同履行、强制执行方面的表现不佳。这样的局面不仅难以满足政府和民众对体育服务的期望与要求,同时也损害了政府购买公共体育服务的整体实施效果,容易引发服务走过场、形式主义等问题。服务质量的不稳定、信誉的下降,以及无法履约、延迟履约、瑕疵履约等情况的出现,成为影响我国政府购买公共体育服务效能的重要因素。

因此,政府工作人员在这一过程中的合同监管能力显得尤为关键。为了提高公共体育服务的质量和效率，政府需要在多个方面下功夫。首先，政府应当加大市场培育力度，通过政策引导、资金支持等措施鼓励和支持体育社会组织与体育企事业单位的成长，提升其服务能力和独立性。其次，加强行业标准和监督管理，建立和完善相应的法律法规体系，确保市场主体在公平、公正的环境下竞争，同时提升服务质量和效率。最后，政府还需要建立健全的合同管理和监督机制，对体育服务项目的实施过程进行全面跟踪和评估，及时发现并解决问题，确保项目的顺利进行和高质量完成。通过这些措施，不仅可以提升政府购买公共体育服务的效率和效果，也能够促进我国体育服务市场的健康发展，最终实现政府和民众对公共体育服务的期望和要求，为构建体育强国、提升国民健康水平做出积极贡献。

（二）政府购买公共体育服务公正性缺失

政府购买公共体育服务的公正性缺失是一个系统性问题，根源于行政权力与市场机制之间的不当互动。这种缺陷主要体现在招标过程的不透明、供应商资质审核流于形式、评估标准缺乏明确量化指标及行政部门可能存在的利益输送等方面。这不仅会导致优质服务提供者被市场挤出，还会降低公共体育服务的整体质量，最终损害政府公信力并阻碍体育服务市场的健康发展。

因此，如何规范和监督地方政府在公共体育服务外包过程中的行为显得尤为重要。首先，政府部门应该建立健全的监管机制，加强对外包过程的监督，确保外包合同的公开透明。其次，政府需要加强对供应商资质的审核把关，避免将不具备足够实力和信誉的组织纳入服务承接范围。同时，政府应当鼓励和支持具备专业化和规范运营能力的体育组织和企事业单位参与竞争，提高服务质量和竞争性。此外，政府还应对公共体育服务的评估和绩效考核进行严格监督，确保评估标准的公正性和客观性，通过公开透明的评估机制来激励优质服务提供者，推动整个行业的规范化和专业化发展。只有通过规范市场秩序、强化监管措施和提高评估机制的透明度，才能有效遏制腐败现象，提升公共体育服务的质量和效益，真正实现为民办实事的目标。

（三）政府购买体育公共服务的服务功能散失

政府部门在未充分调查的情况下，凭主观臆断采购公共体育服务，严重忽视了解群众需求的基本原则。这种做法往往导致政府购买公共体育服务演变成"政绩工程"或"面子工程"的现象,而非真正满足人民需求的实事工程。同时,购买主体和承接方之间存在信息不对称问题,这是一个常见且普遍存在的挑战。按理论推断,为了最大化自身利益,承接主体通常会故意隐瞒对其不利的信息,以确保成功中标并承接政府购买公共体育服务项目。然而,在现实操作中,政府购买的信息公开度常常不足或者不完全,导致一些承接主体无法充分了解政府购买公共体育服务的需求。这种严重的信息不对称使得政府购买公共体育服务长期陷入"信息壁垒"状态,进而降低相关体育社会组织或体育企事业单位的积极参与性。

因此,在非竞争独立型模式中,政府和承接主体之间的信息不对称可能带来政府无法选择到最合适的合作伙伴的潜在风险,也容易导致政府购买公共服务的高成本和低服务质量的风险。为了解决这一问题,政府部门需采取一系列措施来提升购买公共体育服务的透明度和有效性。首先,政府应加强市场调研和需求评估,确保购买行为建立在对群众需求的充分了解基础上,避免盲目采购。其次,政府在购买过程中应加强信息公开,确保承接主体能够清晰了解政府的需求和标准,促进双方信息的平衡。最后,建立健全的监督机制和评估体系也是至关重要的,以确保政府购买的公共体育服务达到预期效果并提升服务质量。此外,政府还应鼓励和支持具备专业能力和良好信誉的体育社会组织和企事业单位参与竞争,建立健全的供应商资质审核机制,避免将不合格的承接主体纳入服务范围。通过这些措施,政府可以促进公共体育服务市场的规范化和专业化发展,提升服务质量和效益,确保公共资源的有效利用,最终实现为民办实事的目标。政府购买公共体育服务应当真正成为服务民众、促进体育发展的重要举措,而非"政绩工程""面子工程",或谋求私利的手段。

九、　实现机制

在这种关系中,政府需要承担责任,提供资金和政策支持,而社会组织则需要履行服务承诺,提高服务质量,以达到共同的目标。通过这种合作方式,政府和社会组织可以共同推动公共体育服务的发展,为广大民众提供更好的体育服务。因此,对此模式中政府所需的问题提出以下几点建议。

(一) 加强第三方治理体系的建设

第一,为了提升公共体育服务的质量和效率,政府应当建立完善的购买公共体育服务的信息反馈机制和相应的评价指标体系,同时创造良好的营商环境,促进社会体育组织的健康发展。通过上至下的政策约束和外部监督、评估,以及下至上的社会倒逼,提高公共体育服务承接主体的能力,实现第三方治理,进而促进善治的实现。在这个过程中,公共体育服务承接主体可以实现良性循环发展,最终实现公共体育服务供给质量的持续改善和整体提升,实现政府购买公共体育服务的初衷。为此,政府应制定明确的政策和标准,对公共体育服务的质量和效率进行监管和评估,并鼓励社会体育组织参与公共体育服务的管理,并提供必要的支持和帮助。

第二,政府还应加强对公共体育服务承接主体的培训和指导,提高其管理和服务水平。通过加强培训,承接主体可以更好地理解政府购买公共体育服务的要求,提升服务水平和专业能力,从而更好地满足人民群众的需求。此外,政府还应促进公共体育服务承接主体之间的交流和合作,推动资源共享和优势互补,提高公共体育服务的整体水平。通过加强合作,不同承接主体可以借助彼此的经验和优势,共同提升服务质量,实现更高效的服务提供。为了保证公共体育服务的质量和效率,政府应建立一套科学合理的评价机制,对承接主体的工作进行定期评估,发现问题及时改进,激励表现优秀的承接主体,推动整个行业的发展。评价指标体系应当涵盖服务质量、服务效率、财务透明度等多方面内容,确保评价的全面性和客观性。同时,政府应当注重信息公开和透明度,让社会公众能够了解政府购买公共体育服务的情况,加大监督力度,确保资源的合理利用和良好的服务质量。

(二) 提高购买决策水平,合理选择购买方式

第一,政府购买公共体育服务的方式展现出多样性和复合性,缺乏固定的单一模式,呈现多元化的特点。尽管非竞争独立型的定向委托购买模式在竞争性方面可能相对较弱,但不能仅以竞争性的强弱来评价购买效果的优劣,而应综合考虑不同的评价维度。此外,评估这种购买方式的优劣不能仅从单一角度

或维度出发。购买方式的合理性也将因购买维度的不同而产生变化,如需求、市场、地区特点等因素。在市场化水平相对较弱的地区,竞争性强的公开招标购买模式可能不适用,需要根据具体情况进行选择,以实现购买服务效益的最大化。因此,政府应提升购买决策水平,全面考虑各种因素,选择适宜的购买方式,做出明智的购买决策。

第二,政府在购买公共体育服务时,应充分考虑服务提供者的专业水平、资质条件、服务能力等因素,避免仅以价格竞争为导向而忽视服务质量。定向委托模式可能更有利于政府与服务提供者建立长期稳定的合作关系,促进服务的持续改进和提升;而公开竞争模式则能够推动市场竞争,激发服务提供者的创新活力,提高整体服务水平。因此,政府在选择购买方式时,既要考虑服务效益和成本效益的平衡,也要综合评估服务提供者的能力和信誉,确保购买行为符合公共利益和长远发展目标。

第三,在购买公共体育服务过程中,政府还应注重信息公开和透明度,建立健全的监督机制,确保购买活动的公正性和效率性。同时,政府应加强对承接主体的培训和指导,提高其管理水平和服务质量,促进公共体育服务的规范化和专业化发展。通过不断优化购买方式,提升政府购买决策的科学性和透明度,可以有效推动公共体育服务领域的改革和发展,为广大民众提供更加优质、多样化的体育服务,推动全民健身事业蓬勃发展,实现社会全面进步和共同繁荣。

(三) 加强绩效评估、信息公开,完善政府监督措施

第一,在非竞争独立型模式的实施全过程中,政府的责任不仅在于规定涵盖的服务项目类别和评估标准,更需要督促服务的高效提供。为此,政府应转变角色,由"参与者"转变为"监管者",对公共体育服务购买过程进行全面监督和管理。明确规定购买条件和标准,并采取措施确保满足这些要求,同时对服务质量严格考核和评估,是政府履行监管职责的重要一环。只有在政府积极履行监管职责的情况下,才能有效促进购买服务的高效运行,确保服务水平和效益的提升。

第二,政府在购买公共体育服务时,应该建立完善的评估机制和制度,确保购买过程规范有序、服务高效可靠。通过设定明确的评估指标和标准,可以对

服务承接主体的能力、服务水平等进行全面评估，及时发现问题并采取措施加以解决。政府需加强与服务提供者的沟通，建立双向信息传递机制，及时了解服务情况和需求变化，以便调整与优化购买计划，确保服务的及时响应和有效实施。同时，政府还应该建立健全的服务质量监测体系，定期对服务进行评估和监测，及时发现问题和改进空间，提高服务的整体质量和水平。

第三，政府还应加强与社会体育组织和公众的沟通与合作。通过增强信息共享和合作的时效性，可以提升服务效果。政府应充分利用各种渠道和平台，与社会体育组织和公众保持紧密联系，了解他们的需求和意见，积极倾听并采纳建议，以便更好地满足公众的体育服务需求。同时，政府还应借助社会监督的力量，将公共体育服务购买置于公众广泛参与和监督之下，确保购买过程的公开、透明和公正，增强政府购买活动的合法性和合理性。

第四，政府应鼓励和支持多元化的服务主体与服务形式，以满足不同需求的公共体育服务需求。通过拓展服务主体和服务形式的多样性，可以更好地适应多样化的需求和服务场景，提高服务的灵活性和覆盖范围，满足不同群体和社区的体育需求。政府可以通过政策支持、培训指导等方式，促进服务主体的多元化发展，鼓励创新和实践，推动公共体育服务的蓬勃发展和提升，为全民健康、幸福和社会和谐做出积极贡献。

在整个购买过程中，政府应坚持以服务为本、社会效益至上的原则，注重服务质量和效率的提升，充分发挥公共体育服务的社会价值和功能，为推动全民健身事业不断向前发展提供有力支持和保障。通过精心设计购买机制，完善监管措施，加强沟通合作，鼓励创新发展，政府可以有效引导公共体育服务的健康发展，实现社会全面进步和共同繁荣的宏伟目标。

本章小结

本章对在非竞争独立型模式下政府购买公共体育服务的主体责任及其实现机制进行了全面分析，探讨了这一模式在公共体育服务采购中的具体表现和面临的挑战。通过文献资料法、访谈法和数理统计法，研究旨在揭示政府在购买公共体育服务时的多维责任，进而为其改进和优化提供理论依据。

　　首先,非竞争独立型模式的核心特征在于政府与单一服务提供方之间的合同关系。这一模式虽然在一定程度上可以减少竞争带来的不确定性,但也可能导致服务供给的单一性和多样性不足。因此,政府在这一模式下的监管责任显得尤为重要,需确保服务提供方按照合同履行职责并提供高质量的服务。

　　其次,本章明确了政府责任的五个维度:监管责任、专业责任、经济责任、法律责任和社会责任。监管责任要求政府对服务提供方的行为进行有效监督,确保其遵守合同规定并提供符合标准的服务。专业责任则聚焦于政府对服务提供方专业素质的审查,以确保其具备必要的服务能力。经济责任涉及政府的资金投入与管理,要求合理配置资源,确保资金使用的透明度和有效性。法律责任强调政府依法保障公共体育服务的提供,并妥善处理可能出现的纠纷。社会责任则要求政府加强与公众的沟通,提升公众对服务的认知与支持,从而增强社会信任。

　　在善治视角下,政府与社会组织的合作关系是实现高效公共服务的重要基础。善治理论提供了一种新的视角,强调在复杂的公共事务管理中,政府应与公民社会共同努力,以提升管理的有效性和创新性。因此,明确政府在公共体育服务购买过程中的具体责任,有助于构建一个更为合理和有效的责任体系。然而,当前的实施过程中仍存在一些缺陷。例如,非竞争模式下的服务供给多样性不足,可能导致服务质量的下降;同时,购买过程的不公开性可能滋生暗箱操作,削弱公众对政府的信任。这些问题不仅影响了公共体育服务的质量,也阻碍了政府购买服务的健康发展。因此,需要对现行机制进行反思与改进。

　　通过对观山湖区政府的案例解析,展示了在实际操作中如何有效地实现政府责任。在这一案例中,观山湖区政府通过专业的采购代理机构确保采购过程的公开、公平和透明,明确了各个环节的责任,进而提高了服务质量。这一实践为其他地区提供了可借鉴的经验,表明在公共体育服务采购中,规范化的流程和透明的管理是提高服务质量和公信力的关键。

为了解决上述问题,本章提出了几项建议,包括加强第三方治理体系建设、提高购买决策水平及强化绩效评估与信息公开。这些措施不仅能够增强政府的监督能力,还能提升服务提供方的责任意识和服务质量,进而实现政府与社会组织的双赢。

综上,本章通过系统分析非竞争独立型模式下政府的主体责任,明确了其在公共体育服务采购中的重要性与复杂性。未来,如何在保证政府责任履行的同时,提升公共体育服务的质量与效率,将是我们进一步研究和实践的重点。

06 | 第六章

非竞争依赖型模式下的主体责任及其实现机制

从购买流程及购买主体两个维度来划分政府购买公共体育服务的模式是我国当前的主要划分方式,在实践中各购买模式均显现出诸多弊端。本研究采用了文献资料法、逻辑分析法及案例分析法等多种研究方法,以善治理论为分析基础,针对我国政府购买公共体育服务过程中最常用的非竞争依赖型购买模式进行了深入研究。具体从制度安排、购买过程、结构特征、实施缺陷及案例解析等多个方面展开探讨。针对该购买模式存在的不足之处,提出了建设性的建议,以期为提升政府购买公共体育服务的有效性提供可靠的参考依据。

一、 善治视角下政府购买公共体育服务的逻辑关联

2013 年 9 月 30 日,中国国务院办公厅发布了《国务院办公厅关于政府向社会力量购买服务的指导意见》,这为政府购买公共体育服务提供了制度依据。自此,政府购买公共体育服务的实践探索在全国范围内快速发展,产生了明显的效果,但是相应的问题也显现出来。实际上,中国政府在体育公共服务购买方面还缺乏有效的监督机制和相应的法律制度。因此,如何实施有效的公共体育服务购买,采取何种购买模式,以及如何更好地选择购买模式,已成为亟待解决的问题。

针对政府购买公共体育服务的基本模式,国内外学者已通过实践探索形成

了各种代表性的意见。在中国,王名和贾西津的研究在政府购买公共体育服务模式方面具有代表性。他们从购买主体和购买流程两个维度出发,提出了五种模式:非竞争依赖型、非竞争独立型、竞争独立型、竞争依赖型(该模式在实际操作中很少见),以及融合协同型。从各地的实际实践来看,非竞争依赖型是我国普遍实施的购买模式。在非竞争依赖型模式中,购买主体与客体之间存在明显的从属关系,政府直接向客体进行委派,与其他可能的供给方不存在竞争关系。它是一种传统的模式,以追求稳定的合作关系和高质量的服务为目标。在完成购买的过程中,政府主体对承接服务的主体发挥引导、监督的功能,为其提供相关的政策支持与资源分配。通过市场机制的功能,政府能够向社会公众提供所需的服务。

作为一种制度创新,政府在履行该职能时,在向公众提供公共体育服务时,应充分履行其供给职责,贯彻"服务型"理念的特征。基于前文对善治理论的研究,我们可知善治的核心特征在于强调政府与公民在公共生活中的合作管理。在这种管理模式中,政府与公民之间的互动性成为关键要素。此外,善治在管理主体、管理理念、治理方式及绩效目标等方面均超越了传统的治理模式,达到了更高层次的提升。这些改进旨在实现公共利益的最大化,为社会的和谐稳定与发展繁荣提供了坚实的保障。基于此,在善治理论的分析框架下,通过分析该种责任模式下政府购买公共体育服务的特点、过程、弊端等,并引入相关案例讨论其情况。

二、 制度安排

在我国,公共服务购买方式是国家从计划经济向市场经济转型的过程中逐渐形成的。近年来,党中央和国务院发布了多项与公共服务相关的政策文件(表6-1、表6-2)。这些文件对于推动我国服务型政府的构建起到了重要作用。政府在体育领域中,对于购买公共体育服务的政策制定和实施工作,也处于不断改进和创新发展的阶段。因此,研究政府购买公共体育服务的有关问题,是党在新时期对体育改革发展的必然要求,也是建设和完善我国公共体育服务体系的必要途径。

表 6-1　近年来政府购买公共服务的部分政策汇总

时间	政策文件	相关要点
2013 年 9 月 30 日	《国务院办公厅关于政府向社会力量购买服务的指导意见》	购买工作应按照政府采购法的有关规定,采用公开招标、邀请招标、竞争性谈判、单一来源、询价等方式确定承接主体,严禁转包行为
2013 年 11 月 15 日	《中共中央关于全面深化改革若干重大问题的决定》	推广政府购买服务,凡属事务性管理服务,原则上都要引入竞争机制,通过合同、委托等方式向社会购买
2014 年 12 月 15 日	关于印发《政府购买服务管理办法(暂行)》的通知	发挥市场机制作用,把政府直接提供的一部分公共服务事项以及政府履职所需服务事项,按照一定的方式和程序,交由具备条件的社会力量和事业单位承担,并由政府根据合同约定向其支付费用
2015 年 5 月 11 日	《国务院办公厅转发文化部等部门关于做好政府向社会力量购买公共文化服务工作意见的通知》	结合公共文化服务的具体内容、特点和地方实际,按照政府采购有关规定,采用公开招标、邀请招标、竞争性谈判、竞争性磋商、单一来源等方式确定承接主体,采取购买、委托、租赁、特许经营、战略合作等各种合同方式
2016 年 6 月 27 日	《国务院办公厅关于成立政府购买服务改革工作领导小组的通知》	统筹协调政府购买服务改革,组织拟订政府购买服务改革重要政策措施,指导各地区、各部门制定改革方案、明确改革目标任务、推进改革工作,研究解决跨部门、跨领域的改革重点难点问题,督促检查重要改革事项落实情况
2017 年 3 月 1 日	《国务院关于印发"十三五"推进基本公共服务均等化规划的通知》	积极引导社会力量参与。加强政府和社会资本合作
2018 年 2 月 8 日	《国务院办公厅关于印发基本公共服务领域中央与地方共同财政事权和支出责任划分改革方案的通知》	要坚持以人民为中心,坚持财政事权划分由中央决定,坚持保障标准合理适度,坚持差别化分担,坚持积极稳妥推进,力争到 2020 年,逐步建立起权责清晰、财力协调、标准合理、保障有力的基本公共服务制度体系和保障机制
2021 年 2 月 18 日	《国务院关于国家基本公共服务标准(2021 年版)的批复》	鼓励将适合通过政府购买方式提供的基本公共服务事项纳入政府购买服务指导性目录
2022 年 1 月 10 日	《"十四五"公共服务规划》	鼓励社会力量通过公建民营、政府购买服务、政府和社会资本合作等方式参与公共服务供给;支持社区社会组织承接社区公共服务,开展社区志愿服务,逐步扩大政府向社会组织购买服务的范围和规模

表 6-2　近年来政府购买公共体育服务的部分政策汇总

时间	政策文件	相关要点
2014 年 10 月 20 日	《国务院关于加快发展体育产业促进体育消费的若干意见》	加快政府职能转变,进一步简政放权,减少微观事务管理。加强规划、政策、标准引导,创新服务方式,强化市场监管,营造竞争有序、平等参与的市场环境
2016 年 5 月 5 日	《体育发展"十三五"规划》	进一步健全政府购买体育服务体制机制,完善资金保障、监督管理、绩效评价等配套政策,制定政府购买体育服务指导性目录,把适合由市场和社会承担的体育服务事项,按照法定方式和程序,交由具备条件的社会组织和企事业单位承担,逐步构建多层次、多方式的体育服务供给与保障体系
2016 年 6 月 23 日	《国务院关于印发全民健身计划(2016—2020 年)的通知》	通过设立体育场地设施建设专项投资基金和政府购买服务等方式,鼓励社会力量投资建设体育场地设施,支持群众健身消费
2016 年 10 月 25 日	中共中央 国务院印发《"健康中国 2030"规划纲要》	完善全民健身公共服务体系;加快完善体育共建共享机制,着力推进基本公共体育服务均等化
2016 年 10 月 28 日	《国务院办公厅关于加快发展健身休闲产业的指导意见》	鼓励各类社会组织承接政府公共体育服务职能。发挥体育社会组织在营造氛围、组织活动、服务消费者等方面的积极作用
2019 年 1 月 29 日	国家发展改革委 体育总局关于修订印发《"十三五"公共体育普及工程实施方案》的通知	发挥政府投资引导作用,鼓励带动社会资本加大投入。坚持共建共享,支持社会力量发展体育产业,相关实施方案适时研究制定
2019 年 9 月 2 日	《国务院办公厅关于印发体育强国建设纲要的通知》	加大政府向社会力量购买公共体育服务的力度;加大向社会力量购买全民健身赛事活动服务的力度
2019 年 9 月 17 日	《国务院办公厅关于促进全民健身和体育消费推动体育产业高质量发展的意见》	深化"放管服"改革,释放发展潜能。政府投资新建体育场馆应委托第三方企业运营,不宜单独设立事业单位管理。鼓励社会资本参与投资建设并依法按约定享受相应权益
2021 年 10 月 8 日	体育总局关于印发《"十四五"体育发展规划》	鼓励城乡基层社区组织开展形式多样的群众性体育赛事活动,支持有条件的社会体育俱乐部承办社区体育赛事活动,引导社会力量承接社区体育赛事活动和培训项目

三、 非竞争依赖型模式的选择

非竞争依赖型购买模式是我国普遍实施的购买模式,即政府直接将供给责任委托给体育社会组织承担,"张家港市全民健身大联赛"是该模式的典型案例。全民健身大联赛是张家港市全民健身的品牌活动,张家港市体育局根据当地社会体育组织的赛事承办能力及当地大众体育群众基础等综合考虑,2015年全民健身大联赛决定设置网球、足球、篮球、羽毛球、乒乓球5个项目。张家港市将5个项目分别委托给网球协会、足球协会、篮球协会、羽毛球协会、乒乓球协会等5个体育社会组织。这5个协会均由体制改革而来,对政府有依附性。该模式的优势在于供给的开放性、合作性。该模式具有以下三个特性:首先,此类服务供应商多半由政府所设立,其目标在于承担政府的某部分职能,因此与服务接受者之间存在明显的上下级关系和从属性。然而,这些服务供应商普遍缺乏完善的组织构造和运营体系,并且主要依赖于政府的财政拨款以维持其运作。其次,由于服务供应商与客体之间存在一定的依赖关系,供应商在职能实施方面的自由度相对较低,自主权限也受到较大限制。此外,政府的行政命令往往对客体产生较大的干预影响。最后,从本质上讲,政府并未真正下放权力进行管理。购买方式并不符合市场经济环境下自由交易的原则,缺乏明确的契约关系。在此模式下,虽然存在购买的形式,但实际上无法实现真正的购买效果。虽然非竞争型购买的操作相对简单,但它需要从决策者的角度进行深入考虑,并对决策的科学性有较高的要求。在实施非竞争型购买时,我们必须对产品的特性及性能进行深入了解,同时对不同供应商的价格、质量和服务进行比较。只有充分了解并全面评估这些因素,我们才能做出合理的购买决策,更好地满足个人需求,同时最大限度地实现性价比。因此,在进行非竞争型购买时,我们必须注重信息的收集和分析,并运用科学的方法和工具来辅助我们进行决策,以此提高购买决策的水平,使得我们选择购买的方式更加明智和合理。

四、 购买过程

根据当前的国家政策文件,应当确保购买过程的规范化和有效性,促进资源的合理配置和效益最大化。该流程中项目的设立以政府为主导,而公共体育服务的受益者社会公众在该过程中未发挥其功能。非竞争型购买中,参与其中的社会组织都可以获得对应的项目资助。依赖性关系下社会组织的"存亡"都依赖于政府项目的支持。在非竞争依赖型模式下,只有部分社会组织都可以参与其中,并且由政府指定,同时获得的资金也是由政府提供,且主体间是一种依赖关系,是一种由政府完全主导下的模式。非竞争依赖型购买流程图见图6-1。

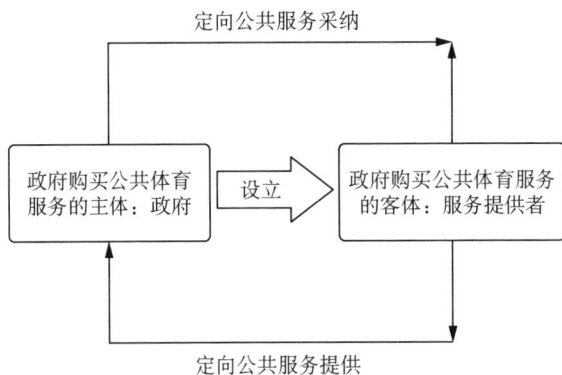

图6-1 非竞争依赖型模式的购买过程

非竞争依赖型模式是一种政府与生产者之间的上下级依赖关系,或者政府为特定项目的实施而特别设立的情况。这种模式具有极强的目的性和专门性,政府对服务提供者具有强大的控制能力,对其行政命令反应迅速。在此模式下,政府直接将服务合同或订单委托给相应的承接方,而与其他潜在的供给方不存在竞争关系。适合不能完全开放给市场操作的部分公共服务的购买,适用于带有保密属性的公共体育服务。其特点:①购买流程具有明显的行政性质,承接者必须服从政府的安排并提供公共服务。而在监管和评估方面,则主要依赖政府行政管理方式进行实施。②政府将公共服务职能有限转移给社会体育组织,其仍然承担大部分责任。非竞争依赖型购买模式是目前较为常见的一种形式。尽管有些社会组织完成改制,名义和制度上已经是一个独立组织,但其依然对政府形成依赖。③部分社会体育组织刚从原体制中走出来,对政府仍存在"非制度性依赖",即在资金、资源、组织发展等方面通过权威、私交等非制度形式获得,其表面上是独立、自主的组织,这些组织所承接的公共服务订单一般不通过竞争性程序获得。

五、结构特征

1. 政府购买体育公共服务的主体

政府作为公共体育服务的主体,在服务供给的过程中需要敏锐捕捉社会的需求并以此为依据制订购买办法和出资数额,发挥其主导作用。政府在公共体育服务中发挥重要的角色,通过准确地了解社会需求并根据此制订相应的购买办法和出资数额,以确保公众能够获得满意的体育服务。然而,政府作为主体并不是唯一提供和管理公共体育服务的实体,社会组织也扮演着重要的角色。社会组织在体育公共服务中充当着管理者、设计者、提供者和执行者的角色,成为政府与社会公众之间的桥梁,起到了"承上启下"的作用。社会组织通过充分了解和反映社会需求,设计并提供适应公众需要的体育项目和服务,为公众提供多样化的选择和机会。社会公众作为公共体育服务的受益者,享受着各类体育项目和服务所带来的益处。同时,社会公众也有权参与到公共体育服务的监督和评价中。社会公众的参与可以使体育服务更加贴近公众的需求和期望,提高服务质量和满意度。然而,由于社会公众的各自立场和角度的差异,以及其自身水平和信息获取的片面性,所作出的评价具有一定的价值和局限性。为了确保公共体育服务评价的公正、全面、专业,引入独立的第三方公共服务绩效评价机构势在必行。独立的第三方公共服务绩效评价机构应具备公正客观的评价能力,以实现体育服务评价的专业性和可信度。这些机构应具备丰富的体育服务评价经验和专业知识,能够对体育项目的质量、效果和覆盖范围进行全面、客观地评估。通过引入第三方评价机构,可以减少政府和社会组织自身的利益考虑,提供客观公正的评价结果。独立的第三方公共服务绩效评价机构可以通过采用多种评价指标和方法,对公共体育服务进行全面的评估。这些评价指标可以包括体育项目的参与人数、服务覆盖范围、服务质量和效果等方面的指标，通过综合评估可以得出公共体育服务的整体绩效和发展方向。同时，评价方法可以采用定量和定性相结合的方式，从多个维度对公共体育服务进行评估，更加准确地反映其绩效和效果。引入独立的第三方公共服务绩效评价机构还可以加强评价结果的公开透明性。评价机构应及时向政府、社会组织和社会公众公布评价结果，使其具备参与和监督的能力。公开透明的评价结果可以帮助公众更好地了解体育服务的优劣和改进方向，提高公众对体育服务的参与和支持度。

2. 政府购买体育公共服务的主体结构

非竞争依赖型购买模式是当今社会最为常见的供给模式。这种模式的核心就是通过政府与社会组织之间的合同方式来分配供给责任。在此模式下，政府将供给责任直接委托给社会组织，并且二者之间形成了紧密的依赖关系。非竞争依赖型模式的特点主要体现在两个方面，即非竞争性和依赖性。首先，它是非竞争性的，也就是说在这种模式下，供给责任不会通过竞争的方式来分配。相反，政府会选择一个或多个社会组织，与其签订合同，将供给责任交给他们来执行。这种非竞争性的机制可以确保供给的稳定性和可靠性，避免过度竞争可能带来的不确定性和混乱。其次，非竞争依赖型模式强调政府与社会组织之间的依赖关系。政府将供给责任交由社会组织承担，需要社会组织提供相应的服务或产品。

因此，政府依赖于社会组织的能力和执行力，而社会组织则依赖于政府的支持和资源。双方通过合同明确各自的权利与义务，形成了相互依赖的关系。政府提供经济支持和政策指导，而社会组织则提供专业服务和满足市场需求的产品。在非竞争依赖型模式下，政府、非营利性体育组织和营利性体育组织之间存在着紧密的依赖关系。政府作为主导方和决策者，负责规划和组织资源的分配，同时也承担监管和评估的职责。非营利性体育组织是政府的重要合作伙伴，承担着提供公共服务、促进社会公益的责任。而营利性体育组织则更注重商业运作和市场效益，通过满足市场需求获取经济利益。非竞争依赖型模式的实施需要政府与社会组织之间的密切协作。政府需要制定明确的政策指导和监管措施，确保社会组织按照规定履行供给责任。同时，政府还需要提供充足的经济支持，保证社会组织能够有效执行供给任务。社会组织则需要具备专业的团队和先进的管理能力，以确保供给的质量和效率。此外，社会组织还需要不断创新和适应市场需求,提供有竞争力的产品和服务。

　　非竞争依赖型模式是一种政府、社会组织和消费者共同作用的供给模式,三者之间形成了相互影响的关系。这种模式源于各方的需求和目标之间的互动,同时也受到各方的权力和利益的制约。首先,政府在非竞争依赖型模式中发挥着关键作用。政府作为社会组织和消费者的监管者和决策者,对于供给的规划和资源的分配起着引导和控制的作用。政府通过制定相关政策和法规,明确社会组织的职责和义务,并提供相应的经济支持和资源保障。政府的政策导向和经济投入直接影响着供给的质量和范围,也对社会组织的发展和运营产生重要影响。其次,社会组织是非竞争依赖型模式中不可或缺的一方。社会组织承担着政府交给的供给责任,提供相应的服务和产品。他们通过合同与政府建立起紧密的合作关系,并将其专业能力和资源转化为满足消费者需求的具体行动。社会组织的能力和执行力直接决定了供给的质量和效率,同时也受到政府政策和消费者需求的制约。最后,消费者在非竞争依赖型模式中起到了决定性的作用。消费者的需求是供给的根本动力,供给的目标和内容直接取决于消费者的需求与偏好。消费者通过消费行为,表达对于供给的认可或不满,影响着供给的发展和调整。消费者的需求变化和市场反馈直接影响着政府政策的调整和社会组织的运营策略,形成一个相互激励和相互制约的关系。

　　因此,在非竞争依赖型模式中,政府、社会组织和消费者形成了一个互为矛盾体、相互影响的关系。政府的政策导向和经济投入决定了供给的方向和范围,社会组织的能力和执行力直接影响供给的质量和效率,而消费者的需求和市场反馈则决定了供给的调整和发展。三者之间相互制约、相互影响,共同推动着非竞争依赖型模式的良性发展(图6-2)。

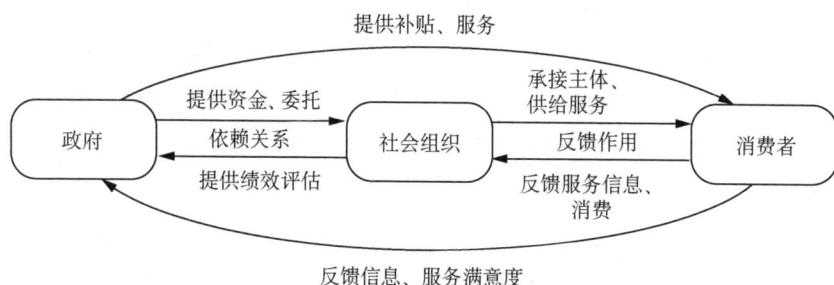

图6-2　依赖关系非竞争购买模式图

非竞争依赖型模式在一定程度上可能与政府购买的原则和内涵不符。这种模式常常导致社会体育组织对政府高度依赖，或者受到政府的限制，评估过程常常形式化，缺乏真正的法律责任。同时，这种模式也可能使得政府职责逐渐扩张，将一些本不属于政府职责范围的服务通过购买方式提供给社会。这种情况下，政府的权力延伸至私人领域，可能会削弱市场竞争，对公平性和效率性产生负面影响。因此，在实施非竞争依赖型模式时，应当审慎考虑并加强监管，确保购买行为符合规范、公正和透明，以维护公众利益和促进公共体育服务的可持续发展。

六、 实施缺陷

1. 政府干预性强，组织自由度小

在实施非竞争依赖型模式时，常常存在着一些与政府购买原则和内涵相悖的问题。这种购买模式中，社会组织往往过度依赖政府的支持，受限于政府的活动安排，导致购买关系不够平等和独立。部分本不属于政府职责范围的服务也通过购买方式提供给社会，导致政府部门的权力和利益不断扩张，政府在公共服务领域的干预和控制力度过大，甚至延伸至私人领域，影响了市场的公平竞争和社会组织的独立性。此外，非竞争依赖型模式在实践中还存在明显的形式主义问题。购买过程常常缺乏灵活性和高效率，流程烦琐、成本高昂，办事效率低下，容易导致资源的浪费和公共服务的滞后。政府干预性强，社会组织的自由度受到限制，创新活力受挫，难以有效发挥其应有的作用。购买过程缺乏透明度和公开性，信息不对称问题突出，容易导致不公正现象的发生，甚至滋生内部腐败。这些问题的存在严重影响了购买效果的优劣，制约了公共服务的可持续发展和提升。因此，在考虑非竞争依赖型模式的弊端时，需要审慎思考，并采取适当的改革措施，以提升购买的公正性、透明度和效率性，推动公共服务的可持续发展。

首先，政府应当加强对购买过程的监督和管理，建立健全的评估机制和监管体系，确保购买活动合法、规范进行。政府应该明确购买的服务范围和标准，避免超范围、超标准的购买行为，减少政府权力的滥用和扩张。其次，政府应鼓励和支持社会组织的参与和创新,拓宽服务提供者的来源和渠道,提高服务的多样性和质量。政府应推动公共服务购买向市场化、多元化方向发展,鼓励社会组织积极参与,推动服务的专业化和精细化,提高服务的针对性和适用性,增强公共服务的覆盖面和效果。此外,政府还应加强对购买过程的公开和透明,建立信息公开制度,确保信息的公平公正传达,减少信息不对称问题,提升购买活动的公正性和透明度。政府应积极倡导公众参与购买过程,提高公众对公共服务购买的监督和参与度,促进政府购买活动的公众认可和信任度。最后,政府应加强对购买过程的评估和改进,及时总结经验教训,调整和优化政府购买政策和实践,不断提升购买的效益和效率,推动公共服务的可持续发展[1]-[3]。通过这些改革措施的实施,政府可以更好地引导和推动公共服务的提升,切实促进社会全面进步和共同繁荣。

2. 缺乏完整的公共体育服务风险与绩效评估体系

绩效评估是测定购买效果、评价承购方专业能力和公共体育服务效果的有效工具,也是有效的监督手段[4][5]。相对于政府提供的公共服务,社会力量提供的服务具有一定的不确定性和灵活性,表现在服务的质量、数量和成本方面。政府在购买公共体育服务时必须审慎处理,因为商业行为追求利润最大化,而公共体育服务的目标并非盈利。若政府处理不当,可能会损害公众利益。因此,在政府购买公共体育服务之前,必须加强自身效果的评估,选择政府能够胜任且公众满意度较高的服务项目,确保购买的有效性和可持续性。

政府在购买公共体育服务时,需要先进行全面的风险评估,识别可能存在的风险和挑战。这种风险评估可以涵盖服务提供过程中可能发生的问题,服务质量和安全性的风险,以及服务供应商的资质和可靠性等方面。通过充分的风险评估,政府可以有针对性地制定应对措施,降低购买公共体育服务所面临的风险,提高购买活动的成功率和效果。同时,政府在选择服务供应商时,应该综

---

① 王家合,赵琰霖. 政府购买服务研究回顾[J]. 华中农业大学学报(社会科学版),2016,126(6):115-121.

② 王春婷. 政府购买公共服务研究综述[J]. 社会主义研究,2012(2):141-145.

③ 董遇. 北京市体育局向社会力量购买公共体育服务研究[D]. 北京:北京体育大学,2016:1-71.

④ 唐刚,彭英. 多元主体参与公共体育服务治理的协同机制研究[J]. 体育科学,2016,36(3):10-24.

⑤ 张菊梅. 政府购买公共服务的动因、模式及其推进策略[J]. 中共四川省委党校学报,2018(2):65-71.

合评估其专业性和能力水平，确保供应商具有提供优质服务的能力和经验。政府可以通过招标、竞争性谈判等方式，选择资质过硬、信誉良好的服务供应商，确保购买的公共体育服务能够达到预期效果，得到公众的认可和支持。

此外，政府在购买公共体育服务时，还需要警惕服务供应商与政府之间可能存在的腐败现象。为防止腐败发生，政府可建立健全的监督机制和内部控制体系，加强对购买过程的监督和管理，确保购买活动的公开透明、合法合规。政府还可以加强对服务供应商的监督和评估，建立诚信评价制度，对不良行为进行惩处，遏制腐败现象的滋生，保障公共体育服务购买的廉洁和透明。最后，政府在购买公共体育服务时，应该注重降低使用购买服务外包所带来的风险。购买服务外包是有效的方式，可以提高效率和降低成本，但也存在一定的风险，如服务质量下降、信息泄露等问题。政府可以加强对外包服务的管理和监督，明确合同条款、规范服务流程，确保外包服务能够符合政府要求和公众期待，最大限度地保障公众利益，确保政府购买公共体育服务的顺利实施。

3. 缺乏健全的监督考核机制

政府内部缺乏健全的监督评估机制，尤其在资金管理方面控制不严，往往会导致贪污腐败问题的出现。购买公共体育服务时，由于相关部门监管机制不健全，项目运行情况常难以及时有效地评估。为了确保政府购买公共体育服务的廉洁和公平，需要积极推进独立专业的外部监督体系的建设和发展。在整个购买项目过程中引入第三方监督机构，实施全面监管，利用专业手段确保监督的严谨性。

为了提高政府购买公共体育服务的透明度和公信力，需要建立起有效的外部监督机制。这种机制可以由独立的专业监督机构负责监督政府购买公共体育服务的整个过程，包括立项、招标、评估、合同履行等环节。监督机构应具备独立性、专业性和公正性，能够对政府购买活动进行全程监督和评估，减少腐败风险，确保公共资源的有效利用和管理。同时，监督机构还应采用专业手段和技术手段，如数据分析、风险评估、实地调研等，加强对公共体育服务购买活动的监督。通过科学的监督方法，监督机构可以及时发现问题、解决问题，提高监督工作的效率和准确性，保障购买活动的公平公正性。除了外部监督机构的建设，还应充分利用公众力量，定期开展公共体育服务满意度调查。广大公众作为服务的最终受益者，其满意度反映了公共体育服务的实际效果和质量。政府可以通过定期调查、听取意见和建议，了解公众对购买服务的评价和需求，及时调整改进服务内容和提升服务水平，确保公共体育服务符合公众期待，提高服务质量和效果。此外，政府还可以将公众的满意度作为服务提供者的绩效考核指标之一，激励服务提供者提高服务质量和效率。通过建立健全的绩效评价体系，政府可以促使服务提供者更加关注服务质量，提升服务水平，增强公共体育服务的透明度和公信力。

七、案例解析

（一）案例介绍

北京市体育局购买优秀健身项目创编与推广服务的案例为一次成功的实践，展示了政府购买公共体育服务的积极意义和作用。1995 年，太极功夫随着屠洪刚的歌曲《中国功夫》的流行而迅速走红，其独特的艺术性、观赏性及易于练习的特点吸引了广大群众的热爱。在太极拳协会的大力推广下，太极功夫成为备受欢迎的健身项目。受到这一成功案例的启发，北京市体育局决定探索适合老百姓接受和推广的健身项目，以促进全民健身的普及和推动各类人群自愿自觉地参与健身活动。

北京市体育局与 6 家人群类体育协会、一家平台型协会和专业公司合作，启动了优秀健身项目的创编与推广工作。通过此次合作，选定了 6 个符合科学健身标准、针对改善市民体质、易于推广的优秀健身项目。这些项目不仅体现了专业性和科学性，还具有吸引力和实用性，能够激发市民参与的兴趣和积极性。为了让更多的市民了解和参与这些优秀健身项目，北京市体育局编辑制作了光盘，并向全市社区发放，同时倡导社区组织开展培训和展示活动，以便在广大市民中宣传和推广这些项目。这一做法体现了政府购买公共体育服务的创新性和包容性。通过购买优秀健身项目的服务，政府可以更好地引导市民参与健身活动，提高城市居民的身体素质和健康水平。与此同时，政府购买服务也为专业体育机构和公司提供了发展空间和机会，促进了体育产业的发展和繁荣。这种合作模式不仅有利于政府实现公共体育服务的全覆盖和可持续发展，也有助于推动社会体育事业的健康发展，促进全民健身的深入推进。

在购买优秀健身项目的过程中,政府需要加强对服务供应商的管理和监督,确保项目的质量和效果符合预期。同时,政府还应积极引导和激励社区组织与公众参与到健身项目的推广和实施中,形成多方共建、多方参与的良好合作格局。通过政府购买公共体育服务,可以有效整合社会资源,实现资源优化配置,提升服务质量和效率,推动全民健身事业的蓬勃发展。

(二) 案例实施

北京市体育局根据体育运动辐射人群直接分别委托市职工体协、市残疾人协会、市农民体协、市民族体协、市老年人体协、市社区体协及与以往合作过并认为很满意的北京星光影视有限公司提供优秀健身项目创编与推广服务,本项服务由企业、政府部门、社会组织共同完成,这是北京市体育局在政府购买服务过程中的一种创新形式,将体育社团的专业优势与企业的技术优势相结合,充分发挥各自优势。

合同签完后,北京市体育局从全民活动专项资金拨付以上 6 家协会每个协会 5 万元、拨付北京星光影视优秀健身项目创编与推广及光盘视频制作经费 30 万元,并按照合同约定履行承诺。5 万元对于协会来说更是一种扶持,实际上没有做实质性的工作。这也造成了协会做事的主动性与针对性不够,做事效率不高,这种不平等主要体现在合同中甲乙方权利和义务中全部为项目确定权、监督权、知识版权等权利条款。6 个协会均由体制改革而来,与政府有一定的联系,体现了部分体育社会组织对于政府部门的依附性。因此,该项服务属于非竞争依赖型模式。

项目执行分为三个阶段:第一阶段,6 个协会分别选送 2 个优秀健身创编项目,北京市体育局组成评审小组结合项目的特点、难易程度、受众人群等方面因素最终确定每个协会 1 个项目,分别为职工椅子操、舞动乡村健身操舞、轮椅太极、可乐球、哑铃操、冰棍球;第二阶段,6 个协会提供项目的编排说明、组织动作示范人员,配合北京星光影视有限公司进行拍摄及光盘制作;第三阶段,将编辑制作的光盘向全市社区、农村及各类人群发放,倡导其组织开展培训和展示活动,在广大市民中广泛宣传普及。

（三）案例模式

本研究以购买模式的各个特质为基础，对相关案例进行了全面的考量，包括购买行为的主体、客体、服务对象、购买过程、资金利用和监控机制等多个层面。通过这些特征考量，可以从深层次发现政府购买公共体育服务的实践经验和存在的诸多问题并尝试解决，为未来的政府购买公共服务提供有益的参考与借鉴（表6-3）。

表6-3 北京市体育局购买优秀健身项目创编与推广服务案例

模式内容	解析
购买公共服务主体	北京市体育局
购买公共服务客体	市职工体协、市残疾人协会、市农民体协、市民族体协、市老年人体协、市社区体协、北京星光影视有限公司
服务群体	热爱此目标健身项目的广大群众
购买过程	北京市体育局委托市职工体协、市残疾人协会等6个协会及北京星光影视有限公司向相关服务群体提供优秀健身项目创编与推广服务。体育局直接向市职工体协、市残疾人协会等6个协会及北京星光影视有限公司采购服务并付费
资金使用	从全民活动专项资金拨付以上6个协会每个协会5万元、拨付北京星光影视优秀健身项目创编与推广及光盘视频制作经费30万元
监督机制	相关部门对经费进行单独核算，严格做到专款专用，体育局及联合检查小组定期对扶持项目的实施情况和资金情况进行检查监督，并进行绩效考评

北京市体育局购买优秀健身项目创编与推广服务的实践取得了初步成效，完成了6个项目的创编和初期推广工作，也在一定程度上实现了对6家协会的扶持目标。然而，项目在推广过程中存在一些问题和挑战，需要进一步优化和完善。实际上，项目当前阶段的工作主要是将光盘发放到社区，而后续服务项目的推广情况尚不得而知。这种形式化的推广方式显然无法充分满足公众真正的需求，而且在项目的创编和推广过程中，如何将项目推广出去是一个需要思考和解决的问题。与一次性产品采购不同，公共体育服务的供给是一个持续性的过程，需要在项目完成创编后进行长期的推广和宣传工作。例如，举办活动展示大会、社区运动会，将项目纳入社会体育指导员的培训内容中等，通过指

导员这个有效媒介来广泛带动各类人群参与健身活动。这种持续的推广工作需要领导部门在项目初期就有明确的认识和规划,同时在制订来年预算时考虑项目的衔接性和延续性。

为了进一步提升项目的推广效果和持续性,政府购买服务方面需要加强对服务供应商的监督和引导,确保项目能够得到有效的推广和实施。政府和协会之间需要建立更加紧密的合作关系,共同制订推广计划和策略,确保项目能够深入到社区和广大市民群体中。此外,政府还可以通过组织专业的培训和指导,提升协会和社会体育指导员的素质与水平,使其能够更好地推广和传播健身项目,形成良好的示范效应。另外,政府购买公共体育服务的过程中,还应当加强对项目成效的评估和监测,及时发现问题并进行调整和改进。通过建立健全的监督评估机制,政府能够更好地了解项目的实际效果和推广情况,为后续工作提供参考和指导。同时,政府还应鼓励和引导社会各界的参与,形成多方共治的格局,共同推动公共体育服务的发展和提升。

(四) 案例小结

在以上案例中,北京市体育局采用了非竞争依赖型模式,这种模式是我国较为常见的政府购买公共体育服务的方式。在这种模式下,政府直接委托体育社会组织承担供给责任,体现了供给的开放性和合作性,但也存在着供给的垄断性和非竞争性。与其他购买模式相比,这种模式的购买成效相对较低。学界将这种模式下的公共体育服务购买类型分为软服务和硬服务两种。

然而,以上案例中的政府购买公共体育服务存在一些问题。首先,在需求表达方面,政府并未建立合理的机制来充分获取公众需求信息,导致在项目设置和资源配置上存在偏差。缺乏充分了解公众实际需求的情况下,项目可能无法完全符合市民的期望,资源利用也会出现不均衡现象。缺乏科学的群众体育指导,更是导致无法满足公众个性化、多样化的健身需求,缺乏系统的长效机制更是使得公共体育服务难以做到持续发展。另外,体育职能部门在提供公共体育服务时往往更注重自身利益,更倾向于购买那些政绩明显、操作简便、责任较小的项目,而忽视了项目与公众实际需求的契合度。这种偏向使得公共体育服务缺乏长期规划和系统性思考,仅仅停留在短期目标的层面,难以形成持续有效的服务机制。

面对这些问题,关键在于改革内在机制和提升制度供给。政府与体育社会组织之间需要建立更加密切的合作关系,确保政府购买服务的过程更加透明、科学和高效。政府应当加强对公众需求的调查和了解,建立健全的需求表达机制,以确保购买的公共体育服务能够真正满足市民的健身需求。同时,政府还应当加强对服务供应商的管理和引导,建立有效的绩效评估体系,激励其提供更优质的服务。此外,政府购买公共体育服务需要更加注重长期规划和持续性。要建立健全的项目评估机制,及时了解项目推广的效果和问题,从而及时进行调整和改进。政府还应当加强对体育社会组织和服务提供商的指导和培训,提升其服务水平和专业能力,确保公共体育服务的质量和效果得到提升。

八、 实现机制

非竞争依赖型政府购买公共体育服务模式的实现机制可以从以下几个方面阐释。

（一） 政府职能转变

在非竞争依赖型模式下,政府购买公共体育服务的实现机制之一是政府职能的转变。这种职能转变不仅是政府角色的重新定位,更是其职能和工作方式的全面革新。为了更好地满足人民群众对公共体育服务的需求,政府必须从传统的管理者角色转变为积极的服务提供者。这种转变不仅仅是形式上的调整,更需要实质性地提高服务质量和工作透明度,从而实现公共体育服务的有效供给。

第一,政府需要建立一个公开透明的信息发布平台。这一平台应及时发布与公共体育服务相关的信息,包括服务内容、服务标准、项目进展及资金使用情况等。通过这种公开透明的信息披露,政府可以有效增强公共信任,确保各项公共体育服务在阳光下运行。同时,这也有助于社会各界对政府工作的监督,提高政府工作的透明度和公信力。

第二,政府应定期开展针对工作人员的培训,以提升其服务意识和能力。

公共体育服务的高质量供给依赖于政府工作人员的专业素质和服务态度。通过定期的培训，政府可以帮助工作人员更好地理解其新角色，增强其服务意识，掌握与公共体育服务相关的专业知识和技能。这不仅能提高政府的服务水平，还能增强政府与群众之间的互动与沟通，使公共体育服务更加贴近群众需求。

第三，政府需要设立有效的公众反馈渠道，积极回应群众需求。作为公共体育服务的提供者，政府应当高度重视群众的意见和建议，建立多样化的反馈机制，如线上意见箱、热线电话、社交媒体平台等。通过这些渠道，群众可以方便地表达自己的需求和意见，政府则可以及时了解群众的真实需求，并根据反馈不断优化服务内容和方式。这种互动不仅能提高公共体育服务的针对性和有效性，还能增强群众的参与感和满意度。政府需要从传统的管理者角色转变为服务提供者。这种转变要求政府增强服务意识，提高工作透明度。

（二）监督机制的建立

在非竞争依赖型模式下，政府购买公共体育服务的过程中，监督机制的建立是确保服务质量和效果的重要保障。这一机制不仅涉及政府内部的监督管理，还需要引入外部力量，共同参与监督，确保公共体育服务能够真正满足人民群众的需求，避免资源浪费和服务质量下滑。通过多层次、多渠道的监督体系，政府能够更好地履行公共体育服务的购买和提供职责，实现公共资源的高效配置和利用。

第一，在内部监督层面，政府需要对承接公共体育服务的组织实施严格的财务监督。由于政府购买公共体育服务涉及大量财政资金的投入，因此确保资金使用的合理性和透明性是监督工作的首要任务。政府应建立完善的财务监督机制，通过定期审计、专项检查等手段，确保资金用于约定的服务项目，并防止资金被挪用或浪费。同时，政府还应建立健全的绩效评估制度，对承接组织的服务质量和效果进行定期评估。这种评估不仅要涵盖服务的完成度和效果，还应关注服务的实际社会影响，确保公共体育服务能够有效促进群众的体育参与和健康水平提升。

第二，在外部监督层面，政府需要引入第三方评估机构进行独立、客观的服务评估。第三方评估机构以其专业性和独立性，能够对承接组织的服务质量和效果进行公正的评估，避免因政府与承接组织之间的利益关系而产生的监督盲区。通过这种独立评估,政府可以获取更为客观、全面的反馈信息,从而对公共体育服务的购买和供给决策进行科学调整。此外,政府还应鼓励媒体参与监督,通过新闻报道、舆论监督等形式,增加信息公开度,促使承接组织自觉提高服务质量,增强社会责任感。

第三,公众参与机制的建立是外部监督的重要组成部分。政府应设立公众评议员制度或其他形式的公众参与渠道,让公众直接参与到公共体育服务的监督和评估过程中。公众作为公共体育服务的最终受益者,其意见和建议是衡量服务质量的重要依据。通过设立线上反馈平台、开展公众评议活动等方式,政府可以及时获取群众对公共体育服务的真实反馈,并根据反馈信息进行服务优化和调整。这不仅能提高公共体育服务的针对性和有效性,还能增强群众的参与感和责任感,进一步促进公共体育事业的发展。

(三) 制度建设完善

在非竞争依赖型模式下,政府购买公共体育服务的过程中,制度建设的完善是确保服务质量和效率的关键环节。一个完善的制度框架不仅可以规范服务提供者的行为,还能够保障公共体育服务的持续性和有效性。在此背景下,政府需要从多个方面入手,优化和健全相关制度,为公共体育服务的有效供给提供坚实的制度保障。

第一,扩大购买主体范围是完善制度建设的重要举措之一。传统的公共服务供给往往由少数大型国有或政府背景的组织垄断,导致市场竞争不足,服务质量难以提升。因此,政府应放宽准入条件,允许更多符合条件的社会组织、非营利组织和私人企业参与公共体育服务的供给。这不仅能激发市场活力,增加服务供给的多样性,还可以通过引入更多竞争者,促进服务质量的提高。同时,政府应建立一个公正、透明的准入评估机制,确保所有参与者在公平的基础上参与竞争,真正选拔出优质的服务提供者。

第二,优化购买方式是制度建设的另一个重要方面。传统的政府购买公共服务方式可能存在效率低下、灵活性不足的问题,因此引入创新的购买方式尤为重要。政府可以考虑采用政府和社会资本合作模式,将公共资金与社会资本相结合,共同承担公共体育服务的提供与管理工作。这种模式不仅可以减轻政府的财政压力,还能够引入社会资本的市场化运营机制,提升服务的专业性和效率。此外，政府还应根据具体服务需求，灵活选择购买方式，如竞争性谈判、公开招标或委托管理等，确保公共体育服务的采购能够充分满足群众的多样化需求。

第三，建立健全的准入和退出机制是保证服务提供者质量的关键。准入机制不仅要严格把关服务提供者的资质、能力和信誉，还要在合同签订后对其服务质量进行持续监控。对于那些未能达到合同要求或出现重大服务问题的提供者，政府应有明确的退出机制，及时终止合同并进行必要的惩罚或纠正措施。这种动态的准入与退出机制可以促使服务提供者始终保持高水平的服务质量，防止出现因提供者失职而影响公共体育服务整体质量的情况。

第四，为了保证制度建设的实施效果，政府还应定期对现有制度进行评估和调整，确保其能够适应社会发展和群众需求的变化。通过不断完善制度设计，政府可以构建一个更加灵活、高效、透明的公共体育服务供给体系，确保公共资源的合理配置和有效利用。

（四）多方协同机制

在非竞争依赖型模式下，政府购买公共体育服务的过程中，多方协同机制的建立是实现服务供给高效性和满意度提升的重要途径。通过政府、社会组织和消费者三方的紧密协同，能够形成一个更加灵活、响应快速的公共体育服务体系，从而更好地满足群众的多样化需求，实现公共体育服务的持续优化和改进。

第一，政府在多方协同机制中承担着政策制定、资金支持和监督管理的核心职责。作为公共体育服务的主要购买者和引导者，政府应通过制定明确的政策框架，确保公共体育服务的方向性和规范性。同时，政府需要提供足够的财政支持，以保障公共体育服务的持续性和覆盖面。在监督管理方面，政府应加强对社会组织的监督，确保服务质量符合预期标准，并对出现的问题及时进行干预和纠正。通过这一系列措施，政府不仅能够有效引导公共体育服务的供给，还能确保公共资金的合理使用和服务效果的最大化。

第二，社会组织作为公共体育服务的主要提供者，在多方协同机制中发挥着关键作用。社会组织通常具有专业性强、服务方式灵活的特点，能够根据不同群体的需求提供多样化的体育服务。政府在购买服务时应充分发挥社会组织的专业优势,鼓励其创新服务模式,提升服务质量。此外,社会组织还应积极与政府和消费者进行沟通,及时调整服务内容和方式,以适应不断变化的社会需求。通过这种合作,社会组织不仅能提高自身的服务水平,还能在更大范围内推广健康的体育生活方式,促进全民健身事业的发展。

第三,消费者的积极参与是多方协同机制成功的关键因素之一。作为公共体育服务的最终受益者,消费者的需求和反馈对于服务的改进和优化至关重要。政府和社会组织应建立畅通的沟通渠道,鼓励消费者主动参与到服务评估和反馈过程中。通过定期开展消费者满意度调查、设置意见反馈平台等方式,消费者可以表达自己的需求和意见,从而推动服务的持续改进。这种互动不仅能提高服务的针对性和有效性,还能增强消费者的参与感和满意度,进一步提升公共体育服务的整体效果。

通过政府、社会组织和消费者的三方协同,可以形成一个高效、互动、持续优化的公共体育服务体系。这种协同机制能够在充分发挥各方优势的同时,弥补各方的不足,从而更好地满足人民群众的体育健身需求,提高服务效果和满意度。政府通过政策引导和资金支持,为公共体育服务提供了坚实的基础;社会组织通过专业服务和灵活运作,提升了服务的质量和多样性;消费者通过积极参与和反馈,推动了服务的改进和创新。最终,这种多方协同机制将有助于公共体育服务的可持续发展,促进全民健身事业的全面推进。

(五) 持续评估和改进

在非竞争依赖型模式下,政府购买公共体育服务的过程中,持续评估和改进机制的建立至关重要。这一机制能够确保公共体育服务在实施过程中不断优化,持续满足人民群众日益增长的体育需求。通过建立政府与服务承接方之间的长期合作关系,结合动态评估机制,政府可以灵活应对社会变化,提升公共体育服务的质量和效果,从而实现公共资源的高效利用和服务的可持续发展。

第一,政府与服务承接方之间的长期合作关系是持续评估和改进机制的基础。在这种模式下,政府与社会组织、企业等服务提供者不仅是简单的采购与供给关系,更是长期的合作伙伴。政府应通过定期沟通和交流,了解承接方在服务实施过程中遇到的困难和挑战,并根据实际情况提供必要的支持和指导。这种紧密的合作关系能够有效提升双方的协作效率,确保服务内容和方式能够及时调整和优化,适应不断变化的社会需求。为了使这种合作关系更加稳固,政府可以与服务提供者共同制定长期发展规划和年度工作计划,并在执行过程中保持密切的联系和协作。通过定期召开联席会议或建立专项沟通机制,双方可以及时交流信息,分享经验,并对服务改进达成共识。这种长期的合作不仅有助于提高服务的连贯性和稳定性,还能增强承接方的积极性和责任感,从而更好地实现公共体育服务的预期目标。

第二,建立动态评估机制是持续评估和改进机制的重要组成部分。动态评估机制旨在通过定期收集来自各方的反馈,及时分析和调整公共体育服务的内容和方式,以更好地适应社会发展的新趋势和群众的实际需求。这一机制应包括多个方面的评估内容,如服务覆盖率、服务质量、群众满意度、社会效益等。政府可以通过问卷调查、访谈、数据分析等多种形式,获取群众的真实需求和对服务的反馈,从而为后续的服务改进提供科学依据。动态评估机制的关键在于其灵活性和及时性。服务提供过程中,政府和承接方应根据评估结果及时调整服务策略和内容。例如,如果某项公共体育服务项目的参与度较低,政府应迅速分析原因,可能是服务内容不符合群众需求,或是宣传推广不足。针对这些问题,政府可以调整项目内容、加大宣传力度,甚至引入新的服务形式,以确保公共体育服务能够更好地满足群众的需求。同时,政府还应根据评估结果优化资源配置,确保财政资金的高效使用,避免资源浪费。

本章小结

　　在非竞争依赖型模式下,公共体育服务的供给必须同时关注供给侧和需求侧,以实现双方的协同发展。其中,完善法律体系和监督机制、规范购买程序,以及基于政府放权形式下引入市场竞争机制是核心要点。此外,维护相关利益者的权益也至关重要。同时,供给质量和供给效率的双重目标应该得到重视,并将实现消费者满意度的提升作为首要任务。一方面,注重长期合作,形成稳定供应链,确保服务的持续性和稳定性。另一方面,强调服务质量和效果,通过建立长期合作关系,提高服务质量和客户满意度。因此,这种模式可以实现资源优化配置、风险共担和信息共享等多重优势。同时,为了避免政府权力过大造成垄断性,体育内部机关部门应该转变职能方向,推动政府政企改革,实现"政企分离、管办分离",避免政府越位并清晰划分政府与市场的边界。政府要做到"既有效又有限",权利与利益相契合成为供给成效的关键点,提倡多元主体协同参与治理双管齐下,构建承上启下、双向互动、补充共享的社会格局与完备的风险评估体系,实现公共体育服务供给的最大最优化。

未来,进一步的研究可以重点关注如何细化和落实非竞争依赖型模式的具体操作,以及在不同地区和场景中的适用性和效果评估。相信在继续深入研究的基础上,非竞争依赖型模式将在公共体育服务供给中发挥更加积极的作用。

07 | 第七章

融合协同型模式下的主体责任及其
实现机制

当前政府购买公共体育服务的模式主要通过购买主体和购买流程两个维度来划分，但在实践中各模式均存在较大的弊端。因此，本研究基于购买程序和主体结构关系视角提出政府购买公共体育服务的融合协同型模式，随后从制度安排、购买过程、结构特征、效果评价、实施缺陷、案例解析等方面进行深入剖析，最后构建了绩效评价指标体系并利用层次分析法进行了权重排序。

一、 善治视角下政府购买公共体育服务的逻辑关联

国内以往政府购买公共体育服务模式主要以王名和贾西津的理论为代表，其从购买主体和购买流程两个维度出发，进一步划分为竞争独立型、竞争依赖型、非竞争独立型及非竞争依赖型四种具体模式。然而，由于这四种购买模式在适用范围、购买流程及购买标准方面均存在一定的差异，导致公共体育服务水平出现不平衡现象。通过对现存模式的适用性及不足的分析，将多种模式进行融合彼此互补，同时利用协同治理模式，将政府、社会组织及公众等多元治理主体协同参与进政府购买公共体育服务的流程中，形成一种模式融合、治理协同的新型购买模式：融合协同型（图7-1）。

融合协同型模式作为一种兼顾稳定与竞争并存的非完全竞争模式，在政府购买公共体育服务领域具有重要意义。该模式的主要特点包括整体性、权重

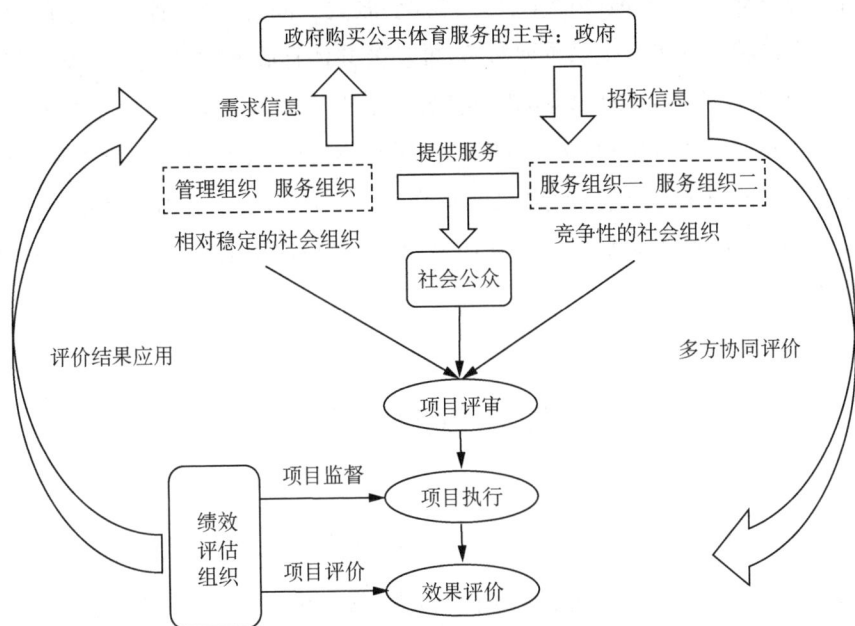

图 7-1 融合协同型模式关系图

性、功能性、有无形性和链式性。其中,整体性指政府购买的公共体育服务中的服务和设备类产品应当作为一个整体来考虑和落实,形成相互关联的服务体系;权重性则意味着在资金和项目技术构成中会存在倾向性,需要根据实际情况灵活调整;功能性则强调根据资金或服务类目标选择相应的功能属性,以实现更高效的服务交付;有无形性则指项目中的资产可能包含实体和非实体的部分;链式性强调各环节之间的互联协同,形成完整的服务链条。

在融合协同型模式中,关键的环节包括项目评审、项目效果评价和绩效评价结果应用。首先,项目评审是基于需求调研的基础进行的,通过社会公众的协同参与来评估项目的可行性和符合程度,评审标准的设定是确保非完全竞争下项目选择的关键。其次,项目效果评价是政府购买公共体育服务过程中各主体共同参与的评价活动,旨在全面评估项目的实际效果和成效,可以通过自评和第三方评价两种方式进行。最后,绩效评价结果的应用不仅可以作为项目评审的重要依据,还有助于各主体及时总结经验教训,不断改进和提升服务水平。

在实践中,融合协同型模式的应用可以有效提高政府购买公共体育服务的效率和质量。通过项目评审和效果评价的有机结合,可以确保政府购买的服务项目符合公众需求,并能够产生良好的社会效益。同时,绩效评价结果的应用可以为未来项目的决策提供重要参考,推动公共体育服务领域的持续发展和创新。然而,要实现融合协同型模式的有效运作,需要政府、体育社会组织和服务提供商之间的密切合作和互信。政府需要加强对公共体育服务的监管和指导,确保各方按照规定履行职责,达到预期效果。同时,体育社会组织和服务提供商也需要不断提升专业水平和服务质量,积极参与评价活动,共同推动公共体育服务事业的健康发展。

二、 制度安排

这一系列政策发布,大幅推动了我国的政府购买服务的发展(表7-1)。

表7-1　融合模式的系列政策

时间	政策文件	相关要点
2013年9月30日	《国务院办公厅关于政府向社会力量购买服务的指导意见》	按照政府采购法的有关规定,采用公开招标、邀请招标、竞争性谈判、单一来源、询价等方式管理,工作上政府主导、部门负责、社会参与、共同监督
2013年11月15日	《中共中央关于全面深化改革若干重大问题的决定》	全面拉开改革序幕
2015年5月11日	《国务院办公厅转发文化部等部门关于做好政府向社会力量购买公共文化服务工作意见的通知》	购买方式:公开招标、邀请招标、竞争性谈判、竞争性磋商、单一来源等方式 购买流程:项目选定、信息发布、组织采购、项目监管、绩效评价
2016年5月5日	《体育发展"十三五"规划》	创新体育发展方式,全面提升体育治理体系与治理能力现代化水平

在政府购买公共体育服务方面我国还处于探索阶段,在实践过程中尚存在较大的发展空间,通过国内外文献资料的研究,在购买方式和管理结构方面提出新的视角以供借鉴。首先,政府购买公共体育服务需要更加完善的制度安排。当前,我国在这一领域的制度安排尚不够健全,需要借鉴国外的先进经验,建立更加科学合理的购买与监管制度。这包括建立更严格的评估标

准和考核机制,确保政府购买的体育服务真正符合公共利益,有效满足民众的体育需求。其次,政府购买公共体育服务需要更加灵活和多样化的方式。传统的政府购买模式可能存在刚性较强、效率较低的问题,因此需要探索多种购买方式,并依据具体情况采取最为适宜的购买方式。例如,可以采用竞争性谈判、招标采购等方式,以确保政府购买的体育服务具有市场竞争性和高效率。同时,政府购买公共体育服务需要更加科学的管理结构。在实践过程中,可能存在着管理结构不够科学、机制不够灵活的情况,无法很好地发挥政府购买的作用。因此,可以借鉴国外相关经验,建立更加科学合理的管理机制,包括明确各方责任、强化监督管理等,以确保政府购买的体育服务能够更好地造福于民众。

(一) 融合模式的选择

从购买程序的角度,政府购买社会组织提供公共体育服务的模式可以分为竞争性和非竞争性的定向委托(表7-2)。前者指的是在政府购买公共体育服务的过程中,在社会组织进入到购买环节之前要进行资格审查,严格评审社会组织的资质、项目匹配度等各方面,这是一种竞争型购买模式;而后者则是政府通过委托、合作等方式进行的定向购买,没有竞争性,这是一种非竞争型模式。在新公共管理改革视角下,竞争有助于分离政府作为公共服务主体的供给与生产职能,降低成本,提高公共服务的质量。然而,一些研究者指出,竞争可能会对社会组织之间的信任和合作带来风险[①]。与此同时,其他研究者认为,在特定条件下竞争模式是适用的,而在某些情况下,政府与社会组织通过协商建立长期的固定关系可能更为适合。这表明在探索政府购买公共体育服务的最佳模式时,需要综合考虑各种因素,包括竞争和合作的平衡、条件限制及相关利益方的实际情况。这样才能确保政府购买公共体育服务的有效性和可持续发展[②]。

---

① Wen Z Y, Chong A M L. Legitimate deficit: competitive bidding in a residual and semi-democratic welfare society [J]. VOLUNTAS: International Journal of Voluntary and Nonprofit Organizations, 2014, 25(5): 1214-1234.

② Dehoog R H. Competition, negotiation, or cooperation[J]. Administration & Society, 1990, 22(3): 317-340.

表7-2 融合型模式的选择

购买模式	主客关系	模式理念
竞争型	完全竞争	追求服务高质量、低成本的模式
非竞争型	稳定依赖	追求稳定合作关系下的高质量模式
融合型	兼顾竞争与依赖	兼顾服务质量和稳定主客体关系

综上所述,竞争型购买与非竞争型购买作为传统购买模式各有利弊,在实践过程中仍存在较多的不足之处,虽然存在政策体系不完善,市场机制不成熟,社会组织数量较少、资质较薄弱,监督评价机制不规范、文化内涵等各方面问题的影响,但从购买模式本身的角度来看仍然具有探究的空间。对此,笔者大胆提出一种新型的购买模式:融合型模式是指结合竞争型购买和非竞争型购买的特点,形成相互补充、相互制约的关系以建立一种既注重服务质量又维系主客体关系稳定的购买模式。在这种模式下,竞争型购买和非竞争型购买并非彼此对立,而是相互融合,达到了既能够激发市场竞争活力又能够提供稳定服务的目的。融合型模式的实施可以使企业在市场竞争中获得更大的优势,同时也更好地满足客户不同层次的需求,打造出更加健康、稳定的市场环境。

(二) 协同治理的必要性

在政府购买公共体育服务的过程中,依据主客体的相对关系来看,可将购买分为独立关系与依赖关系两类。前者意为政府与社会组织是彼此独立的,不存在依附关系,同时社会组织具有相对健全的组织、技术、资金、人事等方面的资质,因此双方在权责上有一定程度的明晰。而后者是政府为了购买服务而建立的,双方形成一种"上下级"关系。它们因购买服务而生,没有独立的结构和目标,依赖于购买服务的资金生存。在依赖关系下政府与社会组织属于依附关系,对于政府职能转变并未起到积极的推动作用。政府在选定社会组织时会带有部门或个人的倾向性,这种倾向性也会使得购买资源、经费集中在部分体育社会组织中,进而影响其他社会体育组织的发展。而在独立性关系中也存在诸多问题。政府与社会组织在公共体育购买过程中由于法规政策体系的不完善、"官本位"思想存在,而出现两者间边界模糊,导致公共体育社会组织难以保持其独立性,逐渐演变为"隐形的政府部门"。多元化协同治理就是在政府、社会组织和公众等不同参与主体协同进行,基于一定的公共利益和社会公共服务需求,通过合作、协同、协商等方式建立一种平衡、依赖的关系,以实现资源整合、优势互用的治理模式,"协同"是实现公共体育服务合理治理的必然要求。从公众角度来看,独立性与依赖性的单一方式无法形成较好的主客体联动,无法使得各方优势实现最大化利用。而随着人们日益增长的多元化需求,单一政府供给服务已经无法满足公众的体育需求,社会组织的参与需要打破传统的供给模式,形成多元协同治理模式,提升体育社会组织的社会认可度,增强体育服务供给的效率和质量。从政府主体角度来看,单一方式下政府仍然处于较为权威的一方,通过购买公共体育服务来转变政府职能不彻底。从社会组织角度看,公众对于政府具有更强的信任度,影响服务提供,同时购买行为"内部化"也会限制其他体育社会组织发展。因此,随着市场和社会组织的发展,以政府为主导的日益增强的多元化参与的协同治理机制将成为必然的发展趋势,要不断探索、完善多元治理机制,构建开放、共建、共享的协同融合机制。

三、 购买过程

当前国家政策文件中指出该购买过程中的项目设立以政府为主导,而公共体育服务的受益者社会公众在该过程中未发挥其功能。同时以往的非竞争型购买中,参与其中的社会组织都可以获得对应的项目资助,而在竞争型购买中,则是符合相关资质的社会组织,基于高质量、低成本理念的完全竞争模式。在政府与承接方的社会组织关系上,独立性关系则是社会组织独立于政府而存在,依赖性关系下社会组织的"存亡"都依赖于政府项目的支持。在融合协同型模式下,所有社会组织都可以参与其中,但需要通过一定的资格评审,同时获得的资金也有不同,而且各主体间也并非以往单纯的独立或依赖关系,而是一种由政府主导下的协同治理关系,这也是由"管理—治理—善治"的全新转变。

从项目管理的角度来看,政府购买公共体育服务可以分为项目设立、项目评审、项目执行监管及项目效果评价四个过程(图7-2)。其中项目设立分为需求确定、可行性研究、预算编制;项目评审分为评审方案及人员确定、服务项目采购方式、采购实施及签订合同、评审结果公布;项目执行监管分为项目控制与管理、项目监督/预测/控制、解决项目执行中的问题;项目效果评价分为项目验收、项目评价、评价结果公布、项目归档及应用。

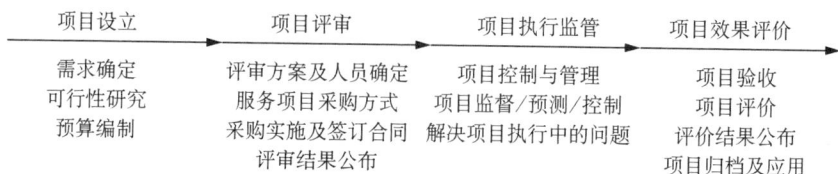

项目设立	项目评审	项目执行监管	项目效果评价
需求确定 可行性研究 预算编制	评审方案及人员确定 服务项目采购方式 采购实施及签订合同 评审结果公布	项目控制与管理 项目监督/预测/控制 解决项目执行中的问题	项目验收 项目评价 评价结果公布 项目归档及应用

图7-2　融合协同型购买过程

1. 基于全面科学分析的项目设立

政府购买公共体育服务旨在满足社会的需求，促进体育事业的发展，提高公民的身体素质和生活质量。这种行为不仅是政府自身改革的迫切需求，也是为了确保社会公众能够享受到更加高效、高质量的体育服务。在这一过程中，明确真正的社会问题所在是科学立项的重要前提，只有准确识别问题，才能够有针对性地采取有效措施，推动体育服务的改进与提升。

政府作为公共体育服务的购买者，在制订购买计划时需要深入了解社会需求和问题，明晰购买的目的和意义。通过科学立项，政府可以更好地把握公共体育服务领域存在的问题和症结，有针对性地进行改革和创新，实现服务的优化和提升。因此，在购买公共体育服务时，政府需要注重以下几个方面的科学立项：首先，明确社会需求。政府购买公共体育服务的首要目的是满足社会公众的需求，因此在立项阶段需要充分调研和分析社会的体育需求情况，了解公众的喜好、健康状况、体育参与意愿等信息，确保购买的服务与社会需求紧密契合，能够真正解决社会存在的问题，提升群众的体育参与度和满意度。其次，分析问题症结。在科学立项中，政府需要对公共体育服务领域存在的问题进行深入分析，找出问题的症结所在。可能存在的问题包括体育设施不足、服务内容单一、体育教育质量参差不齐等，政府应该针对这些问题提出具体的解决方案，通过购买服务的方式推动问题的改善和解决，实现体育事业的可持续发展。再次，确定目标和指标。科学的立项应该明确具体的目标和指标，建立科学的评估体系，以量化的方式对购买的服务进行评估和监控。政府可以制定体育参与率、体育设施覆盖率、体育服务满意度等指标，通过评估指标的达成情况，及时调整购买计划，保证服务的质量和效果。最后，加强监督和反馈。在购买公共体育服务的过程中，政府应建立健全的监督机制，定期对服务的执行情况进行评估和反馈。通过监督和反馈,政府可以及时发现问题,及时调整购买策略,确保购买的服务能够真正满足社会的需求,实现效果的最大化。

总的来说,政府购买公共体育服务是为了推动体育事业的发展,提高公民的身体素质和生活质量。科学的立项是确保购买计划顺利实施的重要前提,只有认真分析问题,明确需求,制定合理的目标和指标,加强监督和反馈,政府才能更好地购买体育服务,推动体育事业的发展,让更多的人受益于优质的体育服务。通过不断完善和创新购买模式,政府可以更好地满足社会需求,促进体育事业的繁荣与进步。

如图 7-3 所示,政府每年发布的年度购买计划是政府购买公共体育服务的重要指导文件,旨在促进体育事业的发展,提高社会公众的体育参与度和满意度。管理组织在执行购买计划时,需要通过深入的研究和调研确保购买的服务与社会公众的需求和问题契合,从而实现有效的服务提供和社会效益最大化。首先,管理组织在执行购买计划之前应该向社会公众进行深入的研究。这包括对服务内容的内涵、外延,以及可能产生的影响因素进行全面的分析和探讨。通过深入研究,可以更好地了解社会公众的体育需求和问题所在,确保购买计划的针对性和有效性。政府购买的项目必须基于社会公众的实际需求和问题,只有这样才能真正实现服务的价值和意义。其次,在研究的基础上,管理组织还需向其他相关社会部门进行调研,获取更全面的信息。通过与社会部门的合

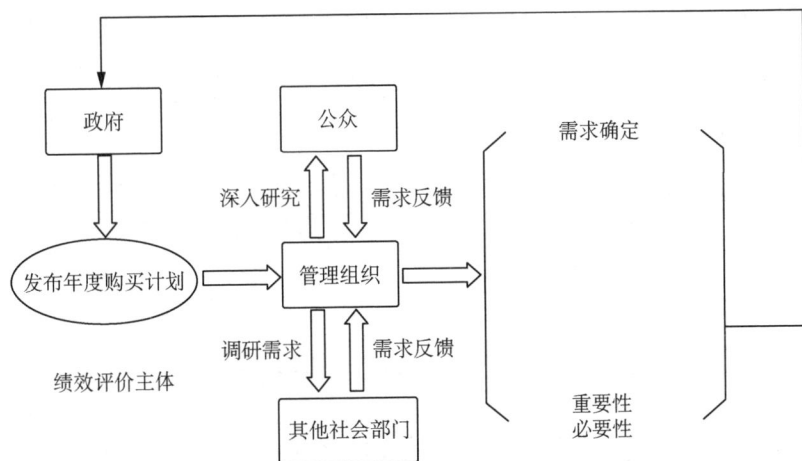

图 7-3 项目设立

作和沟通,可以深入了解公众在日常生活中对体育服务的真实需求和期待。这有助于项目设立时更加全面地考虑社会问题和服务方向,为购买计划的执行提供更为准确和有效的指导。

通过上述的深入调研和综合分析,管理组织可以更清晰地把握社会问题和服务方向,确定项目需求、重要性、必要性及可行性等关键要素。这有助于管理组织为政府提供准确、完整的信息,帮助政府基于客观数据和实际情况作出明智的决策,确保购买的公共体育服务能够最大限度地满足社会需求,提高服务的有效性和社会影响力。

2. 基于广泛而细致的项目评审

项目评审的关键在于广泛而细致。融合协同型购买模式下项目的评审至关重要。融合的关键在于兼容多种方式,不论是竞争或非竞争模式都有其侧重优势,兼容双方优势是融合的关键;而协同的关键在于协调多方利益,在多方参与的政府购买公共体育过程中,各主体有其优势和局限,多方资源互换、整合、激励,才能发挥最大潜力。因此广泛而细致的项目评审是在政府购买公共体育过程中的重要基础。

如图 7-4 所示,整个项目评审是采用大众化的评审,分别从项目科学性及项目重要性两个方面进行评审,最后对所有项目进行排序以确定政府购买项目的优先考虑顺序,排名靠后的获取金额较小或被淘汰。而为了保证公众及其他评审人员的专业性和客观性,会预先对其进行评审的培训,了解参与评审项目的基本情况,往年评审情况等。在评审时分别从项目的科学性及项目重要性两个方面进行评审,项目科学性主要指服务组织运营能力、服务能力、项目合法

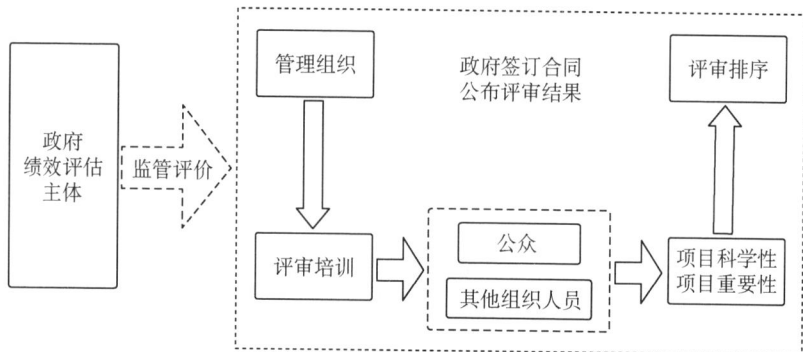

图 7-4 项目评审

性、资金分配情况及项目预期效果等；项目重要性主要指在项目立项时通过管理组织进行调查研究结果，由政府作出的重要性排序。最后依据项目科学性与重要性两个方面对项目作出评审的排序，依据年度政府预算按该顺序进行项目购买和资助。整个评审过程是在政府与绩效评价组织监督下进行的。

3. 基于高效严密的项目执行监管

项目实施监管阶段是项目的落地过程，是在政府、绩效评价主体及管理组织的影响下，服务组织和社会公众的交互过程。在项目执行监管阶段，政府、绩效评价主体、管理组织分别通过监督、评价、管控手段，对于项目中的资金使用、项目安全、项目效率、项目成本、项目质量等各方面问题从不同角度施加影响。服务组织实施/建设项目，服务于公众同时公众也反馈于社会组织，彼此之间双向互联（图 7-5）。

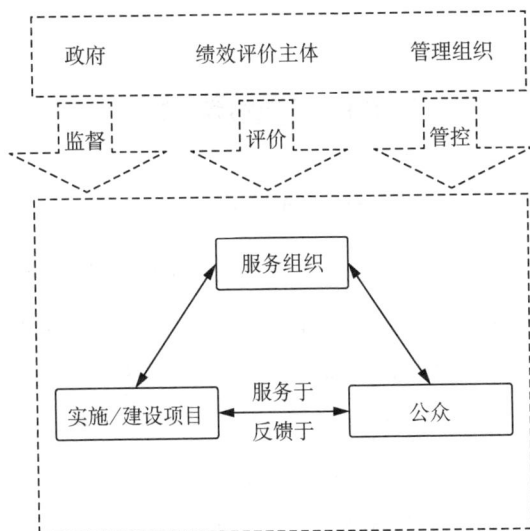

图 7-5　项目执行监管

4. 基于多元公正的项目效果评价

如图 7-6 所示，项目效果评价是以绩效评价组织为主导，政府、公众、社会组织共同参与的多元主体，主要有自我评价和第三方评价两种方式，其中第三方评价就是独立的绩效评价组织在无利益干扰的影响下进行的公正评价。

评价主要是针对事前选择、事中监督、事后评价三方面展开。最后就是评价结果的应用，是评价的重要部分，包括社会监督、经费结算、信用评级、结果公

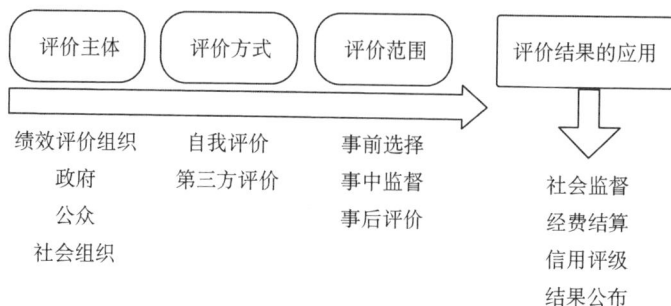

图 7-6 项目效果评价

布等一系列应用,通过评价结果的应用可以改进和完善政府、社会组织等主体在政府购买公共体育服务过程中的不足,不断提高购买质量和效率,最终提高社会公众的满意度。

四、 结构特征

(一) 政府购买体育公共服务的主体

当前政府购买体育公共服务的大家比较认同的观点主要有"三元主体"论与"四元主体"论,其中"三元主体"论认为政府购买公共服务的主体可以分为政府、社会力量及公众。而"四元主体"论认为政府购买公共服务主体分为政府、社会组织、公众及公共服务绩效评价[①]。其主要的区别就是是否含有公共服务绩效评价。在美国的政府购买公共服务实践中,独立且专业化水平高的绩效评价主体,是保障其政府购买公共服务效果的关键因素。作为公共体育服务的主体,政府是确定社会需求、制定购买机制及出资购买的重要主体,起主导作用;社会组织是体育公共服务的管理者、设计者、提供者和执行者,是政府和社会公众的重要枢纽,起到"承上启下"的作用;公众是公共体育服务的受益者,同时公众还可以参与到监督和评价中;虽然有公众参与公共服务的评价过程,但是公众具有各自的立场和角度,同时由于公众的自身水平偏差较大、信息获取片面,

---

① 杨书文,魏肖男.政府购买公共服务研究中几个关键性理论问题——基于国内研究的阶段性总结[J].学习与探索,2018(7):58-64.

所作出的评价具有一定的意义但仍存在局限性,因此需要引入第三方的公共服务绩效评价主体来作出专业、全面、公正的评价。

(二)政府购买体育公共服务的主体结构

融合协同型模式下政府购买体育公共服务各主体的定位及运行机制、运行原则及各主体协同服务于公共体育服务这个目标(图7-7)。

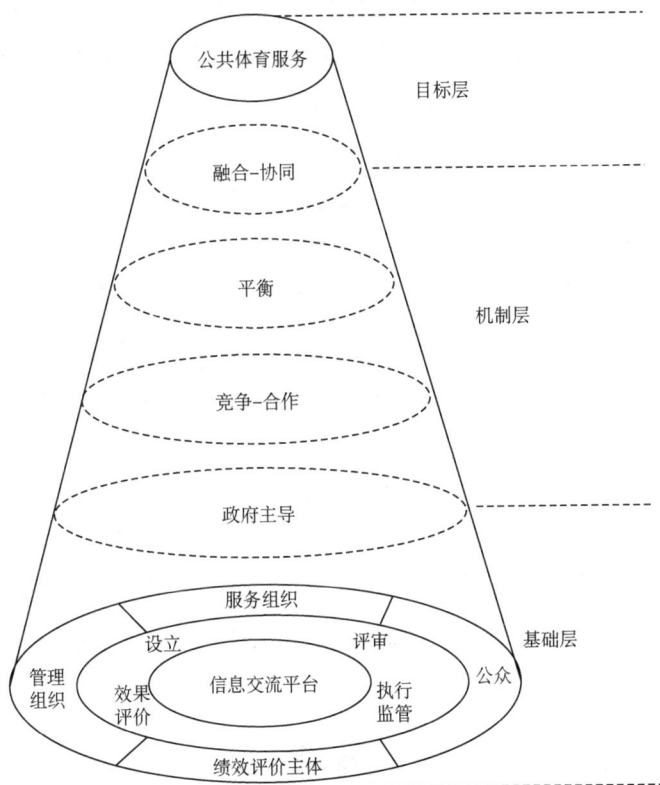

图7-7　主体结构

该结构主要可以细分为基础层、机制层及目标层。其中基础层是政府购买公共体育服务的五大主体,政府的主要目标是追求社会效益、经济效益及主导管控其他主体从而构成其工作绩效;管理组织是用于分离政府管理职能的组织,也是社会组织的一部分。随着公共体育服务规模的覆盖越来越广泛,服务受众对公共体育服务的要求也随之提高。为了满足这些需求,政府应该将原本的管理职能，如需求调查、评审标准设定、项目执行组织及评价协调等，交给更加专业、高效的管理组织来执行。这些管理职能是实现公共体育服务目标所必需的，只有具备足够的专业性和效率，才能有效地提升公共体育服务的质量和效率。同时由于社会组织本身就是根据特定的需求形成于社会中，对于公众的需求常常能够敏锐地察觉到，并能提供灵活的方法措施；服务组织是公共体育服务的承接方、提供方、执行方，是属于社会组织的一类，它的主要目标是追求"利益"，包括资金、社会认可及自我成长等；社会公众是政府购买公共体育服务的受益方，具有表达需求、参与体验及效果评价的作用。现代的公众需求日益多元化，通过公众参与其中可以有效地补充政府购买公共体育的多元性和丰富性，而且公众具有特定的针对性，可以启发政府组织对于特定公共体育服务的理解，继而提高其合法性，合法性的提高又会激发社会对于政府满意度的提高[①]；绩效评价主体主要是通过政府、公众等多方进行调查，对于资金使用、服务提供、项目管理、人员素质及社会效益等方面作出科学评价，从而提高政府购买公共体育服务项目的效率、质量。信息交流平台处于基础层的中心，起到协调、融合和桥梁的作用，搭建有效的信息交流平台以保证购买过程公开、透明，信息交互迅速、快捷，通过信息交流平台更好地使"五大主体"在政府购买公共体育服务的设立、评审、执行监管及评价这个过程中发挥其各自的职能优势。中间是机制层，是基础层到达目标层的重要枢纽，依次是"竞争-合作"、"平衡"及"融合-协同"机制，依次递进，"竞争-合作""平衡"也是达到"融合-协同"的必要过程，最终引导"五大主体"共同作用于公共体育服务。

五、 效果评价

（一）效果评价的重要性

项目效果评价在政府购买公共体育服务过程中是至关重要的环节，政府购买公共体育服务过程的监督机制、问责机制都需要建立在效果评价的基础上[②]，

---

① 付建军,张晓东.政府购买公共服务中的公众参与[J].贵州社会科学,2017(8):22-28.
② 周建新,王凯.政府购买体育公共服务的困境与突破——基于供方与买方缺陷的视野[J].体育与科学,2014,35(5):49-53.

而效果评价工作的进展顺利与否也会影响到监督的有效性。效果评价的有效性、合理性会影响购买过程的有效性与合理性(图7-8)。

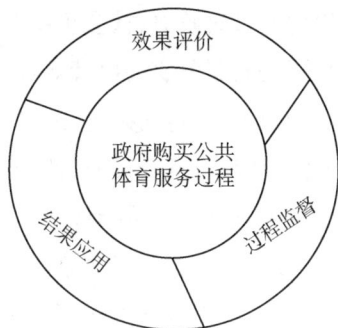

效果评价不仅是政府购买公共体育服务过程中的最终环节,也应贯穿于政府购买公共体育服务的全过程①,同时突出评价结果的应用,形成"评价-监督-应用"的互联系统。融合协同型模式中,强调非完全竞争与各主体协同,项目效果评价的过程是进一步推进和升华,也是核心环

图7-8　效果评价

节。对于购买主体政府来说,第三方评价机制的引入有助于推进政府职能转变,同时释放政府行政压力。对于社会公众来说,评价机制可以使其充分发挥公民权益,更好地参与到体育服务购买过程中。对于社会组织来说,评价机制可以增强其对于自身的认知,改进管理水平,同时提高社会公众的关注度,不断提高专业化水平实现自我完善。

(二) 项目效果评价的理论基础

《关于做好政府向社会力量购买公共文化服务工作的意见》指出:"政府购买公共体育服务的内容,突出以公共性和公益性并主动向社会公开。"郑家鲲认为基本公共体育服务包括经费投入、场地设施、组织管理、制度保障、队伍建设、信息宣传、活动开展、群众评价8个方面内容,按照"理论—概念—操作化—指标"的程序对指标体系进行构建。张学研等在充分考虑公共体育服务特殊性的基础上依据客观性与系统性结合、可行性与可操作性结合、静态指标与动态指标结合,以及客观指标与主观指标结合的原则下构建出政府购买公共体育服务的绩效评价指标体系②。王成等将政府购买公共服务的评价分为两部分,一是作为公共政策的公共性,二是作为市场经济交易的有效性与自身的合法性,并

---

① 冯维胜,曹可强.政府购买公共体育服务的评估实践与反思[J].首都体育学院学报,2016,28(6):484-487,492.

② 张学研,楚继军.政府购买公共体育服务绩效评估指标体系的研究[J].广州体育学院学报,2015,35(5):4-8.

以此通过对政府、社会组织及公众的考察,构建评价指标[①]。刘素仙认为,政府购买公共服务要突出绩效导向核心就是要明确对政府购买公共服务进行评价的价值维度,进而确定评价的指标体系[②]。魏中龙等则结合系统工程中的德尔菲法,从政府资金投入、社会组织投入及受众对于服务的满意度搭建政府购买公共服务绩效评价指标[③]。

综上,现有关于绩效评价指标体系构建从主体角度、程序角度、绩效角度入手,笔者认为融合协同型模式作为政府购买公共体育服务的创新模式其特点便是不再局限于以往竞争或非竞争的考量而将两者融合,同时强调各主体间协同推进,在这个前提下融合协同模式的项目效果评价应以政府、管理组织、服务组织、公众及第三方绩效评价等各主体作为绩效评价指标构建的起点。

(三) 效果评价的预选绩效指标体系

依据融合协同型模式的特点,在文献分析法的基础上设计出政府购买公共体育服务的绩效评价指标体系(表7-3)。

表7-3 效果评价的预选绩效指标体系

一级	二级	三级
政府参与A	经济效益A1	预算资金节支率A11
		预算资金占政府总支出比率A12
	社会效益A2	服务覆盖范围的广泛性A21
		服务项目的社会影响A22
		公众媒体对服务的评价A23
	信息发布A3	信息发布覆盖人数A31
		信息发布渠道A32
		信息发布准确性A33
		信息发布的及时性A34

---

① 王成,丁社教. 政府购买居家养老服务质量评价——多维内涵、指标构建与实例应用[J]. 人口与经济,2018(4):12-20.

② 刘素仙. 政府购买公共服务绩效评价的价值维度与关键要素[J]. 经济问题,2017(1):17-20.

③ 魏中龙,王小艺,孙剑文,等.政府购买服务效率评价研究[J].广东商学院学报,2010,25(5):21-25,33.

（续表）

一级	二级	三级
管理组织有效性 B	项目组织协调 B1	沟通机制的完备性 B11
		各主体满意度 B12
		项目资源整合 B13
		协调机制完备性 B14
	项目管理质量 B2	需求收集准确性 B21
		信息汇总及时性 B22
		规章制度的完整性 B23
		监督机制的健全性 B24
服务组织水平 C	方案合理性 C1	方案的目标达成情况 C11
		方案合法性 C12
		方案规范性 C13
		应急方案实践性 C14
	执行运营 C2	参与人员或规模 C21
		社会动员能力 C22
		服务人员专业性 C23
		项目覆盖人数 C24
	项目控制 C3	项目进度把控能力 C31
		项目风险预估能力 C32
		项目风险控制能力 C33
		资金使用情况 C34
	服务质量 C4	服务提供频次 C41
		服务提供便利性 C42
		服务投诉率 C43
	服务效果 C5	参与运动人数增幅 C51
		项目计划的达成 C52
		项目可复制性 C53
		科学健身知识的公众普及度 C54

（续表）

一级	二级	三级
社会公众 D	满意度 D1	购买服务使用人群的广度 D11
		购买服务项目的种类 D12
		服务频率的满意度 D13
		服务设施全面性 D14
		服务方式的满意度 D15
		服务过程的满意度 D16
		需求满足偏差 D17

效果评价的预选绩效指标体系，包括一级指标 4 项，二级指标 11 项，三级指标 43 项。

（四）效果评价的绩效指标权重

政府购买公共体育服务的绩效评价指标体系的绩效指标权重如表 7-4 所示。

表 7-4　效果评价的绩效指标权重

	政府参与	管理组织有效性	服务组织水平	公众	一致性检验
政府参与	1	3	3	7	$\lambda_{max} = 4.2271$
管理组织有效性	1/3	1	3	4	$CI = 0.0000$
服务组织水平	1/3	1/3	1	4	$CR = 0.0850 < 0.1$
公众	1/7	1/4	1/4	1	一致性检验通过

采用 yaahp 软件，对专家打分进行构建判断矩阵处理，并进行了一致性检验。经计算其最大特征值 $\lambda_{max} = 4.2271$，一致性比例（CR）$= 0.0850 < 0.1$，一致性检验通过。由于层次结构评估决策的指标较多，在此只对一级指标进行列举，各级一致性检验见表 7-5。

经过对各矩阵一致性检验得出 CR 均 < 0.10，表明各级指标均通过了一致性检验，进而确定各级指标权重（表 7-6）。

表7-5　各级一致性检验

指标层	λ_{max}	CR	指标层	λ_{max}	CR
顶层指标	4.227 1	0.085 0<0.1	项目管理质量 B2	4.260 0	0.097 4<0.1
政府参与 A	3.012 6	0.012 1<0.1	方案合理性 C1	4.180 7	0.067 5<0.1
管理组织有效性 B	2.000 0	0.000 0<0.1	执行运营 C2	4.244 6	0.091 6<0.1
服务组织水平 C	5.435 6	0.097 2<0.1	项目控制 C3	4.264 6	0.099 1<0.1
经济效益 A1	2.000 0	0.000 0<0.1	服务质量 C4	3.081 8	0.078 7<0.1
社会效益 A2	3.102 5	0.098 6<0.1	服务效果 C5	4.262 2	0.098 2<0.1
信息发布 A3	4.045 8	0.017 2<0.1	满意度 D1	7.763 0	0.093 5<0.1
项目组织协调 B1	4.259 9	0.097 3<0.1			

表7-6　效果评价的绩效指标权重排序

一级	权重	二级	权重	三级	权重
政府参与 A	0.506 1	经济效益 A1	0.435 3	预算资金节支率 A11	0.833 3
				预算资金占政府总支出比率 A12	0.166 7
		社会效益 A2	0.486 9	服务覆盖范围的广泛性 A21	0.652 1
				服务项目的社会影响 A22	0.234 1
				公众媒体对服务的评价 A23	0.113 7
		信息发布 A3	0.077 8	信息发布覆盖人数 A31	0.374 3
				信息发布渠道 A32	0.139 9
				信息发布准确性 A33	0.368 6
				信息发布的及时性 A34	0.117 2
管理组织有效性 B	0.297 5	项目组织协调 B1	0.722 2	沟通机制的完备性 B11	0.476 0
				各主体满意度 B12	0.328 7
				项目资源整合 B13	0.130 3
				协调机制完备性 B14	0.065 1
		项目管理质量 B2	0.277 8	需求收集准确性 B21	0.627 1
				信息汇总及时性 B22	0.206 4
				规章制度的完整性 B23	0.066 1
				监督机制的健全性 A24	0.100 3

（续表）

一级	权重	二级	权重	三级	权重
服务组织水平 C	0.145 7	方案合理性 C1	0.398 2	方案的目标达成情况 C11	0.352 5
				方案合法性 C12	0.388 6
				方案规范性 C13	0.148 1
				应急方案实践性 C14	0.110 9
		执行运营 C2	0.286 0	参与人员或规模 C21	0.555 8
				社会动员能力 C22	0.204 0
				服务人员专业性 C23	0.148 1
				项目覆盖人数 C24	0.092 1
		项目控制 C3	0.156 2	项目进度把控能力 C31	0.495 0
				项目风险预估能力 C32	0.261 7
				项目风险控制能力 C33	0.165 3
				资金使用情况 C34	0.078 0
		服务质量 C4	0.098 3	服务提供频次 C41	0.615 3
				服务提供便利性 C42	0.292 2
				服务投诉率 C43	0.092 5
		服务效果 C5	0.061 2	参与运动人数增幅 C51	0.489 5
				项目计划的达成 C52	0.270 5
				项目可复制性 C53	0.158 6
				科学健身知识的公众普及度 C54	0.081 5
社会公众 D	0.050 6	满意度 D1	1	购买服务使用人群的广度 D11	0.138 6
				购买服务项目的种类 D12	0.328 9
				服务频率的满意度 D13	0.173 2
				服务设施全面性 D14	0.073 4
				服务方式的满意度 D15	0.112 8
				服务过程的满意度 D16	0.123 1
				需求满足偏差 D17	0.050 0

六、 实施缺陷

（一）公众意识难以支持模式运行

在融合协同型模式下的项目评审过程中,社会公众的参与度存在一系列实施缺陷,阻碍了该模式的有效推行。尽管需要社会公众高度参与,但在当前的政府购买公共体育服务活动中,大多数公众仅限于参与服务体验和满意度评价,对于项目立项和评审阶段的参与度相对较低,这是一个明显的实施缺陷。与此同时,政府在开放度上也有待提高,缺乏足够的透明度和互动性,导致公众对项目评审的参与意愿不高。

一方面是社会公众的意识水平不一,这导致了他们对项目评审的认知和理解存在较大差异。部分公众可能并不了解项目评审的具体流程和意义,缺乏参与的动力和信心,因此选择只在表面层面上参与活动的评价,而未真正深入到项目立项和评审阶段。这种情况在分布范围广、素质参差不齐的社会大众中尤为突出,影响了项目评审的全面性和公正性。

另一方面是社会公众的态度和参与意愿的不足。部分公众可能对政府购买公共体育服务活动的重要性认识不足,缺乏主动参与的意愿。他们可能觉得自己的意见无法改变什么,或者觉得参与过程烦琐无趣,因此选择保持观望或者选择性地参与。这种被动的态度无疑会影响项目评审的全面性和有效性,使得公众无法真正发挥监督和建设的作用。

此外,政府在项目评审过程中的开放度也存在一定的实施缺陷。政府机构在信息公开、意见反馈和参与机会等方面尚未做到充分开放和透明,导致公众缺乏参与的渠道和机会。缺乏对项目评审过程的深入了解和跟踪,公众很难有效参与到项目的立项和评审中来,使得项目评审过程缺乏全面性和公正性,无法真正反映公众意见和需求。

（二）运行耗时较长，成本较大

在融合协同型模式下的项目实施中存在一系列实施缺陷,制约了其有效推行。

首先，在项目设立阶段，完备的需求调研至关重要，但在我国人口众多、各地发展不平衡的情况下，要做到普查的需求调研十分困难。因为不同地区、不同群体对公共体育服务的需求存在差异，普遍性的需求调研难以满足各方面的需求，这是项目的一个实施缺陷。

其次，在项目评审过程中，多方参与和前期准备沟通协调需要耗费较长时间，这也是一个实施缺陷。由于涉及的利益相关方较多，涉及的利益关系相对复杂，要协调各方意见、达成共识需要较长的时间和精力投入。在项目评审阶段，需要确保各方的利益得到平衡，评审过程的公正性和透明度，需要通过多方参与和沟通来实现，这对项目实施的效率和进度都构成了一定的挑战。

再次，效果评价作为融合协同型模式的重要组成部分，其评价指标体系复杂，实际操作需要大量时间和人力，这也是一个实施缺陷。由于公共体育服务的效果和影响涉及多方面，评价指标的设计和运用需要综合考虑各方需求和利益，确保评价结果客观准确。因此，建立科学合理的评价指标体系，进行全面、深入的评估工作，需要耗费大量的时间和人力资源，这对项目的实施提出了一定的挑战。

最后，管理组织的设立也存在一定的实施缺陷。由于融合协同型模式可能涉及政府部门的职能分化，引进专业化管理团队提升服务质量的同时，也会增加政府的预算成本，这也是一个实施缺陷。建立专门的管理组织，配备专业人员进行管理和监督，需要一定的经费和人力支持。在资源有限的情况下，政府需要权衡各方需求，合理配置资源，确保管理组织的运转和效果，这是项目实施的一个挑战。

（三）相关法律制度及指标操作管理方面精细化程度较低

当前国内仅有《全民健身计划（2016—2020年）》和《国务院关于加快发展体育产业促进体育消费的若干意见》提出了关于政府购买公共体育服务的指导意见，但关于具体实施措施办法却缺乏科学、准确及规范的引导，各地都在根据各自情况建立相应的购买机制。例如，上海市发布了《上海市政府购买服务管理办法》，其对购买主体、购买内容、预算、合同、绩效等方面作出了指导性的规定；《上海市承接政府购买服务社会组织推荐目录》对社会组织的运行管理、项目经验、机构实力等方面作出了评价和收录。

在实践中,虽然建立起相应的绩效评价指标体系,但对于具体指标的收集方式、统计方法及测量标准仍需进一步地建立。同时由于我们各地区经济、社会发展不平衡,上海、广东、江苏等经济较发达地区在公共体育服务上的投入明显较大[①],在实际操作中应根据不同地区的情况对指标进行一定处理,因地制宜地建立和实施政府购买公共体育服务的评价。

七、案例解析

（一）案例介绍

2020 年 6 月 28 日,长宁区教育局正式发布了三项体育领域公开招标项目的公告,涵盖了 2020 年长宁区校园足球精英训练营项目的持续建设、2020 年长宁区青少年校外体育活动中心的服务项目,以及 2020 年长宁区足、篮、排三大球联盟建设的体教结合项目。这些项目的实施意义重大,不仅有助于推动校园体育事业的发展,还为热爱体育的青少年提供了更广阔的学习平台,同时为青少年体育后备人才培养体系的建设添砖加瓦。

首先,2020 年长宁区校园足球精英训练营项目的持续建设将进一步促进校园足球事业的蓬勃发展。通过定期的训练和比赛活动,可以有效提升学生们的足球技能和综合素养,培养他们的团队合作意识和领导能力。这不仅有助于发掘和培养优秀的足球后备人才,还能为学生们打开通往体育界的大门,激发他们对体育事业的热爱与追求。

其次,2020 年长宁区青少年校外体育活动中心的服务项目的推进将为广大青少年提供更多元化的体育锻炼机会。校外体育活动中心的建设不仅能够丰富学生们的课余生活,还可以引导他们形成积极健康的生活方式,培养他们的兴趣爱好和运动习惯。通过开展各类体育活动和课程,不仅可以提高青少年的体育素养,还可以促进他们身心健康和全面发展,为未来的人才培养奠定坚实基础。

最后,2020 年长宁区足、篮、排三大球联盟建设的体教结合项目将推动不

---

① 张大超,杨娟. 我国政府购买公共体育服务的现实困境和发展对策[J]. 体育科学,2017,37(9)：3-15,27.

同体育项目之间的跨界合作与交流。体教结合项目的实施有助于打破传统体育项目之间的壁垒，促进各项体育事业的共同发展。通过联盟的建设，可以实现资源共享、人才培养和技术交流，提升长宁区足球、篮球和排球等运动项目的整体水平与影响力，为培养更多优秀运动员和教练员提供更广阔的平台和机会。

服务组织在选择合格供应商时，主要考虑以下四个要素。

第一，长宁区教育局发布的三项体育领域公开招标项目符合《中华人民共和国政府采购法》第二十六条的必备条件。依法规定，政府采购项目需公开招标，确保公平竞争，保障招标项目的合法性和公正性。这一条件的设定旨在确保项目的合理性和透明性，提高政府采购活动的质量和效率，有效保障国家和社会利益。

第二，供应商已经正式登记入库，体现了项目的合规性和稳定性。作为供应商，正式登记入库意味着其已通过相关审批程序，具备提供产品或服务的资质和能力。这有利于确保项目的顺利进行，并降低了合作风险，同时也为项目的质量和可持续性提供了有力保障。

第三，投标人与其所提供的产品/服务应符合国家法律法规及强制性规范的相关要求，着重体现了对法律法规遵从性的重视。只有符合相关规定的投标人和产品/服务才能参与项目，这有助于确保项目的合法性和规范性，保障项目的顺利进行和最终效果的符合标准。这一要求也体现了教育局对项目的社会责任和公共利益的高度重视。

第四，投标人须在本市拥有固定的服务场地，并配备专业的技术服务团队，以便为服务提供完整的技术支持。这一要求强调了项目实施过程中技术支持和服务保障的重要性。固定的服务场地和专业的技术服务团队可以提供稳定的服务保障，确保项目的顺利实施和高质量完成。这也体现了项目管理者对服务质量和效果的高标准要求，为项目的长期发展打下坚实基础。通过这样的资格设定，服务组织可以更好地保证政府购买公共体育服务的质量和透明度，同时也有助于促进服务市场的发展和优化。该案例采用了公开招标的模式，并且由财政业务用户、代理机构、监管人员、系统管理员、资源管理员选出的5位专家组成的评标委员会进行项目评审。通过评审，3个体育类服务项目由两家公司获得，如表7-7所示。

表 7-7 案例中标原因

中标公司	投标项目	中标原因
上海聚胜体育发展有限公司	2020 年继续深入建设长宁区校园足球精英训练营项目	服务方案较全面,相关业绩较多,相关经验较丰富,专业教练员相对多,且报价最低
上海奕彬体育发展有限公司	2020 年长宁区青少年校外体育活动中心服务项目	服务方案较全面,人员配置合理,提供的专业教练员及证书相对多,且报价最低
上海聚胜体育发展有限公司	2020 年长宁区足、篮、排三大球联盟建设的体教结合项目	服务方案较全面,人员配置合理,相关业绩较多,相关经验丰富,且报价最低

(二)案例实施

长宁区教育局旗下的长宁区校园足球联盟目前已拥有 12 所校园足球联盟单位,这些单位汇聚了近 500 名注册球员。从这群热爱足球的年轻球员中,超过 100 名优秀运动员脱颖而出,他们被选入不同年龄段的精英训练营,包括 U9 男女、U11 男女、U12 男女、U13 男女及 U15 男女组别。为了保证训练营的专业性和有效性,教育局聘请了一支高水平的青少年教练员团队,他们不仅具备丰富的教学经验,还能够激发运动员们的潜力,引导他们在足球领域不断成长。

这些精英训练营定期举办组织集训、比赛和训练营等活动,旨在提升各组别运动员的技能水平和体能素质。通过系统有序的训练安排和专业指导,运动员们能够在足球领域得到全面的提升,不仅提高技战术的应用能力,还培养出坚韧不拔的体育精神和团队协作意识。这些训练营为孩子们提供了一个发展的平台,让他们在足球运动中找到乐趣,建立自信,锻炼毅力,培养团队意识,为他们未来的足球之路奠定坚实基础。精英训练营的开展不仅仅是为了培养足球运动员,更是为了促进校园足球事业的发展和普及。通过这些专业训练营的运作,长宁区校园足球联盟致力于搭建一个有利于青少年体育成长和发展的平台,为广大青少年提供更广阔的体育舞台,推动学校体育事业的进步,培养更多有潜质的体育后备人才,为中国足球事业的繁荣做出积极贡献。

为了进一步完善和合理发展长宁区校园篮球事业，必须围绕教学、训练和比赛的原则，着力构建体育训练和竞赛体系。这一举措旨在推动校园篮球项目的健康发展，促进青少年篮球运动的蓬勃发展。为此，长宁区教育局将继续聘请高水平的青少年篮球教练团队和专业工作团队，以提高项目的教学质量和管理水平，为更多青少年提供专业化的篮球培训和比赛平台。

通过拓展参与人口、增加联盟单位的数量，长宁区将进一步规范和提升篮球联盟的训练与竞赛水平，为校园篮球运动的发展奠定坚实基础。教师的师资水平提升也将成为工作重点，通过提供专业的培训和支持，激发教师的教学热情和专业水平，从而提高校园篮球教学质量和教学效果。同时，长宁区校园篮球项目将积极引入先进的培训理念和教学方法，充分利用现代科技手段，不断提升教练团队和运动员的素质水平。通过开展科学系统的训练计划和比赛安排，培养学生的篮球技能和体能素质，激发他们对篮球运动的热爱和潜力。这将有助于形成一个健康、活跃的校园篮球文化氛围，为长宁区校园篮球水平的提升做出实质性的贡献。

（三）案例模式

本案例采用了公开招标的竞争性磋商模式，将三大项目统一进行招标。在2016～2020年的招标过程中，上海聚胜体育发展有限公司获得两大项目，该企业在相关项目中展现出较高的胜任资格水平。其脱颖而出的原因主要是方案全面、体系完备及报价相对较低。

上海聚胜体育发展有限公司在此次招标过程中凭借其优秀的方案设计和综合实力成功中标，充分展现了其在体育项目管理领域的专业能力和竞争优势。其全面且系统性的方案设计为评委和招标单位带来了信心，展现了公司在项目实施和管理方面的丰富经验和扎实技术基础。此外，公司在招标方案中所提供的体系完备性也得到了高度认可，显示出了其对项目细节和全局把控能力的出色表现。除了方案设计和体系完备性，该公司还通过提供较为优惠的报价赢得了招标。在竞争激烈的招标环境下，通过控制成本、提高效率并保证服务质量，公司成功击败竞争对手，为自身赢得了项目合同。其合理的报价策略不仅体现了公司的经济实力和市场敏锐度，也为招标单位节约了项目成本，实现了双赢局面。

（四）案例小结

该项目是基于《中国足球改革发展总体方案》《上海市体育改革发展"十三五"规划》等政策文件的要求下开展的一系列体育教育服务类项目，是在自上而下的指导下设立的。然而，在项目设立之前，对于项目调研等方面仍需要进一步深入探讨。这一项目的开展旨在积极响应国家和地方政策文件的号召，推动体育事业的发展，提升体育教育服务的质量和水平，以满足社会对体育教育的需求。

在项目评审阶段，项目的招标工作由代理机构负责完成，评标委员会由财政业务用户、代理机构、监管人员、系统管理员、资源管理员等五位专家组成，对项目进行评审。同时，上海市制定并逐年完善的《上海市承接政府购买服务社会组织推荐目录》为项目评审提供了可靠的依据。然而，该项目的受益人却未参与到评审过程中，这可能导致在评审时无法充分考虑受益人的需求和意见，影响项目最终的执行效果和社会效益。

在项目合同中关于验收部分，提及甲方有权委托第三方机构进行验收，但对于项目的评价缺乏较为完整的体系及流程。这可能导致评价结果的客观性和公正性受到质疑，影响项目成果的真实性和可信度。在连续多年几乎采用相同的购买方案的情况下，项目可能失去了政府购买公共体育服务的初衷和目的，导致资源配置不够灵活和高效，影响了项目的创新性和可持续性。

为了进一步完善一项目，需要在项目设立之初加强调研工作，深入了解受益人的需求和期望，确保项目设计符合实际需求，提高项目的针对性和有效性。在项目评审环节，应该积极促进受益人的参与，提高评审的透明度和公正性，确保项目评审的科学性和合理性。在项目验收和评价方面，应建立完善的评价体系和流程，确保评价结果客观准确，为项目的改进和提升提供有效依据。同时，应鼓励项目的创新和多样化，避免形成僵化的购买方案，提升项目的实效性和社会效益。

八、 实现机制

融合协同型政府购买公共体育服务模式是一种更加复杂和综合的实现机

制，它融合了多方力量，强调协同效应。其实现机制如下。

（一）多元主体参与机制

在融合协同型模式下，政府购买公共体育服务的过程中，多元主体参与机制的建立至关重要。该机制打破了传统的政府单一供给模式，构建了一个包含政府、社会组织、企业、社区等多方主体共同参与的服务供给体系。通过各方主体的协同合作，可以形成优势互补的局面，从而大幅提升公共体育服务的整体效能，满足群众日益增长的体育健身需求。

第一，政府在这一多元主体参与机制中扮演着主导者的角色。作为政策制定者和资金支持者，政府通过出台相关政策法规，为公共体育服务的供给提供制度保障，并通过财政拨款确保项目的资金来源。此外，政府还承担着监督管理的职责，确保各方主体能够按照规定履行职责，并且保障服务质量的持续提升。例如，在社区体育设施建设中，政府可以负责土地的提供和部分资金的投入，同时制定建设和运营标准，以确保设施的规范化和服务的高质量。

第二，社会组织在这一机制中发挥着承接具体体育服务项目的重要作用。凭借其专业性和灵活性，社会组织能够针对不同群体的需求，设计并实施各类公共体育活动和项目。社会组织的参与不仅能提高服务的专业水平，还能通过创新服务模式，增加服务的多样性和覆盖面。例如，社会组织可以在社区体育设施建成后，定期组织体育培训、比赛活动等，提升居民的参与度和健康水平。

第三，企业则作为多元主体参与机制中的重要力量，可以提供场地设施、赞助资金或专业技术支持。通过与政府和社会组织的合作，企业不仅能够履行社会责任，还可以通过品牌宣传等方式实现双赢。例如，在社区体育设施建设项目中，企业可以负责设施的建设和后期运营，并在此过程中引入现代化管理手段，确保设施的高效运转和维护。此外，企业还可以提供赞助资金，支持社区体育活动的开展，从而进一步推动全民健身事业的发展。

第四，社区作为这一机制中最贴近群众的主体，主要负责组织居民参与并反馈需求和意见。社区居民的积极参与和反馈，能够为政府和社会组织提供第一手的需求信息，确保公共体育服务更具针对性和实效性。通过社区的组织，居民不仅能更好地利用公共体育设施，还可以形成体育活动的文化氛围，提升社区凝聚力和健康水平。例如，社区可以通过定期召开居民会议或设立意见反馈平台,让居民表达对体育设施使用和体育服务需求的意见和建议,促进服务的不断优化。

通过这种多元主体参与机制,各方主体可以充分发挥各自的优势,实现资源的合理配置和服务的有效供给。政府通过政策引导和资金支持,为公共体育服务的顺利开展奠定基础;社会组织则通过专业服务,确保服务内容的多样性和创新性;企业通过技术和资金支持,提升设施建设和运营的水平;社区则通过组织和反馈,确保服务贴近居民需求。这种多方合作不仅提高了公共体育服务的整体效能,还推动了全民健身事业的持续健康发展。例如,在一个社区体育设施建设项目中,政府可以负责土地提供和项目资金的部分支持;企业则负责设施的设计、建设和运营;社会组织则负责日常体育活动的组织和专业指导;而社区居民则通过参与和反馈,确保设施和服务能够满足他们的实际需求。这种合作模式不仅提升了公共体育服务的质量和效率,还促进了各主体之间的协同合作,形成了一个完整且高效的公共体育服务链条,极大地提高了群众的满意度和参与感。

(二)网络化合作机制

网络化合作机制是政府在融合协同型模式下购买公共体育服务的核心实现机制之一,发挥着重要的支撑作用。在这一机制的框架下,政府力求通过构建横向和纵向相结合的多层次合作网络,来有效应对日益复杂和多变的社会环境,从而提升公共体育服务的决策质量和执行效率。

第一,在横向合作方面,网络化合作机制促使政府不同部门之间的跨领域合作变得更加紧密和系统。例如,体育局、教育局等多个职能部门可以通过联合工作机制,协同推动诸如学校体育、全民健身等综合性公共体育项目的实施。这种跨部门的合作不仅能够打破各自为政的局面,避免资源浪费,还能通过资源整合和信息共享,实现公共体育服务效能的最大化。此外,政府还可以引入社会组织、企业和高校等多元主体,共同参与公共体育服务的设计与执行,丰富服务的内容和形式,满足不同人群的需求。

第二,在纵向合作方面,网络化合作机制强调从中央到地方的政策传导和反馈机制的建立与完善。通过这一机制,国家层面的体育政策能够迅速而准确地传达到基层,确保政策在各地的有效落实。同时,地方政府和基层组织在执行过程中遇到的问题、创新经验和现实需求也能够及时反馈到中央，为中央政府的决策提供重要参考。这种上下互动的合作方式，能够增强公共体育服务供给的针对性和实效性，提高政策的执行效果。

第三，信息共享平台的建设是网络化合作机制的重要支柱。通过建立覆盖广泛、信息全面的公共体育服务信息系统，政府可以实现公共体育服务领域内的资源和信息的高效流通与整合。这一平台不仅可以汇集和整合全国各地的体育设施信息、赛事活动安排、健身指导资源等，还能为公众提供便捷的查询服务，帮助他们更好地参与和享受公共体育服务。同时，服务提供者也能够通过这一平台获取更多的信息支持，优化服务内容和方式，进一步提升服务质量和覆盖面。

（三）资源整合机制

资源整合机制是融合协同型模式下政府购买公共体育服务中的关键优势之一。这一机制通过有效整合政府、市场和社会的各类资源，打破传统资源分配中的壁垒，确保资源利用的最大化，从而实现资源的最优配置和公共体育服务的高效供给。

第一，在这一机制中，政府作为资源整合的主导者，承担着多重角色。首先，政府可以通过制定相关政策和法规，为资源整合提供制度保障。政策支持不仅能够引导和规范市场与社会力量的参与，还能确保资源整合过程中的公平与效率。此外，政府可以通过财政资金的投入和公共体育设施的建设，奠定资源整合的物质基础。这些公共资源的提供，为市场和社会组织的参与创造了良好的条件。

第二，市场主体的积极参与是资源整合机制成功运作的重要支柱。企业等市场主体在资金、技术和管理经验方面具有显著优势，它们可以通过投资和赞助的形式，支持公共体育服务项目的实施。例如，企业可以为大型体育赛事提供赞助资金，不仅减轻了政府的财政压力，还能够通过市场化的运作模式，提高项目的经济效益和社会影响力。此外，市场主体在体育设施管理、赛事组织和运营等方面的专业化管理经验，也可以显著提升公共体育服务的质量和效率。

第三，社会组织则是资源整合机制中的第三支重要力量。社会组织通常拥有丰富的专业人才和志愿者资源，在公共体育服务的实际执行中，能够提供专业化的服务支持。例如,在大型体育赛事或全民健身活动中,社会组织可以组织志愿者团队,提供赛事协调、观众引导、急救服务等多种形式的志愿服务。这些志愿者不仅弥补了人力资源的不足,还为活动注入了社会关怀和公益精神,提升了公共体育服务的社会价值。

第四,为了实现资源的高效整合,建立健全的资源共享机制至关重要。通过资源共享平台,各类资源供需双方能够实现信息对接和资源匹配,打破资源在不同主体之间的壁垒,促进优势互补。例如,在举办大型体育赛事时,政府可以提供体育场地和基础设施,企业贡献赞助资金和技术支持,社会组织则提供志愿者服务和社区动员。各类资源的有机整合,不仅能够提高赛事的整体效益,还能扩大赛事的社会影响力和公众参与度。

(四) 协同创新机制

协同创新机制在政府购买公共体育服务过程中,起到了至关重要的推动作用。通过多方协作,该机制能够最大化地激发创新潜力,带来更具前瞻性和实效性的公共体育服务成果。协同创新不仅推动了技术和服务模式的变革,还提高了公共体育服务的质量和覆盖面,满足了公众多样化的体育需求。

第一,建立创新激励机制是推动协同创新的关键一步。政府可以通过设立专项基金或奖励计划,鼓励各方积极参与创新,提出具有前瞻性的公共体育服务方案。例如,政府可以设立"智慧体育"创新项目,鼓励企业和社会组织利用新兴技术,如人工智能、物联网、虚拟现实等,开发提升公共体育服务质量的创新解决方案。这种激励机制不仅可以吸引更多的创新者参与,还能激发企业和社会组织在公共体育领域的研发热情,推动技术与服务的深度融合。

第二,组织跨部门、跨领域的创新团队,是协同创新机制中另一项重要举措。通过汇聚来自不同领域的专家和从业者,政府能够集思广益,共同攻克公共体育服务中的难题。例如,组建由体育专家、信息技术专家、社会工作者等组成的多元化创新团队,可以集中各方智慧,研究如何利用大数据技术优化公共体育资源的配置。这样的团队能够将不同领域的知识和经验相结合,提出更为全面和科学的创新方案,确保公共体育服务更好地满足社会需求。

第三,设立协同创新基金是推动创新成果落地和推广的重要手段。此类基金可以由政府引导、社会资本参与,共同为创新项目提供资金支持。通过这种合作模式，政府不仅能吸引更多的社会资本投入到公共体育服务的创新中，还能形成持续的创新动力。例如，协同创新基金可以支持新技术在公共体育服务中的试点应用，如在社区健身设施中引入智能化设备，或者开发全民健身 APP，提供个性化的健身指导。这些创新项目在得到资金支持后，能够更快地进入实施阶段，并在成功后广泛推广，惠及更多公众。

（五）动态调整机制

动态调整机制是融合协同型模式下，政府购买公共体育服务过程中保持活力和适应性的关键机制。通过这一机制，政府能够确保公共体育服务模式能够迅速响应环境变化和公众需求，不断优化和完善服务内容，提高服务的有效性和可持续性。

第一，定期评估合作成效是动态调整机制的基础。为了确保公共体育服务能够满足公众的实际需求并且高效运作，政府可以建立科学的评估指标体系。这个体系应涵盖服务质量、公众满意度、资源利用效率、服务覆盖范围等多个方面。通过定期评估，政府能够及时掌握服务实施的实际效果，发现潜在问题，并在问题出现前采取措施进行调整。例如，若某地区的公共体育服务在评估中显示出参与度下降，政府可以立即分析原因，如是否是服务内容不符合当地居民需求，或是服务宣传不到位，从而制订相应的改进策略。这种及时地调整不仅提高了服务的针对性，还能防止资源浪费，确保公共资金的高效使用。

第二，建立柔性管理机制是增强对外部变化适应能力的关键。柔性管理机制的核心在于提高公共体育服务的灵活性，允许在服务实施过程中根据实际情况进行调整。例如，在设计政府购买公共体育服务的合同条款时，可以引入弹性条款。这些条款允许服务提供方在实际操作中，根据实际情况，如市场环境变化、公众需求变化、技术进步等，进行适度调整。通过这种方式，政府和服务提供者能够更好地应对不可预见的挑战和变化，确保服务的连续性和有效性。同时，柔性管理机制还可以包括对服务提供方的激励机制，如在服务效果显著提升的情况下，提供额外的奖励或续约机会，以鼓励创新和高质量的服务交付。

第三，通过反馈循环不断优化协同模式，此是动态调整机制中的关键环节。政府可以建立多渠道的反馈机制，确保能够广泛收集来自不同方面的意见和建议。这些反馈来源可以包括服务对象（如居民和社区）、参与主体（如社会组织、企业等），以及相关领域的专家学者。通过对这些反馈信息的深入分析，政府可以及时调整和优化公共体育服务的内容与方式。例如，若某社区反映其特定体育设施的使用率较低，政府可以根据反馈，分析原因并做出相应调整，如调整开放时间、增加相关活动项目，或者升级设施设备。这种反馈循环的设立，使得政府购买公共体育服务能够始终与公众需求保持高度一致，并且不断提升服务的质量和满意度。

（六）社会参与机制

社会参与机制是在融合协同型模式下，政府购买公共体育服务的重要实现机制之一，强调公众在公共体育服务中的主体地位，体现了以人为本的服务理念。通过这一机制，政府不仅能更好地满足公众的需求，还能够增强公共体育服务的社会效益和公信力。

第一，建立公众参与平台是实现社会参与的重要途径之一。通过线上线下相结合的方式，政府可以广泛收集和反映公众的需求和意见。例如，政府可以建立一个网络意见征集平台，让公众随时随地表达他们对公共体育服务的建议和需求。这样的线上平台可以包括意见反馈专区、投票调查、服务满意度评价等功能，确保每个公众的声音都能被听到。此外，线下的社区体育需求调查也是获取公众需求的重要手段。政府可以通过问卷调查、社区座谈会等形式，深入社区，与居民面对面交流，了解他们在体育设施、活动安排、健身指导等方面的具体需求。这些信息对于政府在购买公共体育服务时做出决策具有重要的参考价值，可确保服务的精准性和有效性。

第二，组织社区体育活动是增强公众参与感的重要方式。通过政府购买服务的模式，政府可以支持社会组织在社区内开展各类体育活动，提升居民的参与度和获得感。社会组织因其贴近社区、灵活运作的优势，能够设计和组织符合社区居民需求的体育活动。例如，针对不同年龄段、不同兴趣爱好的居民，社会组织可以组织社区篮球赛、广场舞比赛、户外健步行等活动，吸引更多人参与到全民健身中来。这不仅能够增强居民的健康意识，还能促进社区的和谐发展，提升居民的幸福感和归属感。同时，政府的支持能够为这些活动提供必要的场地、设备和资金保障，确保活动的顺利开展和持续推进。

第三，引入第三方评估机制能够有效提高公共体育服务的质量和公信力。

在政府购买公共体育服务的过程中,独立的第三方机构可以对服务实施效果进行客观评估。这样的评估不仅包括对服务质量的监测,还涉及对公众满意度的调查。评估结果应当公开透明,通过多种渠道向社会公布,如政府官方网站、社区公告栏等,接受公众的监督和反馈。这一机制有助于提升政府购买服务的透明度和责任意识,同时也促使服务提供者不断改进服务质量,满足公众需求。公众的参与和监督,能够形成一种良性的循环,不断推动公共体育服务的优化和完善。

(七) 能力建设机制

能力建设机制是确保融合协同型模式下,政府购买公共体育服务能够高效运作的基础保障。通过系统的能力建设,政府和各参与主体能够不断提升自身的专业水平和管理能力,从而保障公共体育服务的质量和协同效果。

首先,开展培训项目是提升各方能力的直接手段。不同主体在政府购买公共体育服务的过程中承担着不同的角色,因此,需要有针对性地设计和实施培训项目。例如,针对体育社会组织,政府可以组织项目管理、财务管理、风险控制等方面的专业培训,帮助这些组织提升项目执行能力和资金使用效率。此外,针对参与公共体育服务的企业,政府可以提供关于公共服务理念、社会责任和企业公民意识等方面的培训,帮助企业更好地理解并履行其在公共服务中的社会责任。通过这些培训,各参与主体不仅能够提升专业技能,还能加深对公共体育服务的理解,增强履职能力和服务水平。

其次,建立学习型组织是促进知识共享和经验交流的关键。政府可以组织定期的经验交流会,邀请各参与主体分享他们在公共体育服务项目中的实践经验和创新成果。这些交流会为参与者提供了一个互学互鉴的平台,使得各主体能够从彼此的成功和失败中汲取灵感和教训,推动服务质量的整体提升。此外,政府可以建立"最佳实践案例库",收集和整理成功的公共体育服务项目案例,供各参与主体参考学习。这种知识共享机制不仅能提高各主体的专业能力,还能促进协同创新,推动公共体育服务向更高水平发展。

此外,引入专业咨询是提供技术支持和管理指导的有效手段。政府可以聘请在体育管理、公共服务、社会组织管理等领域的专家,组成专业咨询团队,为政府购买公共体育服务提供全方位的技术支持和管理指导。例如,在项目设计和执行过程中,专家团队可以提供关于政策法规、项目管理、服务评估等方面的专业建议,帮助各参与主体优化服务流程,提升管理水平。专家的指导不仅能够提高项目的执行效果,还能帮助各主体应对在项目实施中可能遇到的复杂问题和挑战。

能力建设机制通过培训项目、学习型组织建设和专业咨询的引入,为政府购买公共体育服务提供了强有力的保障。这一机制确保了各参与主体在公共体育服务中的专业能力和协同水平不断提高,进而提升了服务的整体质量和效果。通过能力建设机制,政府不仅能够更好地实施和管理公共体育服务,还能推动体育社会组织、企业等多元主体在服务中的深度参与,实现公共体育服务的可持续发展和全民健身目标的长远推进。

能力建设机制是确保融合协同型模式有效运行的基础保障。在政府购买公共体育服务的过程中,各参与主体的能力水平直接影响服务质量和协同效果。开展培训项目是提升各方能力的直接手段。可以针对不同主体的需求,开展针对性的培训。例如,为体育社会组织提供项目管理、财务管理等方面的培训,为企业提供公共服务理念和社会责任等方面的培训。建立学习型组织,促进知识共享和经验交流。可以组织定期的经验交流会,建立最佳实践案例库,鼓励各参与主体之间的互学互鉴。引入专业咨询,提供技术支持和管理指导。可以聘请体育管理、公共服务等领域的专家,为政府购买公共体育服务提供专业指导,提高决策和管理水平。

(八) 责任共担机制

责任共担机制为政府购买公共体育服务的可持续发展提供了有力保障。在这一机制下,政府、社会组织、企业及其他相关方通过明确权责、合理分配利益,共同推动公共体育服务的高效、稳定运行。

第一,明确各方权责,增强协同稳定性。在政府购买公共体育服务的过程中,明确各方的权利和责任是实现有效协同的基础。通过制订详细的责任分工方案,各参与主体的职责可以被清晰划分,避免因责任不明导致的推诿、拖延等问题。例如,政府部门可以负责整体规划和监督管理,社会组织可以负责具体项目的执行,企业则可提供资金或技术支持。明确的权责分工不仅有助于提高工作效率,还能有效降低冲突风险,从而增强合作的稳定性。

第二,制订服务合同,避免责任真空或重叠。在实际操作中,服务合同是责任共担机制的核心工具。合同中应详细规定各参与主体的权利、义务和责任,以确保各方在履约过程中有章可循。这种明确性可以避免出现责任真空或责任重叠的情况,确保每个主体都能在其职责范围内履行义务。例如,在大型体育赛事的组织中,合同可以明确规定政府的审批权限、社会组织的执行任务及企业的赞助责任,确保每个环节都有专人负责,从而避免工作中的责任真空或责任重叠。

第三,建立联合决策机制,确保各方共同参与。为了在政府购买公共体育服务的过程中实现真正的融合协同,联合决策机制是必不可少的。通过成立由政府、社会组织、企业代表等组成的决策委员会,各方可以在重大决策中共同商议,确保不同利益主体的意见和需求得到充分表达与考虑。这不仅有助于提升决策的科学性和民主性,还能增强各方对项目的投入感和责任感,从而进一步巩固合作关系。

第四,设立风险共担与利益共享机制,激发协同动力。在公共体育服务的购买过程中,风险共担和利益共享机制是激励各方投入更多资源和精力的有效手段。通过在合同中设计风险分担条款,各参与主体可以在面对潜在风险时形成合力,共同承担不确定性带来的影响。例如,若某项体育服务因不可抗力导致无法按计划实施,风险共担机制可以帮助各方共同分担损失,避免单一主体的利益受到过度侵害。与此同时,与服务质量和效果挂钩的收益分配机制可以调动各方的积极性。具体来说,合同中可以规定,当服务达到或超出预期目标时,各参与主体可以按比例分享收益。这种利益共享机制不仅能激发社会组织和企业的主动性,还能促使其在服务质量和创新上不断努力,从而提高公共体育服务的整体水平。

本章小结

通过研究可以发现,政府购买社会组织提供公共体育服务的模式可以分为竞争性和非竞争性的定向委托。单一购买模式存在明显偏向性,因此笔者提出融合协同型购买模式,这是一种在彼此互补、相互制约关系下建立的兼顾服务质量和稳定主客体关系的模式。该模式的特点是所有社会组织通过资格评审参与,获得的资金有所不同,主体间形成由政府主导的协同治理关系,实现"管理—治理—善治"的转变。政府购买公共体育服务的过程包括项目设立、项目评审、项目执行监管及项目效果评价四个阶段,重点在于兼容多种方式、调用多方利益,最终提高社会公众的满意度。在当前主流观点中,"三元主体"论和"四元主体"论的主要区别在于是否包含公共服务的绩效评价主体。本研究认为,引入独立且专业化的绩效评价主体至关重要,这需要政府适度引导,社会组织与公众共同参与监督和评价。在购买公共服务的全流程中,政府应吸纳、支持和回应社会组织与群众的意见,推动融合协同型购买模式的实现。社会组织间合作的可持续性受多重因素影响,包括资源关系、交易成本、收益分配、信任建设和政策环境等。这些因素共同塑造了稳定合作的特征,如基于互信互利原则、提供实质性收益、避免不必要交易成本,以及建立长期稳定的伙伴关系。政府在购买项目中的介入对于促进合作、建立信任关系具有重要作用。通过提供框架、协调和监督,政府可以平衡各方利益,推动项目目标的实现。项目的可持续性取决于项目成效、信任关系及政府的积极参与。融合协同型模式作为政府购买公共体育服务的创新模式,其项目效果评价应以政府、管理组织、服务组织、公众及第三方绩效评价主体等多方指标为基础。然而,该模式在实践中仍存在公众意识、运行成本、法律制度等方面的挑战,有待进一步完善。

竞争独立型模式下政府购买公共体育服务中责任因子调查问卷

尊敬的答卷人：

您好！本次调查是针对竞争独立型购买模式下政府购买公共体育服务中责任因子分析，我们将从法律责任、经济责任、社会责任、监管责任、专业责任、层级责任和政治责任这 7 个维度出发展开调查，大概会需要占用您几分钟的时间。此次调查采用匿名形式，请您根据您的真实情况作答，调查结果仅用于学术研究，会进行严格保密！对您的理解和支持我们表示最真挚的感谢！

1. 您的性别（单选题）

○男 ○女

2. 年龄（单选题）

○18 岁以下 ○18～30 岁

○31～45 岁 ○46～60 岁

○61 岁及以上

3. 您的学历（单选题）

○初中及以下 ○高中/中专/职高

○大专/本科 ○硕士及以上

4. 您的职业（单选题）

○政府机关公务员/事业单位人员 ○企业/公司职员

○个体经营者/私营业主　　　　　　○工人/服务人员

○学生　　　　　　　　　　　　　　○退休

○其他

5．您进行体育运动的主要场所是(多选题)

○公园公共健身器材　　　　　　　　○健身房

○游泳馆　　　　　　　　　　　　　○学校运动场所

○家里　　　　　　　　　　　　　　○体育馆

○其他

6．您平均一周锻炼的次数是(单选题)

○1 次及以下　　　　　　　　　　　○2~3 次

○4~5 次　　　　　　　　　　　　　○6 次及以上

下列是关于竞争独立型模式下政府购买公共体育服务中法律责任相关项目，请您根据您的实际情况选择。

7．能够在公共体育服务购买过程中遵守规范性文件(单选题)

○非常不赞同　　　　　　　　　　　○不赞同

○不一定　　　　　　　　　　　　　○赞同

○非常赞同

8．具有完善的公共体育服务规章制度(单选题)

○非常不赞同　　　　　　　　　　　○不赞同

○不一定　　　　　　　　　　　　　○赞同

○非常赞同

9．能够与体育服务承接方签订详细合同(单选题)

○非常不赞同　　　　　　　　　　　○不赞同

○不一定　　　　　　　　　　　　　○赞同

○非常赞同

10．能够对承接方服务完成情况进行法律监督(单选题)

○非常不赞同　　　　　　　　　　　○不赞同

○不一定　　　　　　　　　　　　　○赞同

○非常赞同

11．能够对有违法行为的承接方进行处罚(单选题)

○非常不赞同 　　　　　　　　　○不赞同

○不一定 　　　　　　　　　　　○赞同

○非常赞同

12. 能够按照法律制定公共体育服务指导目录(单选题)

○非常不赞同 　　　　　　　　　○不赞同

○不一定 　　　　　　　　　　　○赞同

○非常赞同

13. 能够对申请项目的社会组织进行资质备查(单选题)

○非常不赞同 　　　　　　　　　○不赞同

○不一定 　　　　　　　　　　　○赞同

○非常赞同

14. 公共体育服务招标信息公开透明(单选题)

○非常不赞同 　　　　　　　　　○不赞同

○不一定 　　　　　　　　　　　○赞同

○非常赞同

下列是关于竞争独立型模式下政府购买公共体育服务中经济责任相关项目,请您根据您的实际情况选择。

15. 能够充分做好成本预算的工作(单选题)

○非常不赞同 　　　　　　　　　○不赞同

○不一定 　　　　　　　　　　　○赞同

○非常赞同

16. 能够及时对体育服务项目进行资金拨款(单选题)

○非常不赞同 　　　　　　　　　○不赞同

○不一定 　　　　　　　　　　　○赞同

○非常赞同

17. 能够优化公共体育服务资金投入效率(单选题)

○非常不赞同 　　　　　　　　　○不赞同

○不一定 　　　　　　　　　　　○赞同

○非常赞同

18. 具有较强的公共体育服务资源统筹调配能力(单选题)

○非常不赞同　　　　　　　　　○不赞同

○不一定　　　　　　　　　　　○赞同

○非常赞同

19．能够及时有效推进公共体育服务经济发展（单选题）

○非常不赞同　　　　　　　　　○不赞同

○不一定　　　　　　　　　　　○赞同

○非常赞同

下列是关于竞争独立型模式下政府购买公共体育服务中社会责任相关项目，请您根据您的实际情况选择。

20．能够维护公共体育服务市场公平公正（单选题）

○非常不赞同　　　　　　　　　○不赞同

○不一定　　　　　　　　　　　○赞同

○非常赞同

21．公共体育服务部门工作人员廉洁奉公（单选题）

○非常不赞同　　　　　　　　　○不赞同

○不一定　　　　　　　　　　　○赞同

○非常赞同

22．能够营造体育赛事公平正义的良好氛围（单选题）

○非常不赞同　　　　　　　　　○不赞同

○不一定　　　　　　　　　　　○赞同

○非常赞同

23．能够提供各种类型的公共体育服务保障社会利益（单选题）

○非常不赞同　　　　　　　　　○不赞同

○不一定　　　　　　　　　　　○赞同

○非常赞同

24．应当调动居民参与公共体育服务活动的积极性（单选题）

○非常不赞同　　　　　　　　　○不赞同

○不一定　　　　　　　　　　　○赞同

○非常赞同

25．能够供给更多的公共体育服务宣传（单选题）

○非常不赞同　　　　　　　　　　○不赞同

○不一定　　　　　　　　　　　　○赞同

○非常赞同

26. 能够为当地居民提供更多的公共体育服务话语权(单选题)

○非常不赞同　　　　　　　　　　○不赞同

○不一定　　　　　　　　　　　　○赞同

○非常赞同

27. 能够立足实际了解居民对公共体育服务的需求(单选题)

○非常不赞同　　　　　　　　　　○不赞同

○不一定　　　　　　　　　　　　○赞同

○非常赞同

下列是关于竞争独立型模式下政府购买公共体育服务中监管责任相关项目,请您根据您的实际情况选择。

28. 能够保障社会组织提供的服务与产品质量(单选题)

○非常不赞同　　　　　　　　　　○不赞同

○不一定　　　　　　　　　　　　○赞同

○非常赞同

29. 能够监管公共体育服务承包商工作完成进度(单选题)

○非常不赞同　　　　　　　　　　○不赞同

○不一定　　　　　　　　　　　　○赞同

○非常赞同

30. 能够根据承接商工作完成情况进行绩效评估(单选题)

○非常不赞同　　　　　　　　　　○不赞同

○不一定　　　　　　　　　　　　○赞同

○非常赞同

31. 更加重视从多个方面评审承接商工作完成情况(单选题)

○非常不赞同　　　　　　　　　　○不赞同

○不一定　　　　　　　　　　　　○赞同

○非常赞同

32. 能够纳入群众对政府绩效评价工作的意见(单选题)

○非常不赞同　　　　　　　　○不赞同

○不一定　　　　　　　　　　○赞同

○非常赞同

33. 能够为群众提供公共体育服务监督平台（单选题）

○非常不赞同　　　　　　　　○不赞同

○不一定　　　　　　　　　　○赞同

○非常赞同

34. 能够对合同内容进行定期检查（单选题）

○非常不赞同　　　　　　　　○不赞同

○不一定　　　　　　　　　　○赞同

○非常赞同

下列是关于竞争独立型模式下政府购买公共体育服务中专业责任相关项目，请您根据您的实际情况选择。

35. 民众可以向政府中的专业技术专家进行咨询（单选题）

○非常不赞同　　　　　　　　○不赞同

○不一定　　　　　　　　　　○赞同

○非常赞同

36. 能够为社会组织提供专业上的帮助（单选题）

○非常不赞同　　　　　　　　○不赞同

○不一定　　　　　　　　　　○赞同

○非常赞同

37. 能够保证承接主体按时保质的完成供给任务（单选题）

○非常不赞同　　　　　　　　○不赞同

○不一定　　　　　　　　　　○赞同

○非常赞同

38. 能够为公共体育服务项目设立好完成目标（单选题）

○非常不赞同　　　　　　　　○不赞同

○不一定　　　　　　　　　　○赞同

○非常赞同

39. 能够建立健全的承接方信用档案（单选题）

○非常不赞同 ○不赞同

○不一定 ○赞同

○非常赞同

40. 能够管控市场上公共体育服务项目的价格(单选题)

○非常不赞同 ○不赞同

○不一定 ○赞同

○非常赞同

41. 能够降低市场价格波动(单选题)

○非常不赞同 ○不赞同

○不一定 ○赞同

○非常赞同

42. 能够提供健全的公共体育购买环境(单选题)

○非常不赞同 ○不赞同

○不一定 ○赞同

○非常赞同

43. 能够针对不同需求拟定不同方式的合同(单选题)

○非常不赞同 ○不赞同

○不一定 ○赞同

○非常赞同

44. 能够为服务提供方提供经济保障(单选题)

○非常不赞同 ○不赞同

○不一定 ○赞同

○非常赞同

45. 能够培养公共体育服务供给主体(单选题)

○非常不赞同 ○不赞同

○不一定 ○赞同

○非常赞同

46. 能够推动公共体育服务事业健康有序发展(单选题)

○非常不赞同 ○不赞同

○不一定 ○赞同

○非常赞同

47．公共体育服务部门信息向公众公开(单选题)

○非常不赞同　　　　　　　　　　○不赞同

○不一定　　　　　　　　　　　　○赞同

○非常赞同

下列是关于竞争独立型模式下政府购买公共体育服务中层级责任相关项目,请您根据您的实际情况选择。

48．政府内部下级能够对上级的指令负责(单选题)

○非常不赞同　　　　　　　　　　○不赞同

○不一定　　　　　　　　　　　　○赞同

○非常赞同

49．政府内部上级能够对下级的购买工作进行组织领导(单选题)

○非常不赞同　　　　　　　　　　○不赞同

○不一定　　　　　　　　　　　　○赞同

○非常赞同

50．政府内部上级能够让下级之间多沟通(单选题)

○非常不赞同　　　　　　　　　　○不赞同

○不一定　　　　　　　　　　　　○赞同

○非常赞同

51．政府内部上级能够增强下级之间的协调性(单选题)

○非常不赞同　　　　　　　　　　○不赞同

○不一定　　　　　　　　　　　　○赞同

○非常赞同

52．政府内部每一级部门能够在自己的职责范围内工作(单选题)

○非常不赞同　　　　　　　　　　○不赞同

○不一定　　　　　　　　　　　　○赞同

○非常赞同

53．政府能够执行"谁购买谁负责"的原则(单选题)

○非常不赞同　　　　　　　　　　○不赞同

○不一定　　　　　　　　　　　　○赞同

○非常赞同

下列是关于竞争独立型模式下政府购买公共体育服务中政治责任相关项目,请您根据您的实际情况选择。

54. 能够提供更多的公共体育服务优惠政策(单选题)

○非常不赞同　　　　　　　　　　○不赞同

○不一定　　　　　　　　　　　　○赞同

○非常赞同

55. 能够及时修改公共体育服务政策中不合理的地方(单选题)

○非常不赞同　　　　　　　　　　○不赞同

○不一定　　　　　　　　　　　　○赞同

○非常赞同

56. 能够优化服务平台回应市民对公共体育服务的疑问(单选题)

○非常不赞同　　　　　　　　　　○不赞同

○不一定　　　　　　　　　　　　○赞同

○非常赞同

57. 能够关注公众的公共体育服务的满意度(单选题)

○非常不赞同　　　　　　　　　　○不赞同

○不一定　　　　　　　　　　　　○赞同

○非常赞同

58. 能够及时把公共体育服务购买信息公布给公众(单选题)

○非常不赞同　　　　　　　　　　○不赞同

○不一定　　　　　　　　　　　　○赞同

○非常赞同

59. 能够提供更多的公共体育服务意见平台(单选题)

○非常不赞同　　　　　　　　　　○不赞同

○不一定　　　　　　　　　　　　○赞同

○非常赞同

60. 能够主动发布社会公众关心的话题(单选题)

○非常不赞同　　　○不赞同　　　○不一定　　　　○赞同

○非常赞同

附录 2

非竞争独立型模式下政府购买公共体育服务中责任因子调查问卷

尊敬的女士/男士：

您好！非常感谢您抽出宝贵时间参与本次调研活动。我是本课题组在读硕士研究生,正在进行政府购买公共体育服务过程中非竞争独立型购买模式的责任体系构建。研究旨在找出非竞争独立型模式下政府购买公共体育服务过程中的责任因子,从而为政府开展购买公共体育服务工作提供理论与实践依据。本问卷以匿名形式进行,可以不填写姓名,答案没有对错之分,仅为调查研究之用,请您不要有顾虑。

谢谢！

第一部分:基本信息题

1. 您的性别

○男　　　　　　　　　　　　　○女

2. 您的年龄

○20～30 岁　　　　　　　　　○31～40 岁

○41～50 岁　　　　　　　　　○51～60 岁

○60 岁以上

3. 您所在的城市为

○农村　　　　　　　　　　　○城镇

4. 贵单位正式工作人员学历

○专科以下 ○专科

○本科 ○研究生及以上

5. 您所在单位的产权属性是

○社会团体 ○基金会

○国有 ○民办非盈利单位

6. 贵单位以怎样的方式参与到政府购买公共体育服务的活动中？

○竞争性谈判 ○单一来源采购

○邀请招标 ○其他

第二部分：量表题

一、监管责任（矩阵量表题）

1. 对接受委托的中介代理机构和承接主体的行为进行监督

○非常不符合 ○比较不符合

○一般 ○比较符合

○非常符合

2. 按照相关规定选定项目承接

○非常不符合 ○比较不符合

○一般 ○比较符合

○非常符合

3. 具有与项目承接方的合同管理及合同执行边界问题的能力

○非常不符合 ○比较不符合

○一般 ○比较符合

○非常符合

4. 对项目预期效果是否引起社会公众关注、并产生积极影响进行正确判断

○非常不符合 ○比较不符合

○一般 ○比较符合

○非常符合

5. 建立相应责任纠纷案例题库，在双方发生纠纷及责任不明确情况下找出适用条例

○非常不符合 ○比较不符合

○一般　　　　　　　　　　　　　○比较符合

○非常符合

6. 组织好项目评审专家对相关申报项目进行专业的分类评审,提出专业评审意见

○非常不符合　　　　　　　　　　○比较不符合

○一般　　　　　　　　　　　　　○比较符合

○非常符合

7. 加强相关公共体育服务的舆论宣传工作,做好政策解读

○非常不符合　　　　　　　　　　○比较不符合

○一般　　　　　　　　　　　　　○比较符合

○非常符合

8. 具有对项目验收情况的判断和评估能力

○非常不符合　　　　　　　　　　○比较不符合

○一般　　　　　　　　　　　　　○比较符合

○非常符合

9. 拟定相关项目专项资金项目申报书,并对项目实施的责任处置、资金投入方式、项目委托方向进行详细规定

○非常不符合　　　　　　　　　　○比较不符合

○一般　　　　　　　　　　　　　○比较符合

○非常符合

10. 规定项目承接主体资格的条件及取得程序,严格执行市场准入制度

○非常不符合　　　　　　　　　　○比较不符合

○一般　　　　　　　　　　　　　○比较符合

○非常符合

二、专业责任(矩阵量表题)

11. 合理选定专业的第三方评估机构

○非常不符合　　　　　　　　　　○比较不符合

○一般　　　　　　　　　　　　　○比较符合

○非常符合

12. 向公众收集承接方公共服务质量反馈及投诉信息,促使自身调整合同

内容或对合作伙伴进行约束

○非常不符合 　　　　　　　　　　○比较不符合

○一般 　　　　　　　　　　　　　○比较符合

○非常符合

13. 合理判断相关项目是否可形成可借鉴、移植、推广的优质公共体育服务经验

○非常不符合 　　　　　　　　　　○比较不符合

○一般 　　　　　　　　　　　　　○比较符合

○非常符合

14. 强调相关项目双方管理人员、工作人员的职前培训

○非常不符合 　　　　　　　　　　○比较不符合

○一般 　　　　　　　　　　　　　○比较符合

○非常符合

15. 判断项目承接方的符合社会需要程度

○非常不符合 　　　　　　　　　　○比较不符合

○一般 　　　　　　　　　　　　　○比较符合

○非常符合

16. 健全相关公共体育服务中志愿者招募制度

○非常不符合 　　　　　　　　　　○比较不符合

○一般 　　　　　　　　　　　　　○比较符合

○非常符合

17. 制定相关项目评审说明及评审意见表

○非常不符合 　　　　　　　　　　○比较不符合

○一般 　　　　　　　　　　　　　○比较符合

○非常符合

三、经济责任(矩阵量表题)

18. 对购买流程中的财务审计进行独立的审查

○非常不符合 　　　　　　　　　　○比较不符合

○一般 　　　　　　　　　　　　　○比较符合

○非常符合

19. 能够协商、监督及与承接方交流相互的期望和技术信息

○非常不符合　　　　　　　　　○比较不符合

○一般　　　　　　　　　　　　○比较符合

○非常符合

20. 对项目执行负责人的聘任及工作考核形式负责

○非常不符合　　　　　　　　　○比较不符合

○一般　　　　　　　　　　　　○比较符合

○非常符合

21. 与项目承接方签订专门性购买合同规定

○非常不符合　　　　　　　　　○比较不符合

○一般　　　　　　　　　　　　○比较符合

○非常符合

22. 具有编制实施项目经费预算额度能力

○非常不符合　　　　　　　　　○比较不符合

○一般　　　　　　　　　　　　○比较符合

○非常符合

23. 将具体项目的目的、方式、质量要求和投诉渠道等向社会进行公示

○非常不符合　　　　　　　　　○比较不符合

○一般　　　　　　　　　　　　○比较符合

○非常符合

24. 及时公布政府购买公共体育服务进度

○非常不符合　　　　　　　　　○比较不符合

○一般　　　　　　　　　　　　○比较符合

○非常符合

四、法律责任(矩阵量表题)

25. 能够制定和完善市场化操作原则及实施步骤

○非常不符合　　　　　　　　　○比较不符合

○一般　　　　　　　　　　　　○比较符合

○非常符合

26. 制定相关公共体育服务计划及确定资金、人员规模

○非常不符合 　　　　　　　　　○比较不符合

○一般 　　　　　　　　　　　　○比较符合

○非常符合

27. 通过严格的监督程序用以满足公共服务绩效标准

○非常不符合 　　　　　　　　　○比较不符合

○一般 　　　　　　　　　　　　○比较符合

○非常符合

28. 政府机关工作及国家工作人员能够带头遵纪守法、恪尽职守、勤政为民、廉洁奉公

○非常不符合 　　　　　　　　　○比较不符合

○一般 　　　　　　　　　　　　○比较符合

○非常符合

29. 政府行政人员对组织的上级、公众、委托人负责

○非常不符合 　　　　　　　　　○比较不符合

○一般 　　　　　　　　　　　　○比较符合

○非常符合

30. 政府机关及其工作人员的所作所为能够合乎采购服务目的性,即合乎人民的意志、利益、权利和福利

○非常不符合 　　　　　　　　　○比较不符合

○一般 　　　　　　　　　　　　○比较符合

○非常符合

五、社会责任(矩阵量表题)

31. 在相关项目反馈中注重社会公众评价,并作为合理选择合同承接方的重要依据

○非常不符合 　　　　　　　　　○比较不符合

○一般 　　　　　　　　　　　　○比较符合

○非常符合

32. 切实根据公众满意标准来确定服务内容、方式、流程选择承接方

○非常不符合 　　　　　　　　　○比较不符合

○一般 　　　　　　　　　　　　○比较符合

○非常符合

33．保证相应的财政保障供给

○非常不符合　　　　　　　　　　○比较不符合

○一般　　　　　　　　　　　　　○比较符合

○非常符合

34．扩大对拥有专业技能证书员工的聘用

○非常不符合　　　　　　　　　　○比较不符合

○一般　　　　　　　　　　　　　○比较符合

○非常符合

35．绩效评估制度纳入第三方评估机构利和福利

○非常不符合　　　　　　　　　　○比较不符合

○一般　　　　　　　　　　　　　○比较符合

○非常符合